Internet das Coisas para iniciantes: da teoria à prática

Dados Internacionais de Catalogação na Publicação (CIP)
(Simone M. P. Vieira - CRB 8ª/4771)

Molisani, Elio

Internet das coisas para iniciantes : da teoria à prática / Elio
Molisani e Marcia Sacay. – São Paulo : Editora Senac São
Paulo, 2025.

Bibliografia.
 ISBN 978-85-396-5189-4 (impresso/2025)
 e-ISBN 978-85-396-5190-0 (ePub/2025)
 e-ISBN 978-85-396-5191-7 (PDF/2025)

 1. Internet das coisas. 2. IoT. 3. Segurança da informação.
4. Tecnologias para acessibilidade. I. Sacay, Marcia. II. Título.

24-2314c   CDD–004.678
                                              BISAC COM095000

Índices para catálogo sistemático:
1. Internet : Internet das coisas (IoT) 004.678

Internet das Coisas para iniciantes: da teoria à prática

Elio Molisani

Marcia Sacay

Editora Senac São Paulo – São Paulo – 2025

Sumário

Apresentação

O que você vai encontrar neste livro?

Antes de mais nada, este é um material imprescindível para pessoas curiosas e interessadas em conhecer e implantar, em sua casa ou comércio, dispositivos inteligentes para facilitar rotinas diárias, aumentar a segurança do ambiente ou promover a acessibilidade de pessoas com deficiência e idosos, entre diversas outras possibilidades.

Abordaremos aqui situações do cotidiano que ajudarão a compreender a necessidade ou demanda por determinado dispositivo e sua configuração pelo usuário – que pode ser você mesmo ou um cliente –, além do passo a passo para a criação de cenários com Internet das Coisas (IoT) visando solucionar, mitigar e otimizar a conectividade entre pessoas e a comunicação delas com o mundo físico, usando ou não assistentes virtuais. Também apresentaremos sugestões para professores desenvolverem projetos de forma prática com suas turmas.

Entendemos a importância de desenhar soluções práticas para IoT e, como educadores, valorizamos o conhecimento histórico e processual dos fatos, bem como os efeitos e as transformações que impactam a sociedade. O estabelecimento de leis e regulamentações para o acesso digital da população deve estar em consonância com a garantia da segurança e privacidade dos dados dos cidadãos.

Quando o assunto é tecnologia do mundo digital, procedimentos, configurações e modelos podem sofrer mudanças em questão de semanas ou meses. Apesar dessa dinâmica de transformações, este livro se mantém atual ao abordar conhecimentos básicos sobre como criar, proceder e implantar sistemas inteligentes, baseando-se no pensamento lógico, com teoria e muita prática.

Boa leitura!

Os autores

Primeiros passos no mundo da Internet das Coisas

PARTE 01

Como a Internet das Coisas está presente em nossas vidas?

Neste primeiro capítulo, faremos uma introdução ao tema Internet das Coisas, também conhecido pela sigla IoT (do inglês Internet of Things). Vamos apresentar um cenário abrangente das características inovadoras e tecnológicas que observamos no nosso dia a dia – em residências, bairros e cidades – e também na indústria, explicando o que deve ou não ser considerado uma solução IoT.

Os equívocos de entendimento sobre o assunto são frequentes, mas vamos esclarecê-los à medida que formos identificando e assimilando os componentes que fazem parte desse ambiente digital e suas funções. Para tanto, o conhecimento histórico dos fatos, assim como sua evolução ao longo do tempo, são importantes e nos ajudarão a compreender os contextos sociais.

1. A história da IoT

As inovações tecnológicas estão alterando rapidamente a maneira como interagimos com o mundo. Mas será que a tecnologia e a inovação são características exclusivas do ambiente digital? Para responder a essa pergunta, é importante conhecer a origem e o significado das palavras. Assim, podemos fazer o uso correto delas nos diferentes contextos da história do mundo.

A palavra "tecnologia" deriva dos vocábulos gregos *tekné*, que significa arte, indústria, habilidade; e *logos*, que traz o sentido de argumento, discussão, razão. Portanto, pode ser entendida como um conjunto de instrumentos, métodos e técnicas que permitem o aproveitamento prático do conhecimento para atender às necessidades humanas.

A transformação de lascas de rochas em lâminas para serem usadas como ferramentas de caça e proteção desenvolvidas na Pré-História foi uma inovação tecnológica, por exemplo. Portanto, quando se faz uso das técnicas e do conhecimento tecnológico para criar produtos e serviços, falamos em "inovação".

> **Importante**
> Uma inovação não necessariamente pertence ao mundo digital ou tem alguma utilidade prática.

Como surgiu a IoT?

Para entender como surgiu a IoT, vamos primeiro percorrer um pouco da história e do conceito de internet.

Na verdade, o que hoje chamamos de internet consistia, no final da década de 1960, em um projeto financiado pelo governo dos Estados Unidos para desenvolver um conjunto de computadores conectados entre si por meio de várias redes que se ligavam umas às outras, formando uma rede maior (Magrani, 2018).

A agência de pesquisas Arpanet (sigla de Advanced Research Projects Agency Network) foi criada para o desenvolvimento de tecnologia de comunicação para interconectar redes militares regionais e, posteriormente, possibilitar a transferência, por meio da rede, de diversos tipos de mensagens, como voz e imagem. O intuito era construir uma comunicação resistente a falhas ou ataques locais, sem que fossem necessários centros de controle (Pecequilo; Marzinotto Júnior, 2022).

Nas décadas seguintes, novos institutos de pesquisa, universidades e centros de estudos estabeleceram parcerias para aprimorar e desenvolver protocolos, o que resultou em um longo período de experimentação e amadurecimento dos conceitos e mecanismos da internet. Com isso, na década de 1980, a internet já contava com uma comunidade de pesquisadores e desenvolvedores ao redor do mundo (Pecequilo; Marzinotto Júnior, 2022).

Ao final dessa década, pesquisadores da Organização Europeia para a Pesquisa Nuclear (CERN) foram os responsáveis por criar um protocolo eficiente para distribuir informação: a *world wide web*, conhecida como web ou www, que não é exatamente a internet, mas a utiliza (Shivalingaiah; Naik, 2008). Então, o que é a web?

A web é uma das ferramentas de acesso à internet, uma aplicação criada para permitir o compartilhamento de arquivos e a transferência de informações. Com um clique, o internauta tem acesso ao conteúdo, ao ser direcionado ao servidor onde os arquivos ficam hospedados.

O conceito de IoT está relacionado a uma nova era da internet, chamada de web 3.0. Para entender a evolução do uso e das potencialidades da internet, observe, no quadro 1, uma comparação entre a web 1.0, web 2.0 e web 3.0.

Quadro 1 – Comparação das características da web 1.0, web 2.0 e web 3.0

	Web 1.0 (web do conhecimento)	Web 2.0 (web da comunicação)	Web 3.0 (web da semântica)
Interatividade	Aumento súbito de informação sem interatividade.	Grande interatividade viabilizada na plataforma.	Dispositivos trabalham em cooperação com seres humanos.
Usabilidade	*Read only* web: somente para leitura.	*Read-write* web: usuários abastecem as plataformas: via de mão dupla (leitor e produtor).	Base de dados analisados que geram novos conjuntos de informações.
Conteúdo	Produção de conteúdo estático.	Produção de conteúdo fluido com compartilhamento.	Conteúdo portátil e curadoria pessoal.
Hiper-conectividade	Conexão entre pessoas sem interatividade.	Interatividade na conexão entre pessoas.	Interatividade entre objeto-pessoas e objeto-objeto.

(cont.)

	Web 1.0 (web do conhecimento)	Web 2.0 (web da comunicação)	Web 3.0 (web da semântica)
Comércio eletrônico (e-commerce)	Disponibiliza catálogos (comodidade para o consumidor).	Cria ferramentas de comunicação com os consumidores e entre eles.	Disponibiliza cadastros integrados; tecnologias de código aberto.
Comunicação	Ausência de comunicação e interação entre consumidor e produtor.	Comentários de usuários e experiência de compra compartilhada com outros consumidores em potencial.	Redes integradas e descentralizadas (nuvem), dados interligados com engajamento do usuário.
Interação	Sem interação: web fóruns.	Interação com *web applications.*	Interação com *smart applications.*
Tecnologia digital	Netscape Navigator.	Google, Amazon, Facebook.	IoT.
Linguagem de programação	HTML/FTP.	Flash/Java/XML.	RDF/RDFS/OWL.

A evolução da web 1.0 para a 2.0 consistiu em uma nova forma de utilizar uma ferramenta que já existia na web, portanto, não a consideramos uma inovação tecnológica: na web 2.0, apenas foi desenvolvido um modelo mais fluido em comparação à web 1.0.

Já da web 2.0 para a 3.0, um diferencial observado é a criatividade dos usuários para a produção de conteúdo, que fomenta a via de mão dupla (leitor e produtor). Em vez de compartilhamento de conteúdos apenas entre pessoas, como na web 2.0, na web 3.0

os conjuntos de dados são interligados, com interatividade entre objetos e pessoas, ou objetos e objetos. Esses dados coletados são analisados e geram respostas, ou seja, um novo conjunto de informações.

Segundo alguns autores, como Magrani (2018), a evolução da web caminha para uma web simbiótica, que envolverá sentimentos e emoções ou transformará a web em um cérebro paralelo ao nosso. Muitas séries de streaming já abordam essa temática.

O que é IoT?

O processo de desenvolvimento da tecnologia de comunicação atrelada à inovação coloca a sociedade em um momento de interatividade e conectividade até então só imaginado no mundo da ficção científica.

Os Jetsons foi um desenho animado produzido entre 1962 e 1963 pela TV estadunidense. Também transmitida aqui no Brasil, a animação trazia as aventuras de uma família que vivia 100 anos à frente da época de seu lançamento, em 2062. Muitas das tecnologias ali apresentadas como obra de ficção científica, como relógios interativos, jornal digital, secretária eletrônica e videochamadas, pareciam impossíveis de serem inventadas. Porém, mais de 60 anos após o lançamento de *Os Jetsons*, várias dessas tecnologias já estão no nosso cotidiano, presentes em casas, empresas, meios de transportes e em diversos setores da sociedade. Atualmente, grande parte dos eletrônicos se comunica por uma rede (Wi-Fi ou Bluetooth) que permite a interconectividade dos aparelhos e a interação com o ser humano. Fica, então, a pergunta: a arte imita a vida ou a vida imita a arte?

Voltando para o contexto atual, não faz tanto tempo assim que uma conexão com a internet provocou impactos significativos ao nos colocar em contato com um universo de informações e conhecimento, não é mesmo? Ou que um computador conectado a uma rede de máquinas foi capaz de transmitir um fato ocorrido em alguma parte do planeta, veiculando em tempo real as reações de apoio ou retaliação do mundo todo. Sem dúvida, algo surpreendente! E, agora, temos uma máquina de lavar roupas que pode ser conectada à internet e controlada pelo smartphone, capaz de identificar os hábitos de lavagem dos moradores para recomendar ciclos favoritos e mais adequados às roupas do dia a dia.

Esse é o mundo da IoT, um ambiente digital com objetos e dispositivos físicos capazes de coletar e transmitir dados, que são operados a distância por microcontroladores e microprocessadores, via internet. Em resumo, IoT pode ser entendida como uma excelente combinação de tecnologias para facilitar a vida das pessoas.

Os três pilares da IoT

Os três pilares sempre presentes em qualquer sistema IoT são a computação, a comunicação e o controle.

Entendemos como *computação* ou *conectividade eletrônica* a inter-ligação entre todo e qualquer conjunto de equipamentos que possuam dispositivos microprocessadores, com capacidade de trocar dados e informações mediante programação por interação virtual.

"Hiperconectividade" é um termo que descreve a disponibilidade de comunicação, seja entre pessoas (P2P, *person-to-person*), entre máquinas e pessoas (H2M, *human-to-machine*) ou entre máquinas (M2M, *machine-to-machine*), por diferentes meios de comunicação, com fluxo contínuo e massivo de dados.

A *comunicação* está relacionada às conexões entre as máquinas, necessárias para o envio e recebimento de informações. Um dimensionamento adequado deve ser projetado conforme os propósitos desejados, considerando sempre o volume de informações, a velocidade com que serão veiculadas e a escolha da interligação das redes (com ou sem cabos).

O *controle* envolve sensores responsáveis pela coleta da informação ou de um conjunto de dados do mundo externo para serem enviados para processamento; como resposta, ações são executadas por atuadores, promovendo interação entre os mundos digital e físico.

Quando os dispositivos de computação, comunicação e controle, os três pilares da IoT, estiverem inseridos concomitantemente no mundo digital, estaremos nos referindo às "coisas" da internet. Mas, antes de seguir com esse conceito, vamos fazer um exercício reverso, perguntando-nos: em que casos não podemos dizer que temos IoT?

Na falta de um dos pilares, não há IoT. Assim, se os dispositivos estiverem somente nos planos da:

- computação e comunicação, serão máquinas em rede;

- computação e controle, serão um sistema de controle digital;
- comunicação e controle, serão um sistema de telemetria.

Em relação aos benefícios trazidos pela IoT, podemos nos perguntar: se a IoT se refere a objetos com sensores ou atuadores conectados que captam e tratam as informações, de que maneira a potencialização da tecnologia e a inovação podem promover impactos positivos para o consumidor, para a cidade e para a sociedade como um todo, visando a um maior bem-estar e à introdução de soluções funcionais para o nosso dia a dia?

A resposta você encontra logo na sequência.

2. Como a IoT afeta minha residência?

Domótica: automatização e automação residencial

O termo "domótica" surgiu na década de 1980, na França, e deriva da junção das palavras *domus* (casa, em latim) e robótica. Carrega consigo a ideia de automatização do ambiente residencial, com os equipamentos domésticos sendo controlados de forma remota (Stevan Júnior; Farinelli, 2019). Inicialmente, o processo de automação residencial era voltado a pequenas tarefas que dependiam da interação humana, como abrir ou fechar um portão de garagem por controle remoto ou acender uma lâmpada por meio de um sensor de presença.

A partir do século XXI, com o avanço computacional e da microeletrônica, bem como a disseminação de sensores, atuadores e controladores, os processos de automação possibilitaram realizar tarefas mais complexas e menos dependentes da ação humana. Por exemplo, um sistema de climatização que regula a temperatura do ambiente automaticamente.

O termo "domótica" pode ser adotado como sinônimo de "casa inteligente" ou "casa conectada", referindo-se a equipamentos que podem ser conectados à internet, controlados a distância e interagir entre si. Um uso bastante comum são as TVs inteligentes (smart TVs), conectadas a smartphones e assistentes virtuais, permitindo a troca de informações entre eles. Mas a IoT pode oferecer interações ainda mais complexas.

Visando à segurança, é possível instalar fechaduras eletrônicas acionadas por meio de senha, leitura biométrica ou até mesmo a distância, com o uso de aplicativos. Esse sistema tem sido muito utilizado em casas que são alugadas por curtos períodos, pela facilidade para alterar os códigos de acesso. Câmeras de vigilância transmitem as imagens pela internet e os sensores de presença podem alertar possíveis invasões. A segurança se estende para sistemas de alarme contra incêndios e vazamentos de gás ou água.

Além de sistemas de climatização, iluminação e irrigação, pode-se obter mais conforto utilizando eletrodomésticos inteligentes como geladeira, forno, máquina de lavar, sistemas de som, entre outros, que podem ser acessados a partir de aplicativos de celular ou de comando de voz, por assistentes virtuais como a Amazon Alexa ou o Google Assistente, facilitando a acessibilidade.

3. Como a IoT afeta a minha cidade?

Residências circunscritas em uma determinada área estão organizadas em bairros, que se conectam a outros bairros ou regiões e definem o zoneamento de uma cidade, a qual é regulada pela gestão de órgãos públicos governamentais. Para ampliar nossa discussão, vamos pensar nos diversos aspectos que caracterizam essa área: adensamento populacional, disponibilidade de recursos naturais, infraestrutura, saneamento básico, serviços públicos, sistemas de transporte e de saúde, entre outros.

Esses fatores são inerentes a qualquer cidade e acarretam problemas relacionados à gestão e eficiência produtiva. Na busca por soluções mais eficazes, o emprego da IoT nos setores público e privado, devido aos benefícios e impactos decorrentes do uso massivo de dados, tem se destacado como uma boa alternativa.

> **Para pensar**
>
> Apesar do evidente otimismo quanto às soluções IoT para resolver diversos problemas das cidades, nos momentos de tomada de decisão devem estar em pauta os riscos relacionados a direitos constitucionais, decorrentes do uso e exposição de dados, que ferem a privacidade e segurança, e cujos prejuízos ainda não podem ser calculados.

Cidades com mais de 10 milhões de habitantes, como é o caso da cidade de São Paulo, recebem, de acordo com a Organização das Nações Unidas, a denominação de megacidades (UN, 2018).

A maioria das megacidades se caracteriza pela elevada concentração de pobreza e por graves problemas socioambientais decorrentes da falta de investimentos em infraestrutura e saneamento. Por outro lado, esses centros urbanos são locais com ampla diversidade cultural e populacional, o que favorece o surgimento de ideias e processos de inovação. Parece incoerente, não é mesmo? Mas vamos continuar nessa linha de pensamento para entender qual é a importância da IoT no contexto das megacidades.

Em primeiro lugar, precisamos ter em vista que a reinvenção das metrópoles contemporâneas no século XXI passa por novos indicadores que revelam a necessidade de cidades mais sustentáveis e inteligentes (Leite; Awad, 2012). Diante desse cenário, impõe-se o desafio de refazer e regenerar a cidade existente, reinventando--a de modo engenhoso e inclusivo, com inovações urbanas. Além disso, precisamos considerar que aquilo que é desenvolvido para uma cidade, é visualizado e compartilhado com o resto do mundo, servindo de referência para outros países.

A esse respeito, a democratização da informação dos territórios por meio de sistemas de tecnologia da informação (TI) deve favorecer a construção de comunidades participativas e serviços de governo inteligentes e transparentes para alavancar soluções inovadoras com o uso da IoT. Quanto mais avançam as inovações em TI e as conexões a distância, mais as cidades ganham em atratividade.

> **Para pensar**
> Como construir uma cidade inovadora e interessante com IoT?

A capacidade de inovação atual se dá em um ambiente de competitividade, cooperação, compartilhamento e muita pesquisa e desenvolvimento. Caracterizam cidades mais inovadoras e criativas: a economia do conhecimento; sistemas de mobilidade inteligentes; capital humano de talento; ambiente inovador e criativo; habitação acessível e diversificada para todos; e sistemas inteligentes e integrados de governo (transporte, energia, saúde, segurança pública e educação). Vamos conhecer algumas dessas propostas inovadoras?

Sistema de iluminação e segurança pública

A modernização da iluminação de parques públicos é uma iniciativa de IoT bastante difundida em diversos países. No Brasil, o número de cidades que desenvolveu projetos baseados em IoT para oferecer à população espaços públicos mais iluminados e seguros passou de 17 para 51, e a quantidade de projetos aumentou de 287 para 422 em 2020, em relação a 2019. Um exemplo é o município de Socorro, localizado no estado de São Paulo, que implementou um projeto de uso de dispositivos de fotocélulas inteligentes para diminuir o consumo de energia elétrica, tendo como resultado o aumento da segurança dos usuários (Zarife, 2022).

A partir da análise com big data e inteligência artificial (IA), os governos e concessionárias têm acesso, pela telegestão, às medições e parâmetros-chave de desempenho e ao gasto energético, viabilizando a realização de manutenção corretiva e preditiva; e controlando as variações de luminosidade a partir da automação dos *dimmers*, gerando maior conforto visual e menos poluição luminosa.

Mobilidade urbana

As soluções para uma mobilidade inteligente podem ter como premissas:

- desestímulo ao uso do automóvel;
- melhoria do sistema de transporte coletivo integrado;
- estímulo ao transporte não motorizado;

- busca por soluções inovadoras de transporte individual.

As premissas levantadas pressupõem a sustentabilidade e acessibilidade por trás de soluções inovadoras e inteligentes. Diante das demandas e dos problemas de uma megacidade, as soluções para uso coletivo e compartilhado dos dispositivos e equipamentos IoT são as melhores escolhas.

Cidades inteligentes

Muitos idealizadores de soluções criaram inovações de altíssimo nível tecnológico, mas que se mostraram inviáveis em termos de usabilidade e na relação custo-benefício. Por isso é necessário que sempre se identifique e defina o problema e o contexto no qual esse problema está inserido para planejar e projetar soluções em IoT.

No futuro, as cidades inteligentes (smart cities) atuarão como um sistema de redes inteligentes conectadas, o que expressa a necessidade de uma reformulação radical das cidades na era da economia global e da sociedade baseada em conhecimento e sustentabilidade. No Brasil, um exemplo é o município de São Paulo que passa, desde a aprovação do Plano Diretor, em 2014 (São

Paulo, 2014), por uma explosão de novos empreendimentos imobiliários, agravada por uma nova revisão realizada em julho de 2023. Isso certamente criará um congestionamento exacerbado e desencadeará problemas que necessitam de soluções inteligentes de inovação, gestão e monitoramento.

4. Como a IoT afeta a indústria?

A evolução da indústria

A indústria exerce um papel fundamental no progresso da humanidade. Ao longo da história, os processos industriais sofreram diversas transformações e avanços tecnológicos cruciais, identificados por diferentes estágios ou revoluções. Atualmente, em alusão à evolução da web, essas transformações ficaram conhecidas por indústria 1.0, 2.0, 3.0, 4.0 e 5.0.

A indústria 1.0 é caracterizada pela mecanização, com o uso do carvão como fonte de energia para abastecer as máquinas a vapor. Essa tecnologia chegou para auxiliar o trabalho humano no setor produtivo a partir de 1785, com a criação da primeira máquina de tear a vapor. O setor de transportes também foi beneficiado com o desenvolvimento dos motores a vapor utilizados em locomotivas, barcos e outros meios de locomoção (Silva; Gasparin, 2006; Sakurai; Zuchi, 2018).

A invenção das máquinas elétricas foi marcante para a indústria 2.0. Na segunda metade do século XIX, as indústrias cresceram e se transformaram, passando a ter linhas de montagem para a fabricação de produtos em massa em diversos segmentos. Nesse período, os estudos científicos e as pesquisas laboratoriais contribuíram para o desenvolvimento das indústrias elétrica, química, farmacêutica e de comunicações, assim como para a descoberta de novos produtos e técnicas avançadas de produção. Os motores a combustão também se enquadram como descobertas e promoveram avanços nos meios de transporte terrestre, marítimo e aéreo (Dathein, 2003; Sakurai; Zuchi, 2018).

A indústria 3.0 foi marcada pelos processos de automação que começaram a ser desenvolvidos por volta de 1970. Aos poucos, os operários que ocupavam as linhas de montagem das fábricas foram cedendo espaço para os robôs, que, programados para a execução de tarefas repetitivas, como parafusar e soldar, aumentaram a precisão dos serviços efetuados e agilizaram o processo produtivo. Houve um grande e rápido progresso nos setores de telecomunicação, eletrônica, engenharia genética e biotecnologia nesse período (Sakurai; Zuchi, 2018).

Ao longo do século XXI, os sistemas computacionais, a microeletrônica e a internet foram evoluindo de forma extremamente rápida. O termo indústria 4.0 surgiu em 2011, com a proposta e o desafio de promover a digitalização da indústria por intermédio de tecnologias avançadas, integrando o mundo real ao virtual por meio de sistemas de produção inteligentes e automatizados (Pereira; Simonetto, 2018; Sakurai; Zuchi, 2018).

O objetivo era tornar o setor industrial mais eficiente a partir da redução dos custos de produção, melhoria da qualidade dos serviços, personalização dos produtos, redução do tempo de comercialização e entrega, entre outros fatores. Esse feito foi possível graças ao desenvolvimento de diversas tecnologias, como IoT, segurança cibernética, análise de big data, robótica avançada, integração de sistemas, realidade aumentada (AR), impressão 3D, computação em nuvem e IA.

A indústria 5.0 é um debate atual. Pode ser entendida como extensão ou aperfeiçoamento da indústria 4.0, quando o ser humano passa a exercer o papel central na indústria. A proposta é combinar o conhecimento e as habilidades humanas com as tecnologias digitais avançadas para oferecer produtos e serviços personalizados e de alto valor, agregando temas pertinentes como ética, responsabilidade social e sustentabilidade (Maciel; Betim; Pontes, 2022; Pereira; Santos, 2022).

A IoT e a indústria 4.0

A IoT aplicada ao setor industrial também é conhecida como Internet Industrial das Coisas (IIoT). O conceito da IIoT é integrar diversos dispositivos e máquinas de uma cadeia produtiva à internet, possibilitando o controle a distância em tempo real. Associada ao big data, permite coletar e analisar as informações das etapas de produção, otimizando o processo, reduzindo os riscos e aumentando a eficiência das operações. Além disso, com o uso da IA, é possível facilitar o gerenciamento de toda a cadeia produtiva de uma indústria.

Observe, no quadro 2, os setores da cadeia produtiva que aplicam soluções IoT na indústria e no comércio.

Quadro 2 – Aplicações possíveis da IoT na indústria

Setores da indústria	Aplicação da IoT	Dispositivos de identificação de parâmetros
Manutenção preditiva	Monitoramento de equipamentos em tempo real e identificação de possíveis problemas. Redução do tempo de inatividade e dos custos associados à manutenção corretiva.	Sensores de vibração em máquinas industriais. Detectar anomalias e alertar os operadores para manutenção.

(cont.)

Setores da indústria	Aplicação da IoT	Dispositivos de identificação de parâmetros
Controle de qualidade	Monitoramento e controle de processos de produção em tempo real. Garantia da qualidade e consistência do produto final.	Sensores de temperatura e umidade. Controlar condições de armazenamento de produtos.
Eficiência energética	Redução do consumo de energia e dos custos associados por meio de monitoramento e controle em tempo real do uso de energia.	Sensores de iluminação. Ajustar intensidade da luz de acordo com a presença de pessoas.
Logística e gerenciamento da cadeia de suprimentos	Rastreamento do movimento de produtos e materiais em toda a cadeia de suprimentos. Otimização do gerenciamento de estoque e redução no tempo de entrega.	Etiquetas de RFID (identificação por radiofrequência). Rastrear produtos durante a produção e o transporte.
Segurança do trabalhador	Monitoramento das condições de trabalho e a exposição a substâncias perigosas. Garantia da segurança dos trabalhadores.	Sensores de gases tóxicos em fábricas. Alertar os trabalhadores em caso de vazamentos.

Esses são apenas alguns exemplos de como a IoT pode ser aplicada na indústria. A tecnologia está em constante evolução e novas aplicações estão sendo desenvolvidas o tempo todo.

Tecnologias de comunicação para a IoT

A conectividade entre as máquinas, que é realizada por redes cabeadas ou sem fio, é essencial para permitir as trocas de dados e informações entre dispositivos com tecnologia IoT. Este capítulo apresenta o conceito de conectividade e descreve algumas tecnologias utilizadas para a comunicação sem fio. Além disso, aborda o funcionamento e os potenciais usos de assistentes virtuais no campo da IoT, considerada uma das tecnologias mais atuais de comunicação entre usuário e máquina.

1. Conectividade

Conectividade é a capacidade de trocar informações por meios eletrônicos de forma controlada e adequada. Trata-se de um sistema de comunicação para interligar dispositivos de entrada (teclado, touchscreen, câmera, sensores, etc.) até um centro de processamento e controle inserido em máquinas (por exemplo, computadores, hosts com autonomia para executar atividades independentemente do usuário) conectadas em um dispositivo de saída (monitor, alto-falante, impressora, atuadores, etc.).

Um bom sistema de conectividade deve estar agregado a um protocolo que leve em consideração:

- proteção contra ruídos e interferências;
- velocidade compatível com o meio de propagação e volume de dados;
- verificação de possíveis erros;
- segurança no transporte de informações transmitidas;
- formato e estrutura definidos para desenvolver o software de comunicação nas duas pontas;
- adequação das tensões entre host e periférico.

Sempre que existirem dois ou mais hosts (computadores ou equipamentos dotados de um sistema microcontrolado) que precisem estar conectados entre si ou entre dois dispositivos, faz-se necessária a ligação via protocolo, ou seja, módulos de comunicação dentro de um formalismo de troca controlada de dados.

Tipos de conectividade: rede cabeada e sem fio

A conectividade entre os dispositivos pode ser efetuada de três maneiras: por uma rede cabeada; por uma rede sem fio (wireless); ou por uma rede mista.

Nas redes cabeadas, os dispositivos são conectados entre si por cabos de metal revestido com material isolante ou de fibra óptica, por onde são transmitidas e recebidas as informações. Os cabos de rede mais comuns são do tipo coaxial, de par trançado e de fibra óptica. O tipo de material que constitui o cabo de rede e sua espessura são alguns dos fatores que podem influenciar no alcance e na velocidade de conexão. As conexões muito longas, com mais de 100 metros de comprimento, geralmente requerem o uso de repetidores para fortalecer o sinal transmitido. A estabilidade da conexão e a segurança contra ataques cibernéticos são algumas das vantagens da conexão via cabo. Maiores detalhes de conexão das redes cabeadas serão discutidos nos capítulos seguintes.

As redes sem fio transmitem dados e informações por meio de ondas eletromagnéticas. Para tanto, os dispositivos devem possuir algum sistema tecnológico que permita a codificação e emissão, e a posterior recepção e decodificação dessas ondas. Uma das vantagens desse sistema é possibilitar que os dispositivos sejam posicionados em diversos locais de um ambiente ou até mesmo transportados enquanto se comunicam, como ocorre com os aparelhos celulares e smartphones. Em contrapartida, as redes sem fio podem sofrer maiores interferências de outros aparelhos ou obstáculos, além de estarem mais vulneráveis a ataques cibernéticos.

Algumas tecnologias para a comunicação sem fio

RFID

Sigla em inglês para radio frequency identification (identificação por radiofrequência). Essa tecnologia é utilizada para identificar, registrar e rastrear dados que são armazenados em chips instalados em etiquetas (tags). Os dispositivos utilizados para a leitura dessas tags enviam e recebem ondas eletromagnéticas que permitem sua identificação. Etiquetas passivas, que não possuem bateria, podem ser lidas de distâncias que variam de poucos centímetros a até aproximadamente 20 metros, e as etiquetas ativas – que possuem fonte de energia – costumam ter alcance entre 20 e 100 metros. São muito utilizadas no comércio e na indústria para controle de estoque, rastreamento de cargas, sistemas automáticos de pagamento em pedágios, cartões para destravamento de portas com maior controle de acesso, identificação de pacientes, entre outras possibilidades (figura 1).

Figura 1 – Sistema de identificação de produtos por RFID

NFC

Abreviação de near field communication (comunicação por campo de proximidade), NFC é uma tecnologia de comunicação sem fio para curtas distâncias, menores que 10 cm. É muito utilizada para pagamentos por aproximação com smartphones, smartwatches ou cartões. Essa tecnologia pode ser aplicada em muitos outros contextos, como no destravamento de portas com fechadura eletrônica, que já é muito comum em hotéis e agora está se popularizando em residências e comércios (figura 2).

Figura 2 – Método de pagamento por NFC

Bluetooth

É uma tecnologia que utiliza ondas de rádio de curto alcance para estabelecer conexões entre dispositivos que disponham dessa mesma tecnologia, formando uma rede denominada piconet. Opera na faixa ISM (industrial, scientific, medical) com frequência de 2,4 GHz e comporta até oito dispositivos conectados, um atuando como mestre e os outros sete como escravos.

Os Bluetooths são divididos em três classes, de acordo com o alcance e potência de transmissão, com variações significativas de preço. A conexão entre dispositivos da classe 2, os mais populares, alcança até 10 metros. Os da classe 1 possuem maior potência de transmissão e podem se conectar até 100 metros de distância, enquanto os da classe 3 são de baixa potência, com alcance de até 1 metro de distância.

Com a evolução da tecnologia Bluetooth, muitas versões surgiram ao longo dos anos, sendo a mais recente a Bluetooth 5.4, conhecida como Bluetooth low energy (BLE) devido à notória redução do consumo de energia – iniciativa criada na versão 4.0 para atender às necessidades de dispositivos IoT que precisam funcionar por um longo período. Atualmente, a tecnologia Bluetooth é utilizada em vários dispositivos sem fio presentes em nosso cotidiano, como fones de ouvido, pulseiras fitness, sistemas de áudio automotivos, teclados, mouses e smartphones.

Wi-Fi

Wi-Fi é uma tecnologia de rede sem fio estabelecida por roteadores conectados a uma rede local ou à internet, que permite a conexão entre dispositivos eletrônicos diversos, como computadores, smartphones, impressoras, câmeras de vídeo e lâmpadas inteligentes. As redes Wi-Fi podem operar em duas faixas de frequência: 2,4 GHz e 5 GHz.

A frequência de 2,4 GHz apresenta menor velocidade de conexão, porém maior alcance e melhor poder de penetração, ultrapassando barreiras com mais facilidade. Além disso, grande parte dos dispositivos mais antigos e dos dispositivos IoT que possuem Wi-Fi trabalham nessa faixa de frequência. A frequência de 5 GHz possui um alcance bastante reduzido, porém oferece uma velocidade de conexão muito maior, sendo bastante utilizada para jogos pela internet e transmissão de vídeos em plataformas de streaming.

Zigbee

Zigbee é uma tecnologia de comunicação para redes sem fio que opera na faixa de frequência de 2,4 GHz, muito parecida com a tecnologia Wi-Fi, porém sem precisar da internet para estabelecer a conexão entre os dispositivos. O protocolo Zigbee permite a criação de redes fechadas de curto alcance (10 a 100 metros) entre dispositivos que possuam a mesma tecnologia e, por isso, é muito aplicada nos projetos de IoT. São muitos os equipamentos Zigbee disponíveis no mercado, como lâmpadas LED, interruptores, tomadas, termostatos, fechaduras e diversos outros sensores que podem ser controlados, por exemplo, por meio de aplicativos de casa inteligente. Usando um hub Zigbee integrado a um assistente virtual também é possível comandar esses equipamentos por voz.

Telefonia móvel

As redes de telefonia móvel são divididas em áreas, denominadas células. A cobertura de cada área é realizada por meio de um transmissor de alta potência com sua antena localizada em um ponto bem elevado, geralmente em cima de uma torre. As operadoras de telefonia celular operam em faixas de frequência diferentes, na ordem de MHz ou GHz, de acordo com as tecnologias ofertadas. Por exemplo, a tecnologia 4G (4ª geração) adotada no Brasil opera na faixa de 700 MHz, e a tecnologia 5G (5ª geração), na faixa de 3,5 GHz. Além dos smartphones e telefones celulares, alguns tablets, aparelhos de rastreamento e localização, bem como equipamentos de IoT específicos, são capazes de se conectar às redes de telefonia móvel para transmitir dados e informações em tempo real.

LoRa

Abreviação de long range (longo alcance), LoRa é uma tecnologia de comunicação sem fio que opera por ondas de rádio em bandas de frequência não licenciadas, como 915 MHz no Brasil, 433 MHz na Ásia e 868 MHz na Europa. Possui baixo consumo de energia, baixa taxa de transmissão e atinge distâncias da ordem de quilômetros. Foi projetada para ser utilizada em redes de dispositivos

IoT que, geralmente, estão a grandes distâncias e em áreas mais isoladas. Tem muita aplicação no monitoramento e controle de setores industriais, na agricultura e em cidades inteligentes.

Sigfox

A rede Sigfox é outra tecnologia de comunicação sem fio para longas distâncias. Com cobertura mundial, opera em frequência de rádio com baixa potência e é utilizada para conectar dispositivos IoT. Apesar do baixo custo de operação, apresenta elevado gasto de implementação devido às antenas de comunicação que precisam ser instaladas. É uma alternativa viável para indústrias que cobrem grandes áreas em regiões mais isoladas, como em setores agrícolas e agropecuários.

2. Assistentes virtuais

O que são assistentes virtuais?

Assistentes virtuais (AV), digitais, pessoais ou simplesmente chatbots são programas de computador criados para melhorar a comunicação com o usuário: para atendê-lo nas diversas solicitações e necessidades, responder dúvidas, acatar pedidos e executar tarefas de forma automatizada e programada, podendo ser desenvolvidos com inteligência artificial (IA) ou não. Apesar da popularização da IA, hoje muitos assistentes virtuais permanecem atendendo às demandas por digitação, com respostas disponibilizadas por escrito, sem uso de IA.

Para saber mais

O assistente virtual ou chatbot não é uma tecnologia recente. Em 1950, Alan Turing inventou uma máquina de criptografia automatizada para decodificar, em tempo real, as mensagens enviadas pelos alemães durante a 2ª Guerra Mundial. Sua história pode ser vista no filme *O jogo da imitação*, que mostra o desenvolvimento de conhecimentos inestimáveis em matemática, lógica e ciência da computação.

Importante

A expressão "chatbot" nos faz lembrar de um outro assistente virtual, o chatGPT, que vem sendo tema de discussões nos meios de comunicação, envolto em questionamentos e preocupações. Ambas as tecnologias processam e respondem às perguntas de seus usuários. Entretanto, a programação dos chatbots é mais específica, configurada para responder a perguntas com respostas predefinidas pelo dono do sistema, enquanto o chatGPT é uma implementação de IA que utiliza técnicas de machine learning para responder a perguntas específicas e gerar respostas únicas, exclusivas e personalizadas em forma de conversa.

O desenvolvimento da tecnologia de informação e comunicação possibilitou que IA, dispositivos de processamento de linguagem natural e machine learning fossem inseridos em aparelhos. Os dispositivos que, conectados à internet, apresentam por "comando de voz" maior capacidade de automação e integração do usuário com as tecnologias ao seu redor são chamados de smart speakers.

A velocidade das respostas por voz, a praticidade de ter as mãos livres e a personalização das tarefas programáveis pelo usuário são características desses assistentes que se popularizaram e revolucionaram o mercado de bens de consumo. Eles estão diretamente relacionados aos produtos inteligentes, também chamados de smart, e conectam o usuário aos comandos de dispositivos inteligentes em residências, cidades e estabelecimentos comerciais e industriais.

Atualmente, os assistentes virtuais (ou smart speakers) mais populares no mercado são:

- Alexa, da Amazon;
- Google Assistente, do Google;
- Siri, da Apple;
- Copilot, da Microsoft.

Como funcionam?

Os assistentes virtuais podem ser considerados um item de automação residencial, pois gerenciam tarefas e possibilitam a ativação de aparelhos por meio da fala.

Por serem programas de computador, precisam estar acondicionados dentro de um objeto, o hub. Acoplados ao hub, estão os alto--falantes que emitem as respostas aos comandos recebidos e um microfone que recebe os comandos de voz. Ou seja: Alexa, Google

Assistente e Siri são apenas as IAs que interpretam e respondem aos comandos solicitados.

> Importante
>
> O Copilot é um tipo de assistente virtual baseado em inteligência artificial que, diferentemente dos demais, não possui um hub. Ele está presente nos produtos da Microsoft, como Windows 11, Microsoft 365, Microsoft Teams e Edge..

Para entender de forma mais clara o processo de comunicação usando a Alexa, da Amazon, em um ambiente IoT, observe a figura 3, que mostra uma sequência de processos de comunicação, desde o comando dado até a resposta do aparelho inteligente.

Figura 3 – Sequência de comunicação: do comando de voz dado pelo usuário até a resposta ao comando

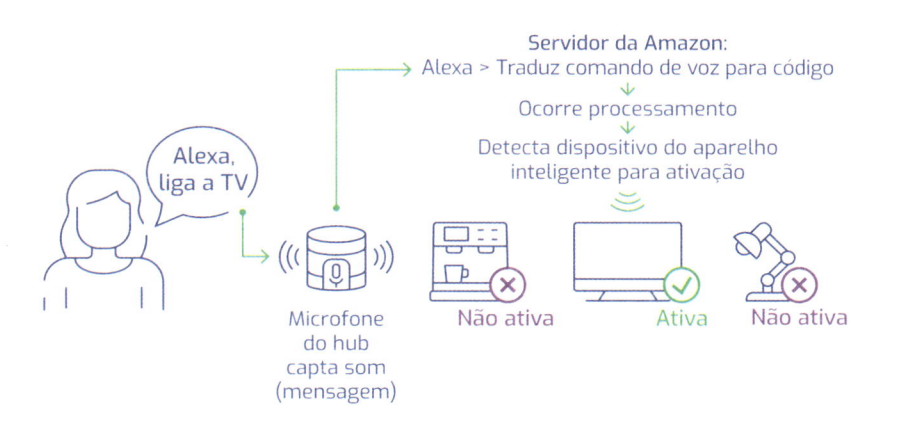

Como vemos na figura 3, a interação se inicia com um comando de voz, que é encaminhado para a IA, que ativa a consciência de texto – identifica padrões, frases, palavras, examina combinações, interpreta significados e, usando um banco de dados dos servidores on-line, produz respostas para atender à solicitação dada. Considerando uma situação de IoT, temos cada um dos pilares presentes nesse comando feito por voz:

- computação: programação do assistente virtual, com IA inserida na nuvem;
- comunicação: conexão via internet entre hub-AV e entre AV-aparelho inteligente;
- controle: sensor de voz dando o comando (entrada) e ativação do aparelho inteligente (saída).

Para saber mais

No YouTube, o canal Teteu Tutors tem um vídeo explicando como configurar a tomada inteligente da Positivo no celular e conectá-la com a Alexa (Como, 2023).

Mas será que qualquer sistema com dispositivos inteligentes pode ser considerado um mecanismo de IoT? Como vimos no capítulo anterior, é preciso que esse sistema contemple os três pilares da IoT. Vamos analisar os exemplos a seguir e identificar esses três pilares: computação, comunicação e controle.

Exemplo 1: Marcia instalou um sensor de movimento na porta da sua casa, que, ao detectar algum movimento, imediatamente faz com que a lâmpada acenda.

Analisando esse exemplo, identificamos somente o pilar controle, pois o sistema envolve o uso de um sensor para o acionamento de outro dispositivo (lâmpada), sem a possibilidade de programação (computação) ou transmissão de informação (comunicação).

Exemplo 2: no sistema descrito no exemplo 1, Marcia fez uma alteração para otimizar o gasto com energia elétrica. Ela percebeu que a passagem do seu cachorro em frente à porta acionava o sensor de movimento mesmo durante o dia. Ligou, então, a lâmpada a uma tomada inteligente e programou para que, mesmo que algum movimento fosse detectado, a luz acendesse somente entre 18h e 6h.

No funcionamento desse sistema, identificamos o pilar computação (programação do horário) e controle (sensor-lâmpada-tomada inteligente), mas não comunicação (interação da conectividade com Marcia).

Exemplo 3: com os dois dispositivos instalados (sensor de movimento e tomada inteligente), Marcia optou também por programar a tomada inteligente para que acendesse a lâmpada da distância da esquina de casa, com o comando via celular, e de dentro de casa, via comando de voz para o assistente virtual.

Aqui identificamos os pilares controle (sensor-lâmpada-tomada inteligente), computação (programação para atender ao chamado de voz ou celular) e comunicação (acionamento a distância).

Ações que podem ser realizadas

Apresentamos a seguir as principais funcionalidades de assistentes virtuais nos sistemas de casas inteligentes:

- apoio nas tarefas domésticas (sugestão de receitas, listas de compras, etc.);
- ajuste da temperatura ou luminosidade do ambiente;
- centralização e controle de outros aparelhos inteligentes;
- sincronização com smartphones (streamings, serviços, etc.);
- agenda pessoal (reuniões, tráfego, clima, compromissos, etc.);
- execução de tarefas simples: configurar alarmes, informar previsão do tempo, tocar lista de música, reproduzir podcast, entre outras.

Alguns assistentes presentes no cotidiano

Alexa

Assistente conversacional da Amazon, desde 2014 também está disponível na versão em português. Seu nome foi inspirado na biblioteca de Alexandria, e a presença forte da letra "X" (lê-se: "ecs") facilita a identificação para o início do comando de voz: por exemplo, "Alexa, aumente o volume em 20%".

A Alexa não está atrelada a nenhum sistema operacional, é compatível com iPhone, Android, Windows e consoles de videogames. Isso porque o Alexa Voice Service permite aos desenvolvedores de software integrar a Alexa diretamente a seus produtos, levando a conveniência do controle por voz para qualquer dispositivo conectado (algumas marcas que a utilizam são: Bose, LG, Sony, JBL, Yamaha, Intelbras, Positivo, Philips Hue, D-Link e iRobot).

Acesse falando: "Alexa".

Google Assistente

Assistente pessoal criado em 2016, está disponível em português desde 2017.

É compatível com Android, iOS e com dispositivos móveis em aparelhos versão 6.0 ou em automóveis Android Auto, e sincroniza-se com o Google Agenda.

O Google Home é o aplicativo criado pelo Google para gerenciar dispositivos inteligentes para casa. Além disso, um aparelho foi desenvolvido para espelhar os principais conteúdos das plataformas de streaming e outros aplicativos na televisão, caso esta não seja uma smart TV. Google Nest Mini é o nome da caixa de som responsável por aceitar comandos e atender às solicitações.

Acesse falando: "Ok, Google".

Siri

Desenvolvida em 2007 pela SRI International, um instituto de pesquisa sem fins lucrativos, a tecnologia foi adquirida em 2010 pela Apple, sendo lançada em 2011 para funcionar como assistente virtual da Apple, para iPhone 4S com o sistema iOS 5 e em dispositivos Android e BlackBerry. Incorpora todo o ecossistema desenvolvido pela Apple, mas também sistemas não nativos, como WhatsApp e Facebook.

O nome Siri é fácil de ser soletrado e pronunciado pelos consumidores. Significa em norueguês "bela mulher que leva você à vitória" e, coincidentemente, também é o nome de um amigo de um dos criadores.

Acesse falando: "E aí, Siri?".

Copilot

Assistente virtual da Microsoft disponível desde 2023 e configurado para computadores com o sistema operacional Windows 10 e 11 ou dispositivos móveis que possuam aplicativos da Microsoft.

Seu nome remete à ideia fiel de um copiloto, que está presente para auxiliar o usuário em suas tarefas.

O acesso é por digitação, e só depois de acessar o programa é que há a possibilidade de acionar o sistema de reconhecimento de voz, clicando sobre o ícone do microfone.

Especificidade na conectividade de assistentes

Para escolher o modelo adequado de assistente virtual, é preciso considerar a função que se deseja atender, garantindo assim praticidade e comodidade. Os critérios são:

- Compatibilidade: quais dispositivos se planeja instalar? Por meio de quais aplicativos os dispositivos serão controlados?
- Conectividade com conexão Wi-Fi e Bluetooth: há flexibilidade para sincronização dos dispositivos?
- Carregamento por USB: há opção de usar a rede elétrica ou carregadores portáteis?
- Modelos: é necessário o deslocamento frequente do aparelho? O ambiente tem condições climáticas de umidade elevada ou alguma situação peculiar? Existem modelos resistentes à água?
- Ambiente: qual a quantidade de cômodos, o tipo de imóvel (casa ou apartamento), a distância entre os cômodos, etc.?

Conectividade de redes

Este capítulo tem como objetivo apresentar as tecnologias de comunicação sem fio e cabeada e mostrar como as variações de topologias física e lógica ampliam o alcance da conexão. Iniciaremos a discussão apresentando diferentes planos de distribuição de dispositivos IoT, para entender qual seria o mais adequado (ou recomendado) para uma residência ou pequeno comércio.

1. Tecnologias de comunicação

A conectividade entre os dispositivos eletrônicos depende de fatores relacionados às topologias física e lógica das redes, sejam as redes cabeadas ou sem fio.

Topologia física e lógica

O padrão no qual os computadores estão conectados entre si dentro de uma rede é denominado topologia de rede e envolve tanto o aspecto físico como o aspecto lógico da rede. A topologia física da rede refere-se à sua estrutura física, o modo como os hosts estão interligados e distribuídos no ambiente. Por sua vez, a topologia lógica se refere à forma como as informações e os dados são transmitidos entre os dispositivos (Albini, 2015; Amaral, 2016). Alguns tipos de topologia de rede são listados a seguir.

Topologia física das redes

Ponto a ponto

Figura 1 – Topologia física ponto a ponto

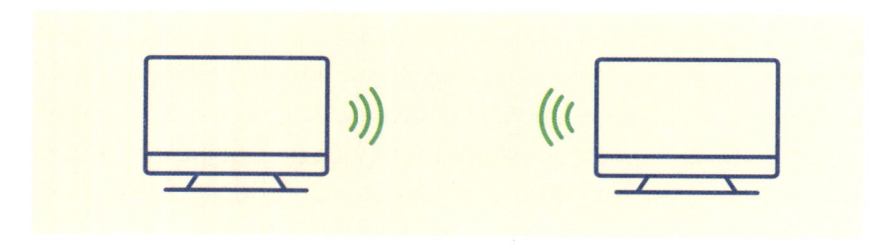

É a conexão direta entre dispositivos sem a necessidade de um servidor ou outro equipamento intermediário. Um exemplo é uma impressora ligada a um computador. Esse tipo de rede é mais simples de ser estabelecida e oferece uma conexão rápida entre os dispositivos. Em contrapartida, não é recomendada quando se deseja conectar muitos equipamentos entre si.

Anel

Figura 2 – Topologia física de anel

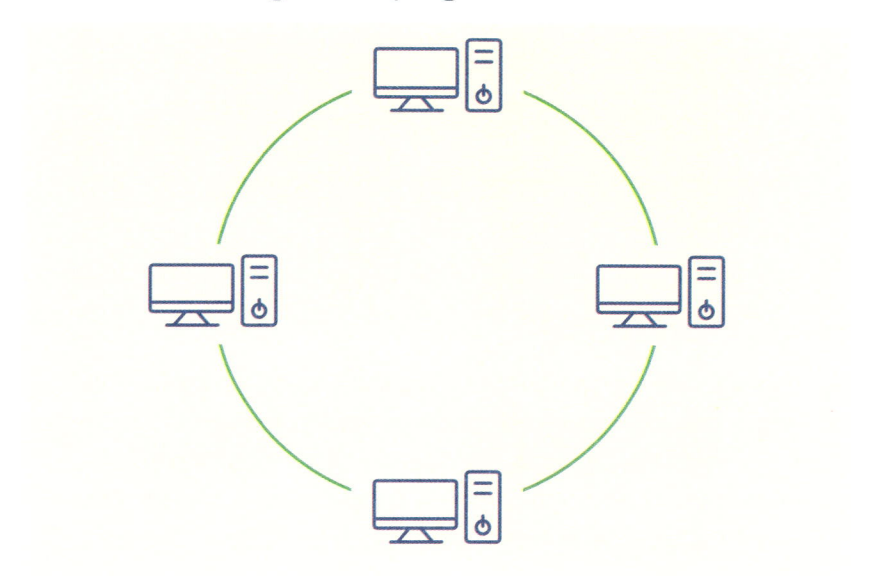

É a conexão de vários dispositivos sequenciados em uma rede fechada. As informações passam pelos dispositivos intermediários, até chegar ao destino. Como consequência, a falha de um dispositivo pode comprometer a rede toda. Esse tipo de conexão também dificulta a inserção de novos equipamentos na rede e é considerado obsoleto.

Barramento

Figura 3 – Topologia física de barramento

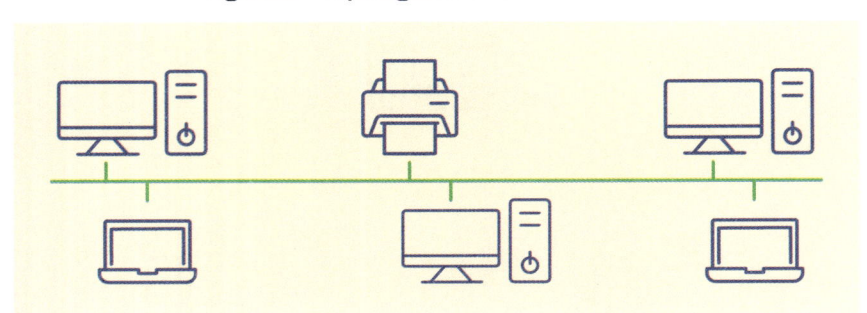

Na conexão em barramento os dispositivos estão todos conecta-dos a um cabo principal por onde os dados trafegam. Dessa ma-neira, as informações não precisam passar pelo interior de um equipamento para chegar a outro. Assim, a falha de um aparelho não impede necessariamente o funcionamento dos demais – po-rém, um problema no cabo deixará todos os dispositivos do seg-mento desconectados. Uma das vantagens dessa conexão é a utilização compartilhada de equipamentos, como uma impressora que pode ser acessada por todos os computadores conectados no segmento. No entanto, ter muitos equipamentos conectados pode ocasionar lentidão na comunicação devido ao excesso de tráfego de dados.

Estrela

Figura 4 – Topologia física de estrela

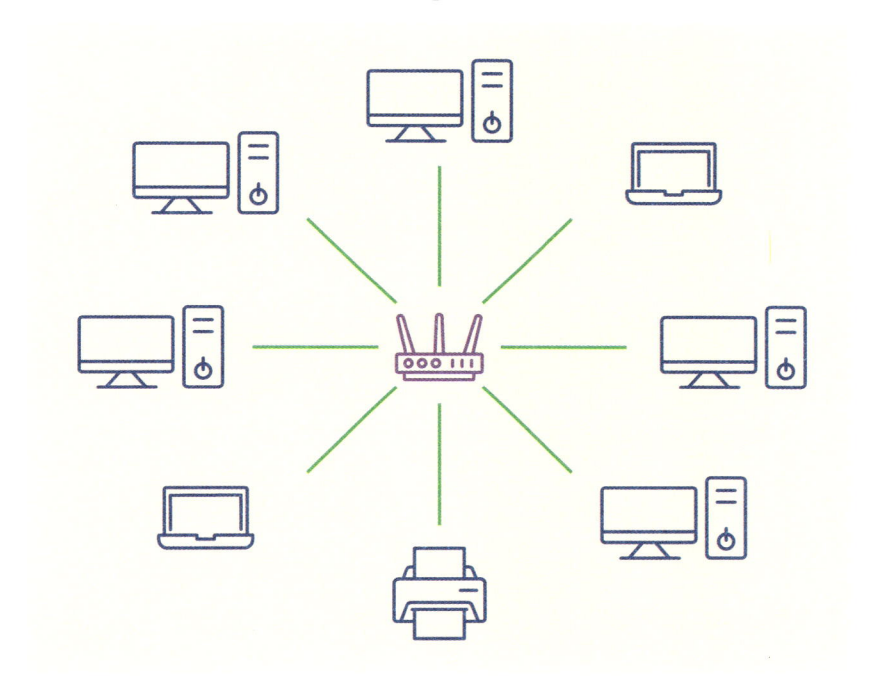

É um tipo de rede que possui um ponto de acesso central que interliga todos os outros dispositivos. Como cada dispositivo é ligado ponto a ponto ao switch ou hub central, isso torna o gerenciamento e a manutenção da rede mais simples. Com exceção de problemas no ponto de acesso central, a falha de um dispositivo não compromete o funcionamento dos demais. Esse tipo de conexão é bastante utilizado em redes locais.

Árvore

Figura 5 – Topologia física de árvore

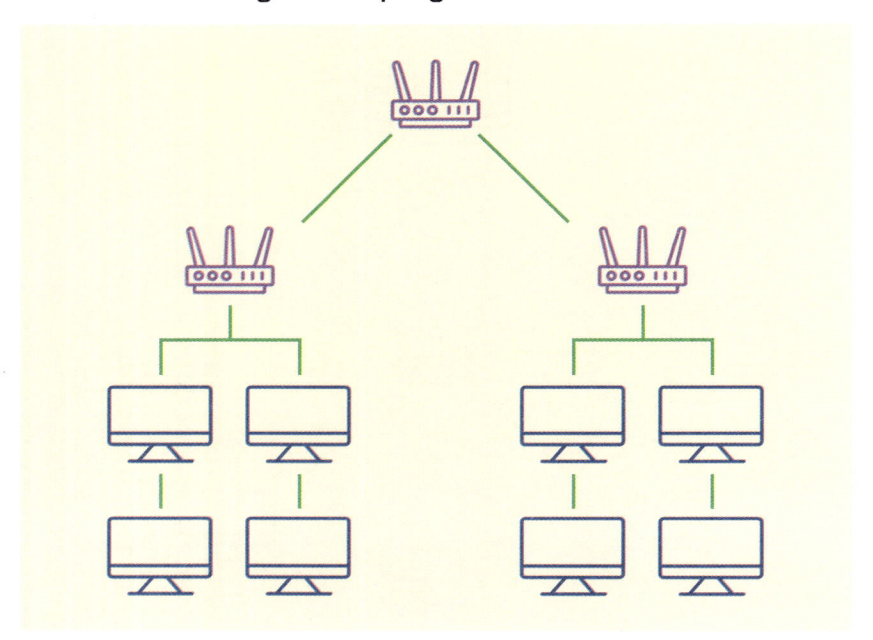

A topologia física de árvore é uma mescla das redes em estrela e barramento. A rede principal se divide em sub-redes, como os galhos de uma árvore. Nessa estrutura, a falha em uma sub-rede não afeta as demais, mantendo em funcionamento os dispositivos anteriores ao nó onde a falha ocorreu. Com essa topologia, é mais fácil acrescentar dispositivos e ampliar a rede, bem como identificar os trechos com falha para realizar a manutenção. Porém, sua configuração é bem mais complexa e o número excessivo de dispositivos pode ocasionar lentidão no tráfego de dados.

Malha

Figura 6 – Topologia física em malha

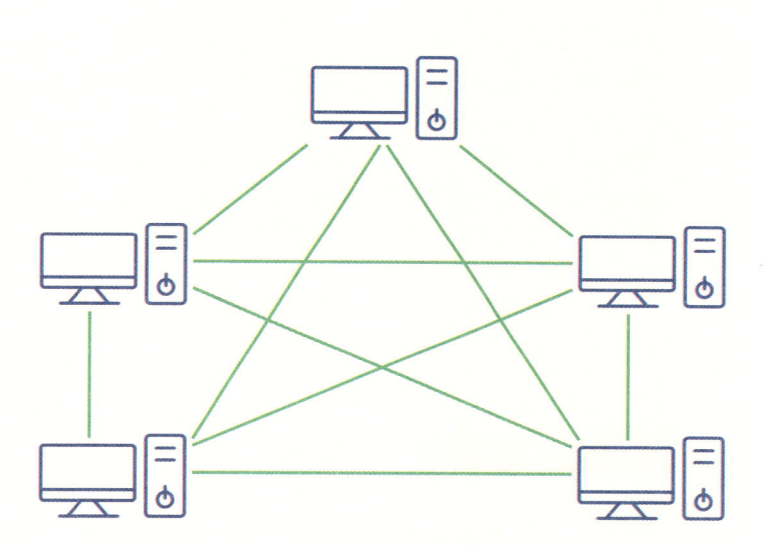

A rede em malha (ou mesh, em inglês) permite a conexão ponto a ponto de todos os dispositivos entre si. Além de a falha em um dispositivo não impedir o funcionamento dos demais, em caso de alto fluxo em alguma parte da rede os dados podem trafegar por rotas alternativas para chegar ao seu destino. A rede tipo mesh, apesar de sua maior complexidade e custo elevado na hora da instalação, oferece bastante estabilidade e uma alta velocidade de conexão entre os dispositivos. É geralmente adotada por indústrias e empresas de maior porte.

Rede cabeada

Por conectarem diretamente os dispositivos entre si por meio de cabos, as redes cabeadas podem oferecer maior segurança contra ataques cibernéticos e maior estabilidade de conexão, tendo em vista que sofrem menos interferências externas provenientes das ondas eletromagnéticas emitidas por outros aparelhos ou obstáculos presentes no ambiente. Os cabos utilizados para a transmissão de dados podem ser dos tipos coaxial, fibra óptica ou par trançado. A figura 7 mostra os três tipos de cabos citados.

Figura 7 – Tipos de cabos de rede

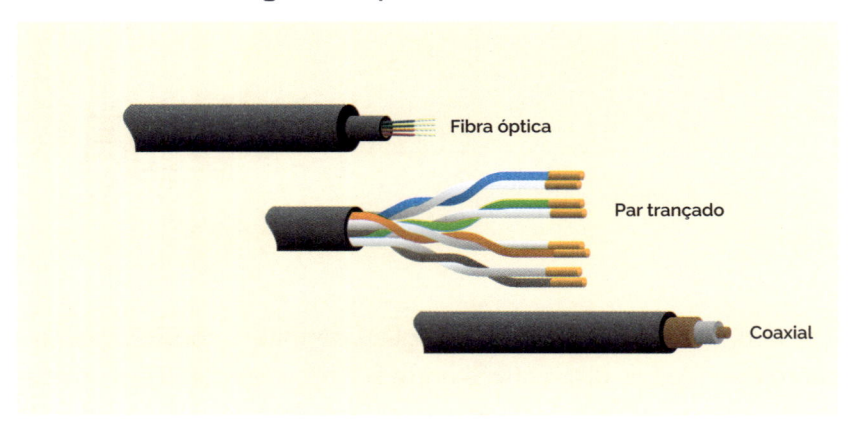

Geralmente, o cabo coaxial é mais utilizado para a transmissão de sinais de TV a cabo, circuitos fechados de TV para segurança por vídeo e sistemas de áudio. Por sua vez, a fibra óptica é bastante usada para enviar sinais a longa distância, por ter alta velocidade de transmissão e baixa perda na intensidade do sinal. Ela costuma ser utilizada por operadoras de telefonia e TV para transmitir o sinal até um ponto principal da residência ou do comércio. Porém, por serem cabos mais frágeis e pouco maleáveis, não são muito usados para conectar os aparelhos dentro de um ambiente.

O cabo de par trançado é utilizado para a conexão de rede. Normalmente, esse tipo de cabo possui 8 fios de cobre isolados que são trançados dois a dois para reduzir interferências e, em geral, são acoplados a um conector do tipo 8P8C, popularmente conhecido como RJ45 (figura 8).

Figura 8 – Conector 8P8C (RJ45)

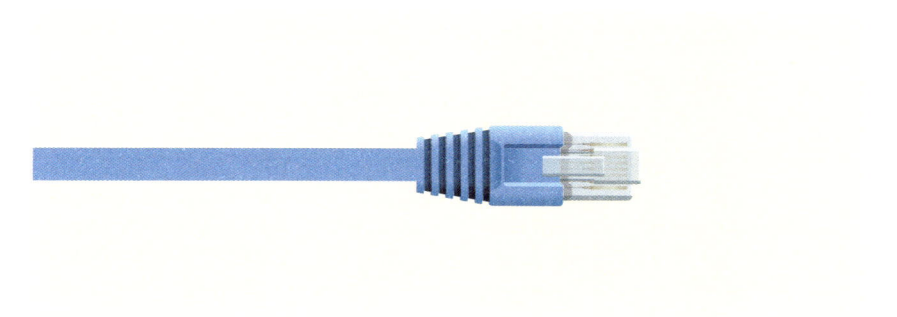

O alcance e a velocidade de conexão das redes cabeadas também depende do tipo de cabo, que é especificado por categorias (CAT). As categorias 1, 2, 3, 4 e 5 ficaram obsoletas, de modo que foram descontinuadas ou são utilizadas para outros fins, como telefonia. As categorias mais recentes (5E, 6, 7 e 8) diferem em aspectos como velocidade e largura de banda, conforme apresentado na tabela 1.

Tabela 1 – Comparativo entre cabos CAT 5E, CAT 6, CAT 7 e CAT 8

Categoria	Alcance	Velocidade	Largura de banda	Aplicação
CAT 5E	100 m	até 1 Gbps	100 MHz	Ambientes residenciais.
CAT 6	100 m 55 m	até 1 Gbps até 10 Gbps	250 MHz	Ambientes corporativos.
CAT 7	100 m	até 10 Gbps	600 MHz	Ambientes comerciais e industriais com alto fluxo de informações.
CAT 8	30 m	até 40 Gbps	2000 MHz (2 GHz)	Centros de processamento de dados (data centers).

Da mesma maneira que ao expandir o número de faixas de uma estrada permite-se aumentar o fluxo de carros, ampliar a largura de banda possibilita maior fluxo de dados. Assim, os cabos CAT 5E são aconselhados para ambientes com um fluxo de informações pequeno, como geralmente ocorre em residências. São cabos menos espessos, mais flexíveis e mais baratos. Já os cabos CAT 7, por exemplo, possuem bitola maior e, portanto, são mais rígidos, pesados e caros que os de categoria inferior. Em compensação, permitem maior taxa de transmissão de informações, comportando uma quantidade maior de dispositivos conectados simultaneamente.

Padrão de cabeamento: T568A e T568B

Para realizar instalações de rede, devemos prestar atenção aos dois padrões de ligação dos cabos de par trançado nos conectores 8P8C (RJ45): T568A e T568B. Esses padrões se diferenciam pelo sequenciamento das cores dos fios nos oito pinos do conector, conforme mostrado na figura 9. O padrão T568A é o mais comum no Brasil e apresenta, do pino 1 ao pino 8, a seguinte sequência de cores: branco--verde, verde, branco-laranja, azul, branco-azul, laranja, branco-marrom e marrom. Já a sequência do padrão T568B é: branco-laranja, laranja, branco-verde, azul, branco-azul, verde, branco-marrom e marrom.

Figura 9 – Sequenciamento das cores do conector 8P8C (RJ45)

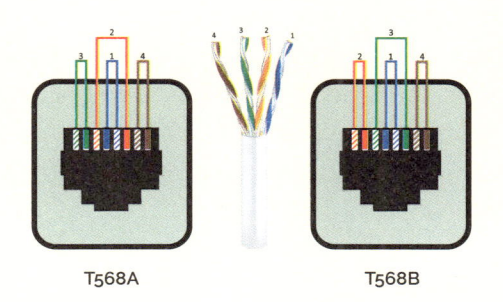

T568A   T568B

Rede sem fio

Com o avanço tecnológico, as redes cabeadas estão cedendo espaço para as redes sem fio. Nesses casos, os dados e informações são transmitidos por ondas eletromagnéticas pelo ar, sem a necessidade de cabos interligando os equipamentos. Além da vantagem de não ter um emaranhado de fios espalhados pelo ambiente, os dispositivos podem ser transportados de um ponto a outro com mais facilidade.

O alcance das redes sem fio depende de vários fatores, como os equipamentos e tecnologia disponíveis, o valor a ser investido e a quantidade de obstáculos presentes no ambiente.

No capítulo 2, vimos algumas tecnologias para a comunicação sem fio. Agora, abordaremos os tipos de rede sem fio e descobriremos algumas estratégias para ampliar o alcance da rede.

Tipos de rede: WPAN, WLAN, WMAN e WWAN

WPAN – wireless personal area network

Em português, wireless personal area network significa "rede de área pessoal sem fio", ou simplesmente rede pessoal sem fio, e é utilizada para conectar dispositivos próximos entre si, em uma área de poucos metros (figura 10). Bluetooth e Zigbee são exemplos de tecnologias utilizadas para WPAN. Fones de ouvido, mouses, teclados e impressoras sem fio, assim como dispositivos IoT (lâmpadas, interruptores e outros sensores Zigbee) são alguns dos exemplos de aplicação.

Figura 10 – Rede pessoal sem fio (WPAN)

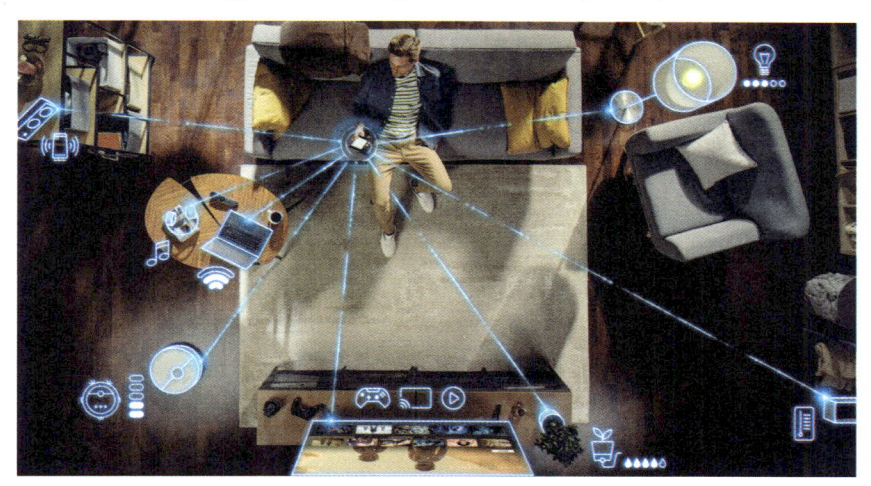

WLAN – wireless local area network

WLAN é uma rede local sem fio que abrange uma área maior que a WPAN. É utilizada para conectar dispositivos em ambientes residenciais e comerciais, geralmente por meio da tecnologia Wi-Fi. A rede WLAN tem alcance de 30 metros, em média, podendo chegar a até 100 metros, mas isso vai depender de inúmeros fatores, como a potência do roteador e a quantidade de obstáculos no ambiente. Atualmente, é bastante utilizada para conectar dispositivos de casas inteligentes (figura 11).

Figura 11 – Rede local sem fio (WLAN)

WMAN – wireless metropolitan area network

A rede metropolitana sem fio, como o próprio nome indica, é uma rede utilizada para cobrir a área de cidades. Na prática, esta rede sem fio tem alcance de quilômetros e geralmente é utilizada para a transmissão de informações entre os provedores de acesso. As áreas urbanas que disponibilizam acesso público à internet, por exemplo, utilizam essa tecnologia. A expansão da WMAN é fundamental para o avanço das cidades inteligentes.

WWAN – wireless wide area network

A WWAN é uma rede sem fio de longa distância que abrange uma área maior que a WMAN. A tecnologia de telefonia celular é um dos exemplos de WWAN. O acesso à internet móvel realizado via smartphones e pelos painéis de alguns automóveis mais modernos, por exemplo, são também aplicações da WWAN.

Ampliando o alcance da conexão

Muito provavelmente existe uma região na sua residência ou na de alguma pessoa conhecida onde o sinal Wi-Fi da internet emitido pelo roteador não chega ou apresenta falhas. Isso pode acontecer pela longa distância do dispositivo até o ponto de acesso, ou por haver muitos obstáculos pelo caminho, como paredes e móveis. Para resolver tais problemas, certas estratégias podem ser adotadas, como as sugeridas a seguir.

Repetidor de sinal

O repetidor de sinal é um equipamento que recebe o sinal do roteador principal e retransmite-o, fazendo com que a rede sem fio atinja uma distância maior. Geralmente é posicionado em um ponto intermediário entre o roteador principal e a área onde o sinal é fraco. Os repetidores de sinal possuem a vantagem de terem um custo menor em relação às outras opções de amplificação. No entanto, o excesso de dispositivos conectados interfere no tráfego de informações, causando lentidão na rede.

Ponto de acesso adicional

Outra maneira de aumentar o alcance da rede sem fio é acrescentar um outro ponto de acesso à rede principal. Colocar um novo roteador na região onde o sinal não chega é uma solução vantajosa quando se deseja ter muitas conexões simultâneas sem perder a qualidade na conexão, como em comércios que disponibilizam acesso Wi-Fi. Em contrapartida, cada novo ponto de acesso é um canal separado, com novo endereço IP. Desta maneira, os dispositivos que estão conectados ao roteador principal não se conectam automaticamente ao novo ponto de acesso até que percam completamente o sinal. No caso, a escolha pelo sinal mais intenso deve ser realizada de forma manual.

Roteador mesh

A rede mesh é composta por dois ou mais pontos de acesso, roteadores, que criam uma configuração de rede descentralizada (figura 12). Isso significa que não existe um roteador principal onde outros roteadores adicionais são acoplados. Na rede mesh todos os roteadores trabalham como pontos principais e possuem o mesmo endereço IP. Uma ótima vantagem é a conexão automática dos dispositivos ao roteador com sinal mais forte. Assim, quando você transita com seu smartphone pela residência, não precisa se preocupar em ter de ficar mudando a rede de conexão manualmente quando se distancia de um ponto de acesso e se aproxima de outro. Outra vantagem da rede mesh é a possibilidade de acrescentar novos pontos de acesso para ampliar o alcance da rede e reduzir as "zonas mortas", ou seja, as regiões onde o sinal é fraco ou inexistente.

A tecnologia Zigbee, que também opera criando uma rede mesh entre seus dispositivos, tem sido muito utilizada para a IoT. Muitos dispositivos Zigbee funcionam como pontos de acesso. Assim, eles criam entre si uma rede mesh própria, que opera de forma independente à rede Wi-Fi e permite a transmissão de informações entre seus dispositivos mesmo se estes estiverem distantes do hub Zigbee central. Portanto, a falha de um dos dispositivos IoT conectados à rede Zigbee não afetará a operação dos demais.

Apesar das inúmeras vantagens da rede mesh, seu custo de implementação é mais elevado e o excesso de pontos de acesso na rede, com muitos dispositivos conectados simultaneamente, pode gerar instabilidade ou congestionamento da rede.

Figura 12 – Exemplo da distribuição de
roteadores mesh em uma residência

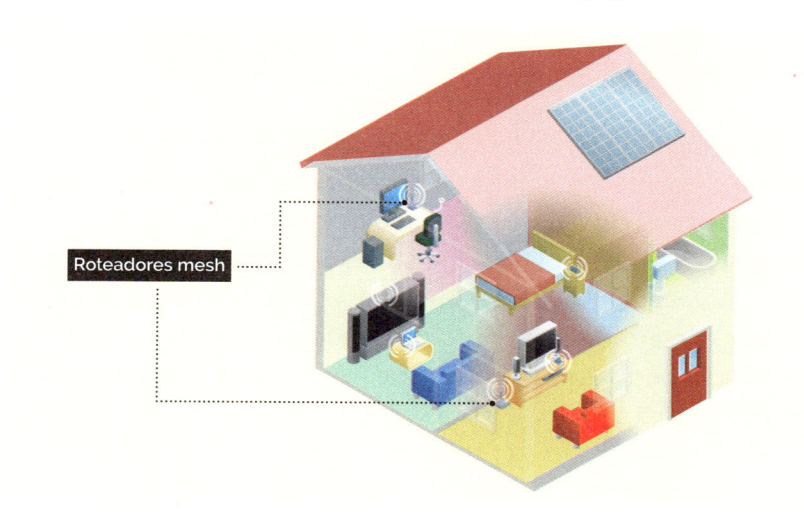

2. IoT aplicada em cenários do cotidiano: algumas considerações sobre conexões residenciais e comerciais

Para viabilizar a instalação de sistemas inteligentes em residências ou pequenos comércios é necessário pensar e desenhar um proje-to confiável e funcional. Para tanto, deve-se levantar alguns pontos cruciais, os quais estão diretamente relacionados à organização, performance e usabilidade do sistema implantado.

Desse modo, antes de começar a sugerir sensores, controladores e outros dispositivos, é preciso reunir informações para entregar um projeto certeiro, que traga resultados positivos e satisfatórios ao cliente. Para isso, devemos considerar o propósito e a relevância dos dispositivos implantados e atender a prazos estipulados. Além disso, é importante conhecer bem as necessidades do cliente e as potencialidades ou restrições do local, para projetar soluções plausíveis e sustentáveis em termos de conectividade, custo energético, praticidade, velocidade e performance, definindo assim a forma como a rede de computadores será estruturada.

É recomendável fazer ou ter um desenho da planta do imóvel, que é uma representação gráfica do que seria a distribuição de espaços e estruturas da casa ou estabelecimento comercial (figura 13). Isso facilita o planejamento da distribuição de rede. Em posse da planta, avaliamos aspectos como: trata-se de um imóvel sobrado ou térreo? O terreno tem um formato que favorece a conectividade? Como e onde estão posicionadas as paredes que separam os cômodos do imóvel?

Figura 13 – Exemplos de plantas de imóveis

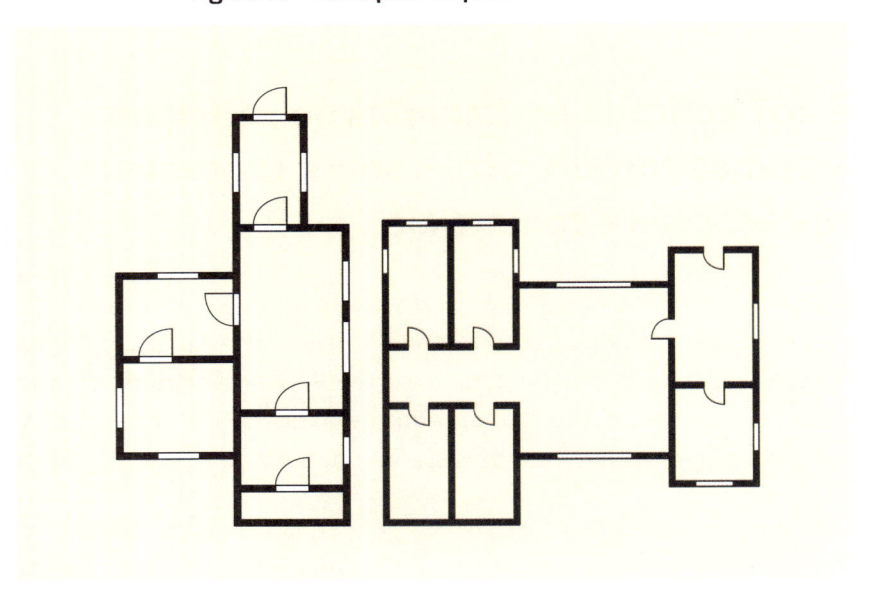

As perguntas apresentadas são um ponto de partida para fazer o estudo da topologia lógica, isto é, da forma como os computadores e equipamentos de rede irão transmitir os dados; e da topologia física, ou seja, de como deve ser o arranjo e posicionamento real dos elementos de rede no imóvel.

Outro ponto que deve ser considerado é o tipo de uso, se residencial ou comercial. Assim:

- IoT em residências: deve-se levantar informações sobre a quantidade de residentes, quantos e quais dispositivos serão instalados e em quais locais.
- IoT em pequenos comércios: é preciso reunir informações sobre a quantidade de funcionários fixos, o fluxo de clientes, quantos e quais dispositivos serão instalados e em quais locais.

Mesmo que se trate de um pequeno comércio, a quantidade e/ ou velocidade do fluxo de informações determinará a tecnologia de comunicação a ser selecionada. Também não podemos nos esquecer dos quesitos segurança e privacidade dos usuários, considerando que algumas escolhas deixam o sistema de rede mais vulnerável.

Como os dispositivos IoT se comunicam nas redes?

Neste capítulo discutiremos a importância, o conceito e a forma como se estruturam os protocolos de comunicação que possibilitam a transmissão dos dados por camadas, além de apresentar as melhores opções para os sistemas IoT.

Após a leitura, você também será capaz de caracterizar os processos e etapas de conexão dos dispositivos a uma rede Wi-Fi e de descrever as possibilidades de conexão entre os dispositivos envolvidos, conhecimento de suma importância para a criação de projetos com uma seleção eficiente de equipamentos e protocolos.

1. O que são protocolos de comunicação?

Para começarmos a entender protocolos de comunicação, vamos dar uma olhada no significado da palavra "comunicação" (Comunicação, 2023): "ação ou efeito de transmitir ou receber ideias, conhecimento, mensagens, etc.; habilidade ou capacidade de estabelecer um diálogo, o que liga uma coisa à outra".

Quando dois computadores ou diferentes dispositivos estão conectados entre si, transmitindo informações e dados, processando e emitindo respostas, uma comunicação entre os equipamentos foi estabelecida. Entretanto, nem sempre a linguagem utilizada pelo emissor consegue ser entendida pelo receptor – no caso, os dispositivos. Para garantir essa sintonia e compreensão, foram criados os protocolos de comunicação.

O que usualmente chamamos de USB é um protocolo. Está bem presente no nosso dia a dia e tem por função conectar smartphones, mouses, etc. O SATA é outro protocolo, que até pouco tempo atrás conectava impressoras aos computadores, via cabo; foi substituído pela porta USB (via cabo) e depois evoluiu para uma conexão sem fio por Bluetooth.

Perguntas interessantes a se fazer são: "Por que não são mantidos os mesmos protocolos para os equipamentos e dispositivos? Qual a necessidade de trocá-los, se isso não afeta a maneira como os utilizamos?". Uma resposta simples, a partir do exemplo anterior, é que impressoras de uso doméstico agregaram novas funções, como escanear, copiar e armazenar arquivos. Essas aplicações por parte do cliente geram expectativas não só em relação à qualidade na usabilidade, mas também aos ganhos em velocidade, economia de energia, segurança, taxa de transmissão e adequação de implementação no hardware e software.

Em resumo, a eletrônica de três, quatro ou cinco anos atrás nem sempre consegue atender às novas demandas, de modo que ocorre uma adaptação ou substituição do tipo de protocolo adotado até então. Essas escolhas e trocas são baseadas nas tecnologias disponíveis, que estão sempre em evolução, e nos parâmetros técnicos analisados para cada uma das situações.

A comunicação entre computadores em rede envolve componentes físicos e lógicos que necessitam de um conjunto de regras e padrões – os protocolos –, para que a informação possa ser identificada e compreendida.

Esses dados trafegam em camadas estruturadas de maneira hierárquica. A cada camada, os dados – que nada mais são do que um fluxo de bytes – são direcionados corretamente para a camada seguinte, pois cada protocolo apresenta uma ficha técnica com os seguintes dados: cabeçalho com detalhes do tipo de protocolo; estrutura e tamanho; numeração de sequência; endereço de origem e de destino; conteúdo; canal fechado entre transmissor e receptor; controle de erros de comunicação e correção; e local para extração com conversão de código com adequações de pacotes enviados ou recebidos.

O termo "pacote", ou "datagrama", refere-se a um desmembramento das informações em partes menores com o propósito de facilitar e agilizar a comunicação, em detrimento de grandes volumes de informação que poderiam congestionar a transmissão. Outro aspecto positivo dos pacotes é a detecção de erros, já prevista nos protocolos, possibilitando que mensagens adulteradas sejam identificadas e sanadas, reduzindo a quantidade de erros na retransmissão – tarefa importante para um grande volume de dados.

Existe uma ampla variedade de sistemas operacionais para padronizar a forma como diferentes componentes de hardware e software dividem o trabalho e interagem em rede. Vamos nos aprofundar em dois modelos que descrevem e regulam todas as comunicações nos ambientes de rede: os modelos OSI e TCP/IP.

OSI significa open system interconnection (interconexão de código aberto) e é um modelo que possui sete camadas. É regulamentado pela Organização Internacional de Normalização ou Padronização, conhecida como ISO. Por sua vez, o modelo TCP/IP (abreviação de Protocolo de Controle de Transmissão/Protocolo de Internet) tem quatro camadas e foi criado pelo Departamento de Defesa dos Estados Unidos (DOD).

Ao comparar os dois, identificamos mais vantagens no modelo TCP/IP – atualmente o mais popular – por ser um protocolo próprio para internet, projetado para resolver um conjunto específico de problemas, enquanto o modelo OSI é adotado como um protocolo genérico. Ambos, porém, devido à sua estrutura em camadas, conseguem diagnosticar quando há alguma falha na conexão, retomando e reavaliando os dados na camada inferior. Veja a representação das camadas na figura 1 a seguir.

Figura 1 – Comparação entre as camadas do modelo OSI e TCP/IP

	Modelo OSI	Modelo TCP/IP
1	Aplicação	
2	Apresentação	Aplicação
3	Sessão	
4	Transporte	Transporte
5	Redes	Internet
6	Enlace	Acesso à rede
7	Física	

Considerando que os sistemas IoT têm sua organização e estrutura baseadas na internet, o protocolo indicado é o modelo TCP/IP com suas quatro camadas: aplicação, transporte, internet e rede.

Vejamos uma breve caracterização de cada uma das quatro camadas:

1. A camada de aplicação no modelo TCP/IP, que engloba três camadas do sistema OSI, tem a função de definir como os diversos programas ou processos vão se comunicar, se o tipo de conexão requerido é intermitente ou periódico, ou o tipo de demanda por sistemas de nomes de domínios, busca de páginas da web, etc. Para a IoT, esta camada é de grande importância para a comunicação eficaz dos programas de chamadas de voz ou fluxo de vídeo, para as trocas de mensagens ou mapeamento dos hosts para seus respectivos endereços de rede, ou para a utilização do protocolo MQTT (transporte de mensagens de formato cliente/servidor) para a conectividade máquina a máquina. Os protocolos mais comuns dessa camada são: HTTP, FTP, SMTP, Telnet, DNS, SNMP e RIP.

2. A camada transporte realiza a comunicação entre computadores na rede local ou em redes remotas separadas por roteadores. Tem, também, a função de controlar o congestionamento, assegurando a entrega de pacotes com a retransmissão e reordenação de pacotes. Os protocolos mais conhecidos são TCP e UDP, que garantem a comunicação entre os hosts.

3. As estruturas de endereçamento e roteamento entre dispositivos que estão na mesma rede, no mesmo conjunto de IP, ocorrem na camada de rede ou internet com o protocolo IP. Sua função no roteamento é transportar datagramas para o próximo roteador IP que tenha a conectividade com uma rede mais próxima do destino dos dados.

4. A camada de interface de rede é responsável pela conexão básica do host com a rede para a transmissão de dados a outros dispositivos dentro de uma mesma rede física. Para se manter em funcionamento, utiliza o protocolo ethernet para as redes locais WLAN (wireless local area network) e o protocolo PPP para a WWAN (wireless wide area network).

O protocolo IP é a base da comunicação dentro da internet, na camada de rede ou internet, sendo responsável pela transmissão dos dados em pacotes que seguem como unidades independentes de dados em uma única rede ou em uma série de redes interconectadas usando o conjunto de protocolos da suíte TCP/IP.

Vejamos como o protocolo IP atua quando uma mensagem é enviada. Primeiro, a mensagem original é fracionada em partes menores, os pacotes, que seguirão rotas distintas pela internet. A transmissão dos pacotes não ocorre na sequência correta da mensagem enviada. Desse modo, o IP garante o envio baseado nos dados do remetente e do destinatário, mas é somente na camada seguinte (a camada de transporte) que ocorre uma ordenação, realizada por outro protocolo, o TCP, e a mensagem volta à sua estrutura original.

Caso um cliente queira garantir a segurança das informações que trafegam na rede virtual privada, uma opção é utilizar o protocolo IP seguro, conhecido também como IPSec (do inglês, IP security protocol). O IP seguro configura a criptografia, promovendo uma segurança ponto a ponto ou de roteador para roteador. Isso garante confidencialidade, integridade e autenticação.

2. Conectando dispositivos a uma rede Wi-Fi

Os serviços de internet oferecidos pelos provedores geralmente disponibilizam para os contratantes um único ponto central de acesso, a partir de um modem que é instalado na residência ou no comércio. A partir desse ponto central, a distribuição do sinal de internet para os outros dispositivos do ambiente é realizada por meio de roteadores, via cabo ou por Wi-Fi.

O alcance e a qualidade do sinal de Wi-Fi são influenciados pelas características do roteador, como potência, velocidade de transmissão, número de antenas, entre outras. Os aparelhos mais utilizados são os roteadores de 2,4 GHz, dual band e mesh.

Os roteadores que operam na faixa de frequência de 2,4 GHz estão há mais tempo no mercado e geralmente têm menor custo, portanto são mais comuns. Como permitem conexão com praticamente todos os dispositivos Wi-Fi, são muito utilizados para IoT. Esses roteadores oferecem maior alcance e poder de penetração. Em contrapartida, possuem menor velocidade de conexão e podem sofrer com mais interferência devido ao excesso de dispositivos que operam nessa faixa de frequência. Em média, roteadores de 2,4 GHz podem conectar cerca de 20 a 30 dispositivos simultaneamente com boa qualidade, mas isso depende das características e da qualidade do roteador.

Os roteadores dual band, como o próprio nome sugere, podem operar em duas bandas simultaneamente, 2,4 GHz e 5 GHz. A faixa de 5 GHz, apesar de possuir menor alcance, oferece maior velocidade na transmissão de dados. Esses roteadores, por serem mais recentes, suportam os protocolos mais atuais de comunicação, como o 802.11ac e 802.11ax (Wi-Fi 6), que oferecem melhor desempenho, velocidades mais rápidas e recursos avançados de segurança. Podem conectar cerca de 50 a 100 dispositivos simultaneamente, dependendo das características do roteador dual band utilizado.

É importante ressaltar que os roteadores que operam na faixa de 5 GHz, apesar de oferecerem maior velocidade de conexão, geralmente não são utilizados para IoT, pois a maioria dos dispositivos IoT trabalham na faixa de frequência de 2,4 GHz.

Os roteadores mesh, que são geralmente do tipo dual band, operam em malha conectando dois ou mais roteadores na mesma rede. Isso significa que o alcance do sinal de Wi-Fi pode ser ampliado com a adição de mais roteadores mesh à rede. Os modelos de alta qualidade podem, em alguns casos, conectar mais de 200 equipamentos simultaneamente. Eles possuem um custo mais elevado que os demais roteadores e são vendidos em kits com duas ou três unidades, sendo possível a aquisição de unidades extras quando desejado. Porém, vale lembrar que uma quantidade excessiva de roteadores mesh e de dispositivos adicionados à rede afetará a qualidade da conexão.

Configuração da rede Wi-Fi

Ao instalar um roteador Wi-Fi, é preciso atribuir uma identificação para a rede. Essa identificação também é conhecida como SSID, do inglês service set identifier (identificador de conjuntos de serviços). Em outras palavras, o SSID é o nome atribuído à rede que a diferencia das demais redes próximas.

Ao procurar por redes de internet em seu smartphone ou notebook, por exemplo, é possível ver o nome (SSID) de todas as redes disponíveis nas proximidades. Essas redes, na maioria das vezes, estão protegidas por senhas configuradas pelo administrador.

Novos roteadores vêm com SSID predefinidos de fábrica e podem ser redefinidos pelo usuário ou pelo administrador da rede com um nome personalizado.

Quando se adquire um pacote de serviços junto às operadoras de internet para residências ou empresas, a equipe técnica responsável pela instalação do modem e do roteador – que por vezes estão dentro de um único aparelho – configura o dispositivo com o SSID e a senha predefinida de fábrica, que normalmente estão indicadas em etiquetas adesivadas no próprio aparelho (figura 2).

Figura 2 – Etiqueta adesivada em roteador com informações de SSID provenientes de fábrica

Por questões de segurança, é aconselhável alterar o SSID e a senha da rede.

Para isso, acesse o site da operadora contratada e procure por alteração da senha Wi-Fi. Os passos para a alteração do SSID geralmente são simples e envolvem:

1. Digitar o IP do roteador fornecido pela operadora no navegador de internet.
2. Entrar com o SSID e senha provenientes de fábrica.
3. Digitar novos nome e senha para a rede Wi-Fi.

No caso da aquisição de um novo roteador Wi-Fi, também é preciso configurá-lo. Para isso, basta seguir as orientações que estão indicadas na embalagem do produto ou no site do fabricante. Os passos para instalação de um novo roteador podem variar de acordo com o modelo e a marca do produto, mas de modo geral são os seguintes:

1. Ligue o roteador à fonte de energia.
2. Conecte o roteador ao modem com o cabo indicado pelo fabricante (ethernet ou USB).
3. Conecte o roteador ao computador com outro cabo de rede ethernet.
4. Digite o IP do roteador fornecido pelo fabricante na barra de endereço do seu navegador de internet.
5. Faça o login na página de administração com os dados fornecidos de fábrica.
6. Insira um novo SSID, uma nova senha e realize outras configurações desejadas ou indicadas pelo fabricante.
7. Salve as configurações e desconecte o roteador do computador.
8. A configuração do roteador está pronta. Procure pela nova rede Wi-Fi em seu computador, smartphone ou outros dispositivos.

Conectando um smartphone à rede Wi-Fi

É possível testar rapidamente a rede Wi-Fi que foi criada conectando-a com o smartphone.

O procedimento para a conexão de uma rede Wi-Fi pode variar de acordo com o fabricante, o sistema operacional e a versão do smartphone. Apesar das pequenas diferenças na nomenclatura, os passos para a conexão desse dispositivo são basicamente os seguintes:

1. Acesse a área de configurações ou ajustes do dispositivo.
2. Toque em Wi-Fi ou Rede e Internet.
3. Procure pela rede nomeada na lista e selecione-a. Note que todas as redes que possuem a imagem de um cadeado fechado estão protegidas por senha.
4. Coloque a senha e o smartphone será automaticamente conectado à rede.

Note que quanto mais preenchida estiver a imagem com o símbolo de Wi-Fi, mais intensa é a conexão com a rede. Observe também que uma vez que a conexão com a rede for estabelecida e salva, seu smartphone se conectará automaticamente a essa rede quando estiver ao seu alcance.

Segurança física e lógica do roteador

Aumentar a segurança dos roteadores, tanto física como lógica, é fundamental para evitar acessos indesejados à rede Wi-Fi. Para isso, implemente várias pequenas ações que, em conjunto, ajudarão a proteger melhor a sua rede:

- Evite que o roteador fique perto de portas ou janelas próximas de áreas públicas como calçadas e ruas, para dificultar o acesso de quem não está no interior da residência ou do estabelecimento comercial.
- Sempre que possível, crie uma rede para os visitantes diferente da sua rede particular.
- Troque o nome da rede e a senha vinda de fábrica.
- Nas redes Wi-Fi privadas, procure atribuir senhas consideradas fortes (contendo letras, números e caracteres especiais). Evite

utilizar senhas repetidas ou triviais, por exemplo, com seu nome e data de nascimento.

- Altere periodicamente a senha de acesso à rede, principalmente quando for compartilhada com muitos usuários.
- Mantenha o firmware do roteador atualizado. Para isso, procure por atualizações da empresa fabricante.

Referências

ALBINI, Luiz Carlos Pessoa. **Redes de computadores I**. [*S. l.*], 2015. Disponível em: https://www.academia.edu/download/49608685/Apostila_Redes1_Beta.pdf. Acesso em: 26 maio 2023.

AMARAL, Allan Francisco Forzza. **Redes de computadores**. [*S. l.*], 2016. Disponível em: http://www.proedu.rnp.br/bitstream/handle/123456789/710/Rede%20de%20Computadores%20-%20marca%20de%20corte. pdf?sequence=2&isAllowed=y. Acesso em: 26 maio 2023.

BHAGWAT, Pravin. Bluetooth: technology for short-range wireless apps. **IEEE Internet Computing**, v. 5, n. 3, p. 96-103, 2001. Disponível em: https://ieeexplore.ieee.org/document/935183. Acesso em: 18 maio 2023.

BISDIKIAN, Chatschik. An overview of the Bluetooth wireless technology. **IEEE Communications Magazine**, v. 39, n. 12, p. 86-94, 2001. Disponível em: https://doi.org/10.1109/35.968817. Acesso em: 18 maio 2023.

COMO configurar tomada inteligente da positivo no celular e conectar na Alexa! [*S. l.: s. n.*], 2023. Publicado pelo canal Teteu Tutors. Disponível em: https://www.youtube.com/watch?v=nrqGqPQ3jqI. Acesso em: 18 maio 2023.

COMUNICAÇÃO. *In*: DICIO, Dicionário Online de Português. Porto: 7Graus, 2023. Disponível em: https://www. dicio.com.br/comunicacao/. Acesso em: 5 jun. 2023.

CORRÊA, Underléa *et al*. Redes locais sem fio: conceito e aplicações. *In*: IV ESCOLA REGIONAL DE REDES DE COMPUTADORES. [**Trabalhos apresentados**]. Passo Fundo: Universidade de Passo Fundo, 2006. Disponível em: https://www.academia.edu/download/8810521/minicurso_redeslocais.pdf. Acesso em: 18 maio 2023.

DATHEIN, Ricardo. Inovação e revoluções industriais: uma apresentação das mudanças tecnológicas determinantes nos séculos XVIII e XIX. **Publicações DECON Textos Didáticos**, Porto Alegre, p. 1-8, fev. 2003. Disponível em: https://www.ufrgs.br/napead/projetos/descobrindo-historia-arquitetura/docs/revolucao. pdf. Acesso em: 22 maio 2023.

DE SOUZA SANT'ANA, Jean Michel. **Redes LoRaWAN**: implantação e desenvolvimento de aplicações. 2017. Trabalho de Conclusão de Curso (Bacharelado em Engenharia de Telecomunicações) – Instituto Federal de Educação, Ciência e Tecnologia de Santa Catarina, São José, 2017. Disponível em: https://docente.ifsc.edu. br/noronha/documentos/TCC_Jean_Michel.pdf. Acesso em: 18 maio 2023.

HIGUERA, Jorge *et al*. Experimental study of Bluetooth, ZigBee and IEEE 802.15. 4 technologies on board high-speed trains. *In*: 2012 IEEE 75th VEHICULAR TECHNOLOGY CONFERENCE (VTC Spring). **IEEE**, Yokohama, 2012, p. 1-5. Disponível em: https://doi.org/10.1109/VETECS.2012.6239971. Acesso em: 18 maio 2023.

LEITE, Carlos; AWAD, Juliana di Cesare Marques. **Cidades sustentáveis, cidades inteligentes**: desenvolvimento sustentável num planeta urbano. Porto Alegre: Bookman, 2012.

MACIEL, Jocasta Oliveira; BETIM, Leozenir Mendes; PONTES, Joseane. O ensino de engenharia a partir do contexto da indústria 5.0: uma revisão sistemática de literatura. *In*: XII CONGRESSO BRASILEIRO DE ENGENHARIA DE PRODUÇÃO, 2022. [**Trabalhos apresentados**]. Disponível em: https://aprepro.org.br/conbrepro/anais/arquivos/09262022_200951_6332348763cbc.pdf. Acesso em: 22 maio 2023.

MAGRANI, Eduardo. **A Internet das Coisas**. Rio de Janeiro: FGV Editora, 2018.

PAHLAVAN, Kaveh; KRISHNAMURTHY, Prashant. Evolution and impact of Wi-Fi technology and applications: A historical perspective. **International Journal of Wireless Information Networks**, v. 28, p. 3-19, 2021. Disponível em: https://link.springer.com/article/10.1007/s10776-020-00501-8. Acesso em: 18 maio 2023.

PECEQUILO, Cristina Soreanu; MARZINOTTO JÚNIOR, Francisco Luiz. Os Estados Unidos e a projeção de poder multidimensional: a Guerra Fria e o papel da Defense Advanced Research Projects Agency (1958-1989). **Revista Oikos**, Rio de Janeiro, v. 21, n. 1, p. 52-71, 2022. Disponível em: https://revistas.ufrj.br/index.php/ oikos/article/download/52079/28367. Acesso em: 22 maio 2023.

PEREIRA, Adriano; SIMONETTO, Eugênio de Oliveira. Indústria 4.0: conceitos e perspectivas para o Brasil. **Revista Eletrônica da Universidade Vale do Rio Verde**, on-line, v. 16, n. 1, p. 1-9, jan./jul. 2018. Disponível em: http://periodicos.unincor.br/index.php/revistaunincor/article/view/4938. Acesso em: 22 maio 2023.

PEREIRA, Ricardo; SANTOS, Neri dos. Indústria 5.0: reflexões sobre uma nova abordagem paradigmática para a indústria. *In*: XLVI ENCONTRO DA ANPAD – EnANPAD, 2022. [**Trabalhos apresentados**]. Disponível em: https://anpad.com.br/uploads/articles/120/approved/5cdf0f9533d6b4c0984fc5ae00913459.pdf. Acesso em: 22 maio 2023.

SAKURAI, Ruudi; ZUCHI, Jederson Donizete. As revoluções industriais até a indústria 4.0. **Revista Interface Tecnológica**, Taquaritinga, v. 15, n. 2, p. 480-491, 2018. Disponível em: https://doi.org/10.31510/infa.v15i2.386. Acesso em: 22 maio 2023.

SÃO PAULO (Município). Lei nº 16.050, de 31 de julho de 2014. Aprova a Política de Desenvolvimento Urbano e o Plano Diretor Estratégico do município de São Paulo e revoga a Lei nº 13.430/2002. **Diário Oficial [da] Cidade de São Paulo**: suplemento, São Paulo, SP, ano 59, n. 140, p. 1-351, 1º ago. 2014. Disponível em: https:// gestaourbana. prefeitura.sp.gov.br/arquivos/PDE-Suplemento-DOC/PDE_SUPLEMENTO-DOC.pdf. Acesso em: 22 maio 2023.

SHIVALINGAIAH, D; NAIK, Umesha. **Comparative study of web 1.0, web 2.0 and web 3.0**. 2008. Disponível em: https://ir.inflibnet.ac.in/handle/1944/1285. Acesso em: 22 maio 2023.

SILVA, Márcia Cristina Amaral da; GASPARIN, João Luiz. A segunda revolução industrial e suas influências sobre a educação escolar brasileira. *In*: VII SEMINÁRIO DE ESTUDOS E PESQUISAS, 2006, Maringá. [**Anais**]. Maringá: Universidade Estadual de Maringá, 2006. v. 1, p. 1-20. Disponível em: https://timelinefy-space-001.nyc3.digitaloceanspaces. com/files/4/4_XOKIYEOCSTZD9YY7QDQBUIIPQICIPYEM.pdf. Acesso em: 22 maio 2023.

STEVAN JÚNIOR, Sergio Luiz; FARINELLI, Felipe Adalberto. **Domótica**: automação residencial e casas inteligentes com Arduino e ESP8266. São Paulo: Érica, 2019.

TRINDADE, Adalto. **A tecnologia Bluetooth**. 2003. Trabalho de Conclusão de Curso (Curso de Tecnologia em Processamento de Dados) – Faculdade de Americana, Americana, 2003. Disponível em: http://ric.cps.sp.gov.br/handle/123456789/2158. Acesso em: 18 maio 2023.

UNITED NATIONS. Department of Economic and Social Affairs. **The worlds cities in 2018**. Data Booklet: Population Division, 2018. Disponível em: https://www.un.org/ en/development/desa/population/publications/pdf/urbanization/the_worlds_ cities_in_2018_data_booklet.pdf. Acesso em: 22 maio 2023.

ZARIFE, Gustavo. Iluminação pública e IOT podem tornar as cidades mais inteligentes, verdes e seguras. **Consecti**, Brasília, 20 dez. 2022. Disponível em: https://www.con-secti.org.br/noticias/iluminacao-publica-e-iot-podem-tornar-as-cidades-mais-inteligentes-verdes-e-seguras/. Acesso em: 22 maio 2023.

ZEADALLY, Sherali; SIDDIQUI, Farhan; BAIG, Zubair. 25 years of Bluetooth technology. **Future Internet**, v. 11, n. 9, p. 194, dez. 2019. Disponível em: https://www.mdpi. com/1999-5903/11/9/194. Acesso em: 18 maio 2023.

Conexão de dispositivos inteligentes com assistentes virtuais

PARTE 02

Configuração de assistentes virtuais e integração com dispositivos IoT

Neste capítulo, iniciaremos ações práticas, detalhando etapas para configurar assistentes virtuais para que atendam às solicitações de comando e controle dos dispositivos inteligentes. Em especial, trataremos das ferramentas Alexa e Google Assistente, pela facilidade e acessibilidade de pareamento desses programas com diversas marcas e produtos.

Serão apresentados os métodos para a instalação e integração de aplicativos de dispositivos IoT e, em seguida, serão detalhadas instruções de como controlar o funcionamento de uma lâmpada por smartphone e comandos de voz.

1. Configurando assistentes virtuais

Primeiro, vamos relembrar o que são assistentes virtuais. Com isso, evitamos equívocos muito comuns em relação a terminologias e delimitamos a linguagem, o que facilitará a etapa prática de estudos sobre a implantação de dispositivos inteligentes em sistemas IoT.

Assistentes virtuais nada mais são que programas de computador acessados via Wi-Fi, por meio de aparelhos celulares (smartphones) e/ou pelos hubs (dispositivos como computadores, caixa de som com microfone integrado, etc.).

É importante destacar que hub e assistente virtual são coisas diferentes.

No caso da Amazon, o hub – isto é, o dispositivo físico – é a caixa de som com vários modelos da linha Echo (Buds, Show, Studio, Dot 2ª, 3ª, 4ª, 5ª geração, etc.) que se conecta, via Wi-Fi, com o software, ou seja, o dispositivo digital (a Alexa).

O hub do Google, por sua vez, é conhecido como Nest (Home Max, Nest Mini, Hub Nest – figura 1), e o software para conectar os dispositivos inteligentes chama-se Google Assistente. A Apple também possui o seu hub, o HomePod, por onde é possível se conectar à assistente virtual Siri.

Figura 1 – Modelos de hub do Google: Hub Nest (display), Home Max (torre) e Nest Mini (disco)

A versão dos hubs com display oferece opção de legenda, tornando a tecnologia da IoT inclusiva e acessível para pessoas surdas ou com outros tipos de deficiência. Esse sistema operacional alternativo, desenvolvido por Amazon, Apple e Google, quando pareado com a TV, permite o controle da casa inteligente com comandos visuais.

Para o acionamento da assistente Alexa, é necessário criar uma conta na Amazon. Se a opção for pelo uso da assistente Siri, o acesso se dá somente por dispositivos da Apple, como iPhone e iPad. Já o acesso ao Google Assistente pode ser feito por qualquer smartphone depois de baixado o aplicativo, desde que haja uma conta do Google vinculada. Para acessar o Copilot, deve-se ativar a configuração pelo Windows.

Existem no mercado algumas marcas de produtos smart, como Positivo, Sonoff, Steck, Rsmart e Tuya, que, além de produzir e comercializar dispositivos inteligentes, também possuem aplicativos próprios que possibilitam a programação e o controle dos dispositivos a distância, atendendo satisfatoriamente às demandas do usuário. Esses dispositivos apresentam protocolos de comunicação que podem parear com os hubs da Alexa ou do Google Assistente e, portanto, respondem a comandos de voz, via caixa de som (smart speakers). Nestes casos, é necessário fazer um pareamento dos dispositivos inteligentes com as contas das respectivas empresas: Amazon para Alexa e Google para Google Assistente.

Uma observação importante em relação à Siri é que, como foi dito anteriormente, os protocolos utilizados estabelecem comunicação somente com aparelhos e o ecossistema Apple.

A seguir, vamos entender como se estrutura a instalação, a ativação dos dispositivos e a conexão com o celular ou o hub; quais marcas de produtos escolher; como efetuar os pareamentos; e quais aspectos devem ser considerados para que sua casa inteligente não se torne um Frankenstein!

A dinâmica de configuração de equipamentos e aplicativos com os assistentes pode ser sintetizada pelos seguintes tópicos:

1. Instalar ou configurar o assistente virtual.
2. Baixar aplicativos das marcas dos produtos inteligentes a implantar (ou jogos, canais de streaming, etc.).
3. Checar compatibilidade entre marcas e o assistente.
4. Liberar acesso e pareamento com o assistente para vincular com os aplicativos.

Os assistentes de voz precisam de acesso ao universo de aplicativos da empresa à qual estão associados. Mediante essa liberação, podem transitar pelos aplicativos dos dispositivos e, assim, atender às solicitações de seus usuários.

Com exceção do Copilot da Microsoft, todos os demais assistentes atendem a comandos de voz, pois estão conectados por Wi-Fi, pelo celular e também por uma caixa de som com microfone que promove a interação e facilita o acionamento dos dispositivos sem a utilização das mãos. Até o momento da conclusão deste livro, a Microsoft não havia desenvolvido nenhum dispositivo que atendesse às solicitações pelo celular ou pelo computador exclusivamente por comando de voz – lembramos que no Copilot o acionamento do reconhecimento de voz é uma possibilidade, mas somente depois de acessar o programa e clicar no ícone do microfone.

Ao planejar uma casa inteligente, mesmo que não se implementem todos os dispositivos de uma vez, é importante que seja feito um projeto de intenções para definir qual marca é a melhor escolha, baseando-se nos produtos que ela oferece e na sua compatibilidade com o assistente para fazer o gerenciamento.

O mercado está cheio de produtos e serviços, o que requer pesquisa e conhecimentos prévios para tomar decisões que resultem na satisfação com o sistema implantado.

Digamos que você optou por dispositivos de três marcas diferentes. Para cada uma delas, será solicitada a criação de um usuário e senha. Em termos práticos, a administração dos dispositivos será mais trabalhosa. Porém, não há impeditivos reais que comprometam a implantação.

A seguir, daremos ênfase a aplicativos para a comunicação com os assistentes virtuais Alexa e Google Assistente devido à:

- possibilidade de pareamento com diversas marcas e produtos;
- acessibilidade do assistente e dos respectivos dispositivos em termos de custo.

Aplicativos para a comunicação com assistentes virtuais

Assistente virtual Alexa, da Amazon

Para se conectar com a assistente virtual Alexa, é necessário se cadastrar no site da Amazon. O registro é simples e rápido de ser realizado, pois são solicitadas poucas informações.

Após criar a conta na Amazon, instale o aplicativo da Alexa em seu smartphone seguindo os passos adiante:

1. Abra a loja de aplicativos no dispositivo móvel.
2. Busque pelo aplicativo "Amazon Alexa".
3. Selecione "Instalar".
4. Selecione "Abrir" e faça login com sua conta da Amazon.
5. Instale widgets Alexa (opcional).

Assistente virtual Google Assistente, do Google

Para iniciar a conexão com o Google Assistente é necessário baixar no celular o aplicativo Google Home (figura 2).

Um equívoco comum é baixar o aplicativo Google Assistente, pensando que assim já será possível se conectar ao Hub Nest. Na verdade, você precisará dos dois aplicativos.

> **Na prática**
>
> Ao baixar somente o Google Assistente no celular você não consegue parear com o Hub Nest. Para parear seu celular com o hub, baixe o Google Home também.

Figura 2 – Ícone do aplicativo Google Home

Depois de fazer o download do Google Home, será solicitada a sua geolocalização. O acesso ao endereço é necessário para detectar sinais Wi-Fi e Bluetooth próximos e determinar a sua localização durante o processo de configuração da casa e do dispositivo.

Na sequência de telas, uma campainha vai soar indicando que a conexão com o hub foi realizada. Responda onde o dispositivo está (cozinha, sala, quarto, banheiro, etc.) e conecte-se ao Wi-Fi.

O Hub Nest já foi adicionado, e uma nova pergunta sobre a inclusão de outros dispositivos aparecerá na tela.

Agora é com você: veja qual dispositivo (tomadas, lâmpadas, sensores) quer instalar e comece a sua experiência com a IoT!

2. Instalação e configuração de dispositivos IoT

É possível encontrar no mercado uma grande variedade de marcas e produtos específicos de IoT. Como explicado, o controle desses dispositivos é realizado por meio de aplicativos disponibilizados pelas empresas que os fabricam. Assim, por uma questão de marketing, coleta de dados ou mesmo por segurança, nem sempre o dispositivo IoT de determinada marca pode ser configurado em um aplicativo disponibilizado por outra empresa.

Essa inconveniente necessidade de instalar muitos aplicativos pode levar muitas pessoas a optarem pela compra de equipamentos de uma só marca. Mas e quando a empresa não fabrica um dispositivo específico e somos obrigados a comprar de outra marca? Precisamos mesmo instalar mais um aplicativo de casa inteligente no smartphone?

Não necessariamente. Alguns aplicativos de casa inteligente permitem a configuração de dispositivos de diversas marcas, como é o caso do aplicativo Smart Life ou Tuya Smart, ambos produzidos pela empresa chinesa Tuya Smart, uma plataforma global de desenvolvimento de IoT.

Em muitos casos é possível integrar os dispositivos IoT com os assistentes virtuais. Para isso, é preciso verificar com quais assistentes o produto adquirido é compatível. Essas informações geralmente estão presentes na embalagem do produto, como é o caso da Smart Lâmpada Wi-Fi da Positivo, que informa sua possibilidade de integração com os assistentes Amazon Alexa e Google Assistente. Porém, o fato de não haver descrição sobre a compatibilidade de um dispositivo com determinado assistente virtual não significa que não haja essa possibilidade. Em alguns casos, essa informação é omitida ou incompleta, então é necessário buscar mais detalhes no site do fabricante.

Configuração de dispositivos IoT na Amazon Alexa

Neste capítulo, abordaremos três maneiras de a Alexa realizar o controle de integração de dispositivos IoT.

Serão apresentados os métodos para instalar e configurar os hubs Echo Dot e Echo Show da Amazon. Em seguida, serão apresentadas formas de controlar, por comandos de voz, dispositivos IoT como lâmpadas, tomadas, interruptores e fechaduras compatíveis com a Alexa.

Além disso, será feita uma descrição de como realizar comandos pelo Echo Show (um hub que possui tela), cujos recursos promovem benefícios a usuários surdos e cegos principalmente.

1. Conexão e controle de dispositivos IoT pela Alexa

Muitos dispositivos IoT podem ser controlados pela assistente virtual Alexa da Amazon. Para isso, é necessário que estes dispositivos sejam compatíveis com a Alexa, informação geralmente presente na embalagem do produto ou no site do fabricante.

O controle desses dispositivos com a Alexa pode ser realizado de diversas maneiras:

- por meio do aplicativo Alexa, que pode ser instalado em smartphones;
- por meio de dispositivos da linha Echo da Amazon ou de produtos que já possuam a Alexa integrada;
- por meio de dispositivos compatíveis com a Alexa que possuam aplicativos próprios do fabricante.

A linha Echo da Amazon possui diversas categorias de produtos:

- Echo Dot: caixa de som com microfone embutido (smart speaker) que pode ser instalada em diversos ambientes para facilitar a interação com os dispositivos IoT.
- Echo Buds: fones de ouvido com microfones embutidos que permitem, por exemplo, ouvir músicas ou realizar chamadas com seu smartphone por comando de voz.
- Echo Frames: óculos com microfones embutidos que funcionam de forma semelhante ao Echo Buds. Por serem óculos, muitas pessoas imaginam que as lentes são capazes de transmitir imagens, porém isso ainda não ocorre. O Echo Frame não possui câmeras ou lentes inteligentes.
- Echo Auto: semelhante ao Echo Dot, pode ser instalado no veículo para facilitar interação entre motorista, smartphone e central multimídia do automóvel.

- Echo Loop: anel que possui microfone embutido integrado à Alexa.
- Echo Glow: abajur projetado para crianças e controlado pela Alexa.
- Echo Show: caixa de som inteligente semelhante ao Echo Dot, mas com tela integrada. Permite integração com câmeras de segurança, chamadas de vídeo, entre outras funcionalidades.

Além dos dispositivos disponibilizados pela Amazon, existem diversos produtos que possuem integração nativa com a Alexa. Ao serem conectados, esses dispositivos podem ser identificados e configurados pela Alexa sem a necessidade de instalação de qualquer aplicativo adicional. Smart TVs, aspiradores-robôs, headphones e interruptores são apenas alguns exemplos de equipamentos que podem vir com Alexa integrada.

Também existem os dispositivos que são compatíveis com a Alexa. Geralmente, tais dispositivos requerem a instalação do aplicativo recomendado pelo fabricante. Após a instalação e a configuração do equipamento, é possível permitir que esse aplicativo seja controlado pela Alexa.

> **Importante**
>
> Os dispositivos inteligentes integrados com assistentes virtuais surgem e desaparecem do mercado com bastante rapidez. Atualize-se constantemente em relação às tecnologias disponíveis.

Conectando dispositivos inteligentes com o Amazon Echo Dot

Para conectar e controlar dispositivos IoT com a Alexa, realize o passo a passo a seguir:

1. Instale o aplicativo do dispositivo IoT indicado pelo fabricante, ou um outro aplicativo que seja compatível.

2. Siga as orientações fornecidas no manual de instalação ou no site do fabricante para conectar e configurar o dispositivo. Provavelmente, você será direcionado para criar uma conta com usuário e senha no site do desenvolvedor do aplicativo.

3. Na área de configurações do aplicativo, ative a opção para autorizar e vincular o gerenciamento dos dispositivos IoT com a Amazon Alexa.

4. Abra o aplicativo da Amazon Alexa e clique em "Dispositivos". Clique em "+" e "Adicionar dispositivo". Procure pelo dispositivo que acabou de configurar e permita que a Alexa o controle.

5. O dispositivo está pronto para uso. Teste seu funcionamento enviando comandos pelo smartphone ou use o Echo Dot para enviar comandos por voz para a Alexa.

Para todo e qualquer aplicativo de produtos, canais de streamings ou jogos, é necessário que ocorram as etapas de instalação e ativação do aplicativo; conexão com compatibilidade entre aplicativo e assistente virtual; autorização para pareamento e liberação de acesso. Desse modo, os assistentes virtuais estarão prontos para atender às solicitações programadas.

Vamos ver, por exemplo, como acionar uma lâmpada inteligente com a Alexa. Primeiro, lembre-se de checar as informações na embalagem para conferir se a lâmpada é ligada via Wi-Fi, se o aplicativo do dispositivo IoT do fabricante foi baixado e se é compatível com a Alexa. Depois, siga os procedimentos para configurar sua lâmpada inteligente.

Abra o aplicativo da Amazon Alexa. Clique em "Dispositivos" e depois em "Adicionar dispositivos". Ligue a lâmpada para ativar o modo de pareamento. Durante esse processo, a lâmpada fica piscando; quando a etapa é concluida, ela para de piscar. Por fim, será solicitada a localização, a rede do Wi-Fi e a senha. Após essas etapas, a lâmpada está conectada à rede e pode ser controlada pela Alexa.

Certamente haverá lâmpadas em diferentes ambientes e outros dispositivos na casa. Para facilitar a localização de cada um deles e reconhecê-los prontamente, identifique-os com nomes.

Conectando dispositivos inteligentes com o Amazon Echo Dot de 4ª e 5ª gerações

Agora, abordaremos a configuração de dispositivos com os Echo Dot de 4ª e 5ª gerações, por serem os mais atuais disponiveis no mercado.

> **Importante**
> Sempre que for adquirir um dispositivo IoT, verifique se ele é compativel com a versão do Echo Dot que você possui.

A escolha do modelo de Echo Dot deve levar em consideração suas necessidades de automação. Sendo assim, pesquise pela funcionalidade e pelos prós e contras de cada modelo. No quadro 1 são apresentadas algumas características das versões do Echo Dot de 4ª e 5ª gerações.

Quadro 1 – Características das versões Echo Dot de 4ª e 5ª gerações

Echo Dot	4ª geração	5ª geração
Alexa integrada	Sim	Sim
Alto-falantes	Woofer de neodimio 76 mm (3") e dois tweeters de 20 mm (0,8"). Alta definição sem perdas, Dolby Atmos.	Um alto-falante de 44 mm (1,73") com direcionamento frontal. Alta definição sem perdas.
Porta de áudio auxiliar	Sim (cabo P2 de 3,5 mm)	Não
Sensor de temperatura	Sim	Sim
Hub Zigbee integrado	Sim	Não
Conectividade Wi-Fi	Wi-Fi de banda dupla suporta redes 802.11 a/b/g/n/ac (2,4 e 5 GHz). Incompatível com a conexão a redes Wi-Fi ad hoc (ou ponto a ponto).	Wi-Fi de banda dupla suporta redes 802.11 a/b/g/n/ac (2,4 e 5 GHz). Incompatível com a conexão a redes Wi-Fi ad hoc (ou ponto a ponto).
Dimensões	144 mm × 144 mm × 133 mm	100 mm × 100 mm × 89 mm
Peso	940 g	304 g

Com o Echo Dot é possível configurar dispositivos com Alexa integrada e alguns dispositivos compatíveis usando comandos de voz. As orientações para essa configuração são:

1. Instale e ligue o dispositivo.
2. Solicite à Alexa que busque novos dispositivos. Para isso, diga "Alexa, pesquisar dispositivos".
3. A Alexa responderá: "Iniciando a descoberta. Isso vai levar alguns minutos. Ligue seus novos dispositivos agora e, se necessário, coloque-os em modo de pareamento".
4. Caso a Alexa detecte algum novo equipamento, por exemplo um dispositivo chamado "tomada", ela responderá: "Encontrei tomada. Para controlá-lo, diga: 'ligue tomada'".
5. Solicite que a Alexa configure este dispositivo.

Caso encontre dificuldades para configurar o dispositivo por meio de comandos de voz, abra o aplicativo da Alexa em seu smartphone e configure o dispositivo IoT manualmente.

Integrando serviços de streaming com a Amazon Alexa

Existem muitos serviços de streaming que podem ser acionados por meio de assistentes virtuais, como as plataformas de música Spotify, Amazon Music, YouTube Music, Deezer, Tidal e Apple Music, e as plataformas de vídeo Netflix, Amazon Prime Video, Apple TV e Globoplay.

A integração de serviços de streaming é realizada no painel de controle do aplicativo do assistente virtual.

Para adicionar serviços de streaming de música na Alexa, por exemplo, siga os passos adiante:

1. Abra o aplicativo Alexa.
2. Selecione "Mais" e, depois, "Configurações".
3. Em "Preferências da Alexa", selecione "Música e podcasts".
4. Selecione "Vincular novo serviço".
5. Selecione o provedor de serviços de música preferido e siga as instruções na tela.

Acionamento de dispositivos com Alexa integrada

Os dispositivos que vêm com Alexa integrada de fábrica permitem comunicação direta com a assistente virtual sem a necessidade de instalação de qualquer outro aplicativo de controle. Os Echo Dot, por exemplo, são hubs que possuem Alexa integrada.

Existem também smart TVs com microfone acoplado em seus controles remotos para possibilitar a interação por voz com a Alexa e acionar diversas funcionalidades, como alteração de canal e volume ou acesso a plataformas de streaming.

Os passos para a configuração desses dispositivos dependem do modelo e da marca do equipamento. Mas não se preocupe, pois os detalhes de instalação sempre acompanham o produto ou podem ser encontrados no site do fabricante.

Alguns dispositivos com Alexa integrada podem ser detectados e configurados por comando de voz por meio do Echo Dot. Após ligar o dispositivo, basta solicitar à Alexa que procure por novos dispositivos. Ela iniciará uma busca e informará se encontrar algum, indicando os passos para sua configuração.

No caso dos dispositivos compatíveis com a Alexa, é necessário primeiramente realizar a configuração com o aplicativo recomendado pelo fabricante e permitir o acesso da assistente virtual para que apenas então a Alexa possa controlar o dispositivo.

Tomadas e lâmpadas inteligentes

Neste tópico demonstraremos um passo a passo das principais etapas para o acionamento de lâmpada e tomada inteligentes com comando de voz. Utilizaremos:

- hub Amazon Echo Dot de 4ª geração;
- lâmpada Wi-Fi inteligente da marca NovaDigital;
- tomada inteligente Wi-Fi da marca NovaDigital.

> **Importante**
>
> A estrutura para configuração de equipamentos e aplicativos com as assistentes virtuais pode ser sintetizada nos seguintes tópicos:
>
> a. instalar ou configurar a assistente virtual;
> b. baixar aplicativo da marca do produto inteligente;
> c. checar compatibilidade entre a marca e a assistente;
> d. liberar acesso e pareamento com a assistente para vinculá-la ao aplicativo.

Apesar de ser preferível escolher dispositivos da mesma marca, para evitar o download de muitos aplicativos, sempre faça pesquisas e consultas para conhecer aplicativos de casa inteligente que permitam a configuração de dispositivos de marcas diferentes, como é o caso da Smart Life ou Tuya Smart. Familiarize-se com marcas que são compatíveis com as assistentes Amazon Alexa e Google Assistente.

Vamos começar os procedimentos para instalar e configurar uma tomada inteligente.

1. Faça o download do aplicativo "NovaDigital" no mercado de aplicativos Android ou iOS.
2. Caso seja o primeiro acesso, crie uma conta NovaDigital no aplicativo.
3. Abra o app e clique em "Tomada inteligente".
4. Selecione a rede Wi-Fi de 2,4 GHz e digite a senha do Wi-Fi. Clique em "Próximo".
5. Siga as instruções do manual para a instalação. Segure o botão do dispositivo por alguns segundos. Uma luz vai piscar; em seguida, clique em "Confirme que piscou rapidamente". Clique em "Próximo".
6. O dispositivo "tomada" foi localizado pelo celular. Dê um nome específico, caso queira.
7. Aparecerá na tela do celular um controle que mostra "Desligado". Tenha um produto conectado à tomada, no modo ligado (secador, ventilador, luminária, etc.).
8. Clique na tela do celular para ligar a tomada. Seu aparelho será acionado.

Para acionar os equipamentos da NovaDigital por comando de voz por meio da Alexa, realize o seguinte passo a passo:

1. Configure o dispositivo no aplicativo "NovaDigital". Clique em "Skill de casa inteligente".
2. Clique em "Ativar skill de casa inteligente". Selecione a Alexa.

3. Você será direcionado para a página de login NovaDigital.

4. Insira seu nome de usuário e senha da conta NovaDigital.

A configuração está concluída!

Agora que você já fez download do aplicativo, abriu uma conta e já conectou a Alexa a um produto, para os demais dispositivos de mesma marca é só: (1) abrir novamente o app; (2) adicionar e selecionar o dispositivo; e (3) seguir as instruções do manual para o dispositivo ser acionado pelo celular – automaticamente, a Alexa o reconhecerá. O comando de voz já pode ser realizado.

Lembre-se de que usamos como exemplo o dispositivo do fabricante NovaDigital, mas o procedimento para outras marcas é similar, havendo mudança apenas em alguma expressão ou comando. Recorra sempre ao manual.

Interruptores inteligentes

Há no mercado uma grande variedade de interruptores inteligentes Wi-Fi. Existem modelos sensíveis ao toque (touch) e com teclas que podem acionar de um a seis dispositivos independentes. Também é possível encontrar interruptores que já acompanham tomadas inteligentes integradas no mesmo painel. A instalação elétrica desses dispositivos deve seguir as orientações técnicas disponibilizadas pelo fabricante e ser realizada por um profissional especializado.

O exemplo na figura 1 ilustra em detalhes a conexão elétrica e a configuração de um interruptor com tomada inteligente para o acionamento de uma lâmpada. Lembre-se de que pequenas variações na nomenclatura e na disposição dos conectores do dispositivo podem variar de acordo com marca e modelo.

Figura 1 – Esquema elétrico para montagem de um interruptor com uma tomada inteligente

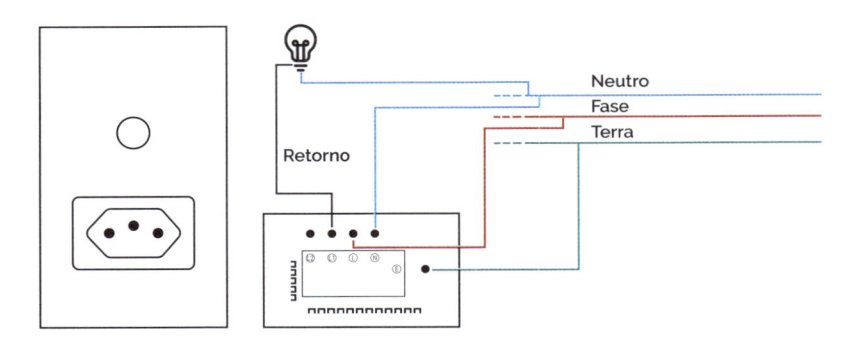

Conexão elétrica de interruptor com tomada inteligente

A parte traseira do interruptor contém os pontos de conexão para a fiação elétrica e informações importantes sobre o dispositivo, como tensão, potência e corrente elétricas, marca e modelo.

A figura 1 apresenta o esquema de ligação elétrica de um interruptor com tomada inteligente integrada. Geralmente os conectores são identificados como:

- Fase: este conector está identificado pela letra L no circuito da figura 1, mas pode ser identificado por F ou outras letras, e deve ser ligado ao fio fase da rede elétrica. Para identificar o fio fase, basta utilizar um detector de tensão elétrica antes de iniciar a montagem. O detector irá acender ao tocar o fio, ou um bipe soará (figura 2).

Figura 2 – Detector de tensão elétrica

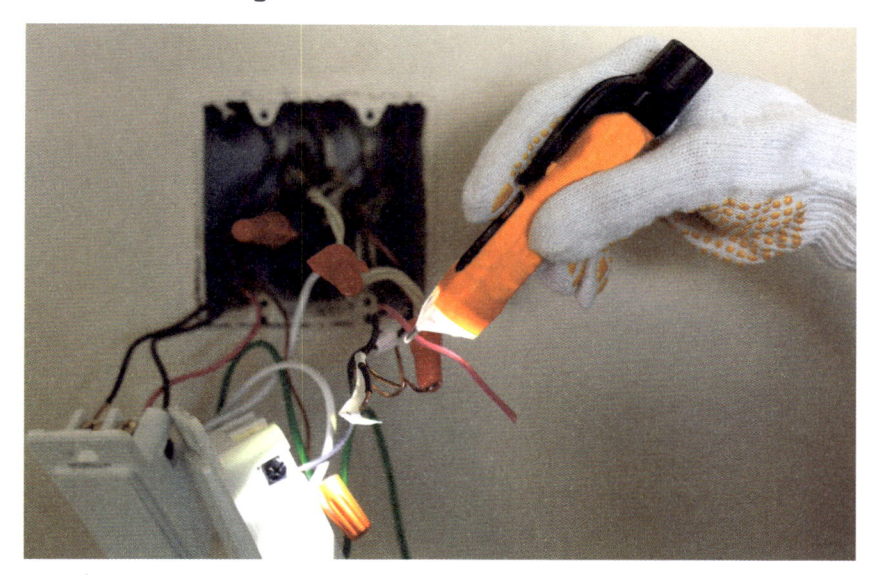

- Neutro: na figura 1, este conector é identificado pela letra N e deve ser ligado ao fio neutro da rede elétrica. Este fio nem sempre está presente na caixa de luz onde o interruptor é instalado, sendo necessário puxar um fio neutro de uma outra tomada ou da própria lâmpada. A chave de teste não acenderá nem soará quando for colocada em contato com este fio. Cuidado para não confundir o fio neutro com o fio de retorno, que também não possui tensão elétrica.

- Retorno: o fio que liga a lâmpada ao interruptor é conhecido como fio de retorno. Na figura 1 o conector para o fio de retorno está identificado como L1, podendo-se apresentar conectores L2, L3, etc., de acordo com o número de interruptores no painel.

- Terra: o conector para o fio terra geralmente está presente nos interruptores que possuem tomada integrada. Na figura 1 está identificado pela letra E.

Configuração do interruptor pela Alexa

Depois de instalar o interruptor, é o momento de configurá-lo. Abra o aplicativo da Alexa e clique em "Mais", em seguida em "Adicionar dispositivo". Procure por "interruptor" e selecione-o pela marca do fabricante. Siga as instruções no aplicativo e faça as personalizações desejadas para terminar a configuração.

Teste o interruptor solicitando à Alexa que ligue ou desligue o interruptor a partir do nome que você deu para ele. Por exemplo: "Alexa, ligue 'luz sala'".

Fechaduras inteligentes

Fechaduras eletrônicas já existem há bastante tempo e estão cada vez mais avançadas. A depender do modelo podem ser travadas ou destravadas com códigos digitados em seu painel digital, a partir de aplicativos instalados em smartphones, por biometria e até mesmo por reconhecimento facial, além da tradicional chave, caso seja necessário.

Essas fechaduras (figura 3) não são ligadas à rede de energia elétrica do imóvel e funcionam com pilhas. Isso impede que seu funcionamento pare em caso de queda de energia. Elas também possuem sistemas para alertar o usuário da necessidade de trocar as pilhas. Ainda assim, caso aconteça de acabar a energia delas, não se preocupe, é possível abrir a fechadura com a chave mecânica de emergência e utilizar alimentação de emergência via mini USB ou bateria de 9 volts.

Figura 3 – Fechadura inteligente

Atualmente, existem muitos modelos de fechaduras inteligentes que podem ser acionadas por assistentes virtuais como a Alexa. Além do conforto para a abertura de portas a distância, as fechaduras inteligentes são muito úteis em diversos casos, como para aumentar a acessibilidade ou facilitar o acesso ao imóvel em casos de emergência, em especial para idosos que moram sozinhos e podem precisar de assistência de familiares ou amigos.

A segurança é um dos principais temas levantados pelas pessoas que desejam instalar uma fechadura inteligente em sua residência ou comércio. Os aplicativos desenvolvidos pelos fabricantes podem oferecer funcionalidades diversas, como criação de senhas pessoais, senhas com funcionamento predeterminado, relatório com nomes e horários de acesso, entre outras opções.

> **Importante**
>
> A manutenção dos dispositivos IoT deve ser feita regularmente. Não se esqueça de trocar as pilhas da fechadura inteligente periodicamente para evitar danos ao equipamento.

O processo de instalação das fechaduras inteligentes varia de acordo com a marca e o modelo, sendo necessário seguir os passos indicados nos manuais de instrução que acompanham o dispositivo. Geralmente as fechaduras inteligentes possuem um aplicativo que é próprio do fabricante e, em alguns casos, podem ser necessários hubs específicos para acioná-las.

Depois de instalada, a fechadura inteligente pode ser configurada para funcionar com os comandos da Alexa. Será necessário criar um código de confirmação para o destravamento. Toda vez que desejar abrir a porta, a Alexa solicitará esse código. A recomendação é que o comando de voz para solicitar que a Alexa destrave a porta seja realizado pelo lado de dentro da residência, ou que se utilize manualmente o aplicativo para garantir que outras pessoas não ouçam o código de destravamento da fechadura. Lembre-se de que pelo lado externo é possível inserir a senha no painel digital, utilizar o sensor biométrico ou o reconhecimento facial, dependendo do modelo da fechadura.

Para configurar a fechadura, abra o aplicativo da Alexa e clique em "Mais". Em seguida, clique em "Adicionar um dispositivo" e em "Fechadura". Procure pela marca e o modelo da fechadura que você instalou e sincronize o dispositivo inserindo a senha da fechadura. Quando for mencionado o comando para abrir a porta, a Alexa solicitará a senha de destravamento. Outros comandos também podem ser solicitados para a Alexa, por exemplo o "Status da porta", que indicará se a porta está travada ou destravada, assim como outras funções de automação avançadas. É possível utilizar as skills para acionar outro dispositivo IoT (por exemplo, uma lâmpada) ao destravar a fechadura.

2. Echo Show: Alexa com tela

O Echo Show (figura 4) combina as funções do Echo Dot com uma tela sensível ao toque. O tamanho da tela varia de 5 a 21 polegadas, dependendo do modelo.

Além da comunicação por voz, é possível interagir visualmente com a Alexa. O Echo Show não só possui todas as funcionalidades presentes no Echo Dot, como controle de dispositivos inteligentes, reprodução de músicas e definição de alarmes, mas também permite realizar chamadas de vídeo, assistir a vídeos, solicitar receitas e acessar câmeras de segurança e demais dispositivos compatíveis com a Alexa.

Figura 4 – Amazon Echo Show

Para configurar o Echo Show basta realizar os seguintes passos:

1. Antes de iniciar a instalação e a configuração do Echo Show, certifique-se de ter as informações de login e senha da rede Wi-Fi e dos serviços de streaming de música ou vídeo que você deseja usar e que sejam compatíveis com a Alexa.

2. Conecte o Echo Show a uma tomada. Em cerca de 1 minuto, a tela será ligada e a Alexa fará uma saudação.

3. Siga as instruções de configuração na tela. Durante a configuração, será necessário conectar-se à rede Wi-Fi para acessar os serviços da Amazon.

4. Quando a configuração estiver concluída, o Echo Show estará pronto para uso. Diga "Alexa" para ativá-la e solicite alguma informação ou serviço. Para obter mais informações, você pode perguntar "Alexa, o que você pode fazer?".

5. Para ajustar acessos e atalhos, deslize o dedo na tela de cima para baixo para acessar as configurações. Deslize o dedo na tela da esquerda para direita para ver atalhos de música, casa inteligente, dicas de como usar a Alexa e mais.

Usos e vantagens

Quais as vantagens de ter um hub com tela em relação a custo e funções quando comparado aos assistentes sem tela?

Sempre é interessante pensar em benefícios para usuários com deficiências ou que requeiram algum tipo de assistência. Mostrar na tela uma lista de compras e tarefas é um facilitador para usuários surdos, por exemplo. Fazer ligação por vídeo em casos de emergência, mesmo sem o comando de voz, pode ser extremamente útil, já que a tela do Echo Show é bem maior que a tela do celular. Contudo, as partes envolvidas devem ter o aplicativo Alexa ou um dispositivo Echo.

Em termos de segurança, o Amazon Echo Show pode ser usado como babá eletrônica, por exemplo, dado que tem uma câmera embutida e possibilita integração com câmeras inteligentes.

O Echo Show tem um dispositivo de privacidade e segurança que desliga o microfone e a câmera por meio do deslizamento de uma tampa embutida e desativa o comando de voz. As conversas não ficam registradas, com exceção da frase de comando inicial.

Configuração de dispositivos IoT no Google Assistente

Neste capítulo apresentaremos algumas maneiras de integrar e controlar dispositivos IoT disponíveis no mercado com o Google Assistente.

Serão mostrados alguns métodos para instalar e configurar os hubs da família Google Nest – sucessora do original Google Home – e como conectar e controlar alguns dispositivos IoT, como sensores, interruptores e controles remotos com infravermelho.

É importante destacar que os procedimentos indicados para a instalação dos dispositivos IoT neste capítulo também podem ser facilmente adaptados para outras marcas e modelos de assistentes virtuais.

1. Controle de dispositivos IoT pelo Google Assistente

Um dispositivo IoT pode ser controlado pelo Google Assistente desde que seja compatível com ele. Esta informação pode ser facilmente encontrada na embalagem do produto ou no site do fabricante.

O controle desses dispositivos com o Google Assistente pode ser realizado das seguintes maneiras:

- por meio do aplicativo Google Home, que pode ser instalado em smartphones;
- por meio de dispositivos da linha Google Nest ou de produtos que já possuam o Google Assistente integrado;
- por meio de dispositivos compatíveis com o Google Assistente que possuam aplicativos próprios do fabricante.

Quando você procurar por hubs com o Google Assistente integrado, é possível que se depare com alguns aparelhos denominados Google Home e outros denominados Google Nest. Os dispositivos Google Home deixaram de ser fabricados, cedendo espaço ao seu sucessor Google Nest. Ainda que não sejam mais fabricados, os hubs Google Home continuam funcionando e podem ser configurados de modo semelhante aos modelos Google Nest apresentados neste capítulo.

Os principais dispositivos da linha Google Nest são:

- Nest Mini: caixa de som com microfone embutido (smart speaker) que pode ser instalada em diversos ambientes para facilitar a interação com os dispositivos IoT.
- Nest Audio: semelhante ao Nest Mini, porém com maiores dimensões e potência sonora.
- Nest Hub: uma caixa de som inteligente semelhante ao Nest Mini, porém com tela integrada. Permite acesso aos serviços

oferecidos pelo Google. O acesso ao Google Fotos, por exemplo, transforma o Nest Hub em um porta-retratos digital. Mas suas funcionalidades vão muito além disso, e este hub pode ser utilizado para integrar serviços de streaming e câmeras de segurança, entre outras funcionalidades.

- Nest Hub Max: uma versão maior do Nest Hub, com recursos extras, que permite, entre outras coisas, gravações de recados e chamadas de vídeo.

Além da linha Google Nest, é possível encontrar no mercado dispositivos inteligentes de marcas diversas que têm o Google Assistente integrado. Esse tipo de dispositivo é reconhecido de imediato pelo aplicativo Google Home, sem a necessidade de instalação de qualquer outro aplicativo. Por outro lado, os dispositivos compatíveis com o Google Assistente necessitam inicialmente ser instalados e configurados por um aplicativo recomendado pelo fabricante, para somente depois permitir sua integração e controle com o Google Assistente.

Instalando e configurando o Google Nest

Nesta seção abordaremos a configuração de dispositivos com o Google Nest Hub de 1ª e 2ª gerações, por serem os mais atuais. Observa-se que o Nest Hub de 2ª geração ainda não é oficialmente vendido pela Google no mercado brasileiro e, portanto, não oferece suporte em português, o que gera restrições para alguns comandos.

> **Importante**
> Sempre que for adquirir um dispositivo IoT, verifique se ele é compatível com a versão do Google Nest que você possui.

A escolha do modelo do Google Nest deve levar em consideração suas necessidades de automação. Sendo assim, pesquise pela
funcionalidade e pelos prós e contras de cada modelo. No quadro
1 são apresentadas algumas características das versões Nest Hub
de 1ª e 2ª gerações.

Quadro 1 – Características das versões Nest Hub de 1ª e 2ª gerações

Nest Hub	1ª geração	2ª geração
Google Assistente integrado	Sim	Sim
Tela	Smart display: tela de 7" sensível ao toque Resolução: 1024 × 600	Smart display: tela de 7" sensível ao toque Resolução: 1024 × 600
Alto-falantes, microfones e sensores	Alto-falante *full-range* Dois microfones de campo distante Reconhecimento de voz a longa distância compatível com o uso em viva-voz Tecnologia *voice match* Sensor de ultrassom Sensor de luz para ajuste do ambiente Controles por toque capacitivo	Alto-falante *full-range* com driver de 43,5 mm Três microfones de campo distante Chave de desativação do microfone Tecnologia *voice match* Sensor de ultrassom Sensor do Soli para detecção de movimento, proximidade e presença Sensor de luz para ajuste do ambiente Sensor de temperatura
Rede sem fio	Wi-Fi 802.11b/g/n/ac (2,4 GHz/5 GHz) Não compatível com WPA2-Enterprise Bluetooth 5.0	Wi-Fi 802.11b/g/n/ac (2,4 GHz/5 GHz) Bluetooth 5.0 Chromecast built-in 802.15.4 (a 2,4 GHz)

(cont.)

Nest Hub	1ª geração	2ª geração
Dimensões	Profundidade: 67,3 mm Largura: 178,5 mm Altura: 118 mm	Profundidade: 69,5 mm Largura: 177,4 mm Altura: 120,4 mm
Peso	480 g	558 g

Para a instalação de um dispositivo Google Nest são necessários:

- um smartphone ou tablet conectado à rede Wi-Fi e com Bluetooth ativado;
- uma conta Google;
- a versão mais recente do app Google Home;
- um dispositivo Google Nest (Mini, Audio ou Hub).

As orientações para instalação são:

- ligue o dispositivo Google Nest que você possui;
- abra o aplicativo Google Home no smartphone ou tablet;
- toque no ícone "Adicionar" e em "Configurar dispositivo". Em seguida, clique em "Novo dispositivo" e siga as etapas descritas no aplicativo.

Caso encontre dificuldades para configurar o dispositivo ou deseje realizar configurações personalizadas e avançadas, acesse a opção "Ajuda" pelo Google Nest.

Conectando dispositivos inteligentes com o Google Nest

O processo para a configuração de dispositivos IoT com o Google Nest irá depender do modelo e da marca do equipamento. Mas não se preocupe, pois os detalhes de instalação sempre acompanham o produto ou podem ser encontrados no site do fabricante.

Os dispositivos compatíveis com o Google Assistente requerem em primeiro lugar instalação e configuração pelo site recomendado pelo fabricante, para depois serem integrados com o Google Assistente por meio do aplicativo Google Home.

Por outro lado, os dispositivos que já são fabricados com o Google Assistente integrado são automaticamente detectados pelo Google Nest e podem ser configurados apenas com o Google Home, sem a necessidade de outros aplicativos de controle.

Com os dispositivos Google Nest, é possível configurar equipamentos IoT com o Google Assistente integrado e alguns dispositivos compatíveis usando comandos de voz. Os passos para essa configuração são:

- Instale e ligue o dispositivo IoT no mesmo ambiente onde se encontra o Nest Hub. Ambos precisam estar conectados à mesma rede Wi-Fi.
- Solicite ao Google Assistente que configure novos dispositivos. Para isso diga "Ok Google, configurar meu dispositivo" ou "Ok Google, configurar meu aparelho".
- Aguarde enquanto o Google Assistente busca novos dispositivos.
- Após o reconhecimento do novo dispositivo, realize a configuração seguindo os passos informados pelo Google Assistente.

Caso encontre dificuldades para configurar o dispositivo por comandos de voz, abra o aplicativo Google Home em seu smartphone e configure o dispositivo IoT manualmente.

Acionando sensor de temperatura e umidade

Diversos tipos de sensores inteligentes que funcionam com conexão Wi-Fi já podem ser encontrados à venda com um preço acessível. Isso torna o uso desses sensores mais popular entre os usuários que pretendem deixar residências e comércios mais "inteligentes".

A título de exemplo, é apresentado a seguir como instalar e configurar um sensor de temperatura e umidade e conectá-lo com o Google Nest. Porém é importante mencionar outros sensores que podem ser utilizados de forma semelhante e controlados tanto por meio de aplicativos diversos como por outros assistentes virtuais, caso sejam compatíveis com essa tecnologia.

De modo geral, um sensor de temperatura e umidade é leve, pequeno, funciona com pilhas e possui um display que o assemelha a um relógio de mesa (figura 1). Pode ser fixado em alguma parede ou posicionado sobre um móvel. As informações de temperatura e umidade são exibidas diretamente no display do aparelho, mas também podem ser acessadas pelo aplicativo para smartphones ou solicitadas aos assistentes virtuais.

Figura 1 – Sensor de temperatura e umidade com conexão Wi-Fi

Para instalar e configurar um sensor de temperatura e umidade, realize as seguintes etapas:

1. Coloque o aparelho em funcionamento.
2. Siga as orientações do fabricante para baixar o aplicativo no smartphone.
3. Ligue o aparelho e confira se ele foi identificado pelo smartphone.
4. Depois de instalar e configurar o aparelho, no aplicativo do fabricante dê permissão para que ele seja acessado e controlado pelo Google Assistente ou outro assistente virtual de sua preferência.
5. Supondo que você tenha configurado o nome do aparelho como "termômetro da sala", para testar seu funcionamento com o Google Assistente pergunte: "Ok Google, qual a temperatura do termômetro da sala?".

Agora que você já integrou o sensor de temperatura e umidade ao assistente virtual, é possível ativar algumas skills para tornar sua casa mais inteligente. Por exemplo, você pode programar uma tomada inteligente para ligar sempre que a temperatura ultrapassar determinado número e desligar quando estiver em outra faixa. Assim, basta conectar um ventilador ou um aquecedor a essa tomada e sempre que a temperatura estipulada for atingida, o dispositivo será acionado automaticamente.

Acionando interruptores inteligentes em paralelo

No capítulo anterior foi apresentada uma maneira de conectar um interruptor inteligente para acionar um dispositivo elétrico, como uma lâmpada. No entanto, muitas vezes encontramos nos ambientes residenciais e comerciais dois interruptores que controlam o mesmo dispositivo. Por exemplo, em uma escada que liga os dois pavimentos de um imóvel, geralmente existe um interruptor no andar inferior e outro no andar superior, que permitem ligar e desligar a lâmpada que ilumina essa escada. Esse tipo de ligação exige um interruptor diferenciado denominado *three way*, também conhecido como interruptor paralelo.

Para que consigam controlar uma mesma lâmpada, os interruptores paralelos comuns devem ser ligados fisicamente entre si por fios chamados "retorno paralelo", conforme o esquema elétrico apresentado na figura 2. Repare que a lâmpada está conectada ao fio neutro da rede elétrica e ao interruptor A pelo fio de retorno da lâmpada (na figura, "retorno lâmpada"), enquanto o interruptor B está conectado ao fio fase da rede elétrica.

Para que a lâmpada acenda, é necessário fechar o circuito, fazendo com que o fio fase do interruptor B se conecte ao fio de retorno da lâmpada do interruptor A através das conexões das chaves dos interruptores com os fios de retorno paralelo 1 e 2. Este tipo de montagem permite quatro combinações distintas para fechar ou abrir o circuito elétrico, e assim ligar ou desligar a lâmpada.

Figura 2 – Esquema elétrico para conexão de interruptor paralelo comum

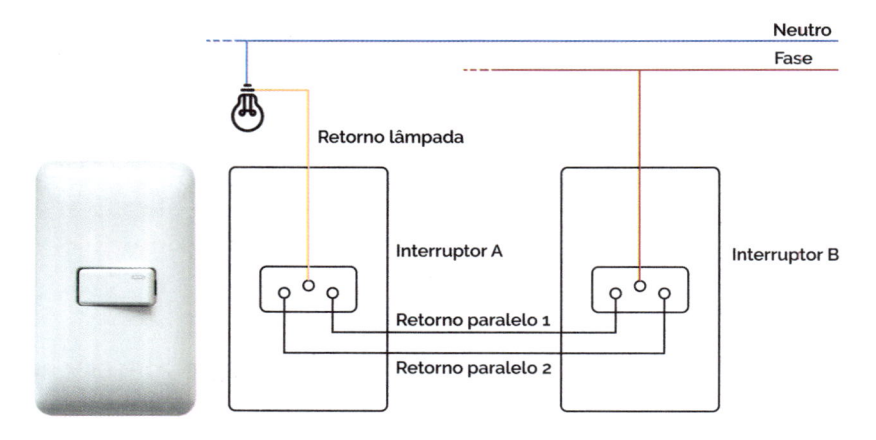

No entanto, o esquema elétrico de ligação paralela para interruptores inteligentes é feito de forma diferente, conforme o esquema apresentado na figura 3. Os interruptores não são fisicamente ligados entre si, e apenas um interruptor é conectado diretamente à lâmpada para controlá-la. Os interruptores devem ser então programados por meio do aplicativo para que interajam entre si. Isso permitirá que o segundo interruptor inteligente controle a lâmpada de forma indireta, por controle virtual.

O exemplo a seguir ilustra em detalhes a conexão elétrica e a configuração para a ligação paralela de dois interruptores com tomada inteligente para o acionamento de uma lâmpada. Lembre-se de que pode haver pequenas variações na nomenclatura e na disposição dos conectores do dispositivo de acordo com sua marca e modelo.

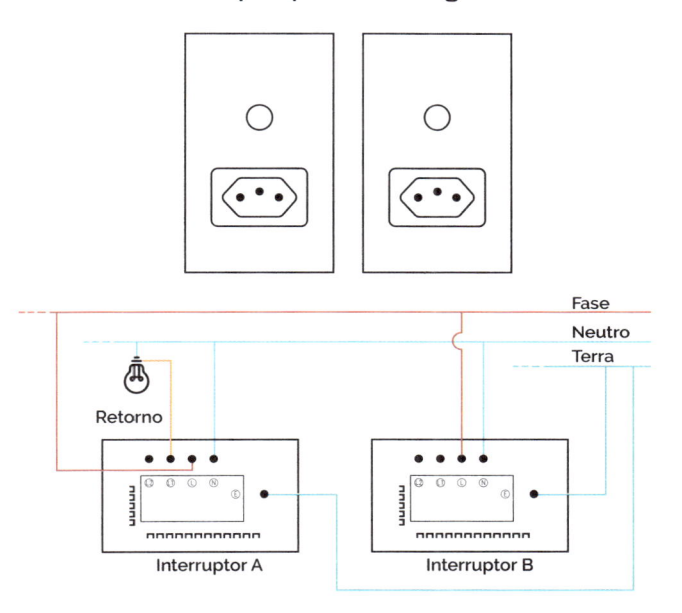

Figura 3 – Esquema elétrico para conexão de interruptor paralelo inteligente

Esquema elétrico de montagem

É importante relembrar que a parte traseira do interruptor contém informações relevantes sobre o dispositivo, como tensão, potência e corrente elétricas, marca, modelo e os pontos de conexão para a fiação elétrica, os quais são identificados como:

- Fase – conector que está identificado pela letra L no circuito da figura 3, mas pode ser identificado por F ou outras letras e deve ser ligado ao fio fase da rede elétrica.
- Neutro – conector identificado pela letra N e que deve ser ligado ao fio neutro da rede elétrica.
- Retorno – fio que liga a lâmpada ao interruptor. Na figura 3 o conector para o fio de retorno está identificado como L1,

podendo apresentar conectores L2, L3, etc., de acordo com o número de interruptores no painel.

- Terra – conector para o fio terra; geralmente está presente nos interruptores que possuem tomada integrada. Na figura 3 está identificado pela letra E.

Interruptor A

No esquema da figura 3, o interruptor A possui conexão direta com a lâmpada por meio do fio de retorno. Isso significa que este interruptor poderá ligar ou desligar a lâmpada diretamente pelo toque no painel, independentemente do funcionamento da rede Wi-Fi.

Isso também pode ser feito por meio de aplicativo ou comando de voz com assistentes virtuais, caso estejam conectados à mesma rede Wi-Fi.

Interruptor B

O interruptor B na figura 3 não é conectado à lâmpada com o fio de retorno como no caso do interruptor A. Ele é ligado apenas aos fios fase, neutro e terra (caso possua tomada).

Este interruptor acionará a lâmpada de forma virtual, ou seja, será programado para interagir com o interruptor A pela rede Wi-Fi.

Programação do interruptor paralelo

Depois de realizada a conexão elétrica, é o momento de programar os interruptores para o acionamento da lâmpada.

Primeiramente, vamos entender a lógica de funcionamento dos dois interruptores.

Ao tocar o interruptor A pela primeira vez, seu estado passará de desligado para ligado. Quando isso ocorrer, é necessário programar o sistema para que esta informação seja transmitida ao interruptor B, de modo que ele também altere seu estado de desligado para ligado. Ao tocar novamente o interruptor A, seu estado retornará para desligado, e o interruptor B deve acompanhar esta mudança de estado. O mesmo ocorre quando o interruptor B é tocado.

Portanto, são necessários quatro comandos de programação, que podem ser resumidos da seguinte maneira:

- Liga interruptor A → Informa interruptor B para que ligue.
- Desliga interruptor A → Informa interruptor B para que desligue.
- Liga interruptor B → Informa interruptor A para que ligue.
- Desliga interruptor B → Informa interruptor A para que desligue.

Agora é o momento de realizar essa programação no aplicativo que controla os dispositivos. Isso é feito no campo de "Automação" por meio da criação de "cenas". Para programar, realize os passos a seguir, lembrando que algumas nomenclaturas podem variar de acordo com o aplicativo utilizado:

- Abra o aplicativo indicado pelo fabricante e busque os dois interruptores inteligentes que foram instalados.
- Abra o campo "Automação" e clique em "Criar cena".
- Selecione "Interruptor A" → Se "Tecla 1: ON" → Então "Interruptor B" → "Tecla 1: ON".
- Salve e crie a próxima cena.
- Selecione "Interruptor A" → Se "Tecla 1: OFF" → Então "Interruptor B" → "Tecla 1: OFF".
- Salve e crie a próxima cena.

- Selecione "Interruptor B" → Se "Tecla 1: ON" → Então "Interruptor A" → "Tecla 1: ON".
- Salve e crie a próxima cena.
- Selecione "Interruptor B" → Se "Tecla 1: OFF" → Então "Interruptor A" → Tecla 1: OFF".
- Salve. Agora é só testar o funcionamento.

Depois que os interruptores forem programados, basta dar a permissão de acesso para que o Google Assistente ou outro assistente virtual possa controlar o aplicativo e pronto!

Você já poderá acionar os interruptores por comando de voz, além de usar o aplicativo ou tocar fisicamente os interruptores.

Acionando dispositivos por controle universal infravermelho inteligente

A tecnologia infravermelha para a transmissão de dados por controle remoto está presente em muitos equipamentos que fazem parte do nosso cotidiano, como TVs, equipamentos de som e aparelhos de ar-condicionado, por exemplo. Esses equipamentos possuem um receptor que capta os sinais enviados por um LED emissor infravermelho presente nos controles remotos. Cada tecla do controle remoto é programada pelo fabricante do produto para enviar um código, ou seja, uma sequência específica de pulsos infravermelhos, que é decodificada no dispositivo e interpretada para executar uma determinada ação, como ligar, desligar, aumentar o volume de uma TV, diminuir a temperatura de um ar-condicionado, etc.

A maioria dos equipamentos que podem ser controlados remotamente por infravermelho não são, originalmente, dispositivos IoT. Mas é possível transformá-los em dispositivos inteligentes e integrá-los aos assistentes virtuais por meio da utilização de um controle universal infravermelho inteligente.

Para isso, é necessário utilizar o controle remoto original do produto para programar as funções de cada tecla no controle infravermelho inteligente, por meio do aplicativo recomendado pelo fabricante.

Os controles remotos inteligentes (figura 4), em sua maioria, possuem um campo de atuação que pode variar de 180 graus a 360 graus, um alcance de cerca de 8 a 15 metros sem barreiras, e podem ser programados para controlar mais de um dispositivo. Essas características variam de acordo com modelo e fabricante, portanto, é importante verificar nas especificações técnicas se o produto atende às suas necessidades.

Figura 4 – Controle remoto universal inteligente

Programação do controle remoto inteligente infravermelho

O passo a passo detalhado para programar o controle remoto inteligente infravermelho varia de acordo com a marca e o modelo do produto. Portanto, é necessário seguir as orientações fornecidas pelo fabricante. De modo geral, para programar um controle remoto universal e controlá-lo a partir de um assistente virtual, é preciso:

1. Instalar o aplicativo recomendado pelo fabricante em seu smartphone.
2. Efetuar o cadastro no aplicativo, caso necessário.
3. Abrir o aplicativo e adicionar o novo dispositivo.
4. Buscar "Controle universal", por exemplo, ou a opção que melhor atender, e inserir a senha da rede Wi-Fi.
5. Ligar o controle universal infravermelho inteligente na fonte de energia e pressionar o botão de *reset* por aproximadamente seis segundos, até que a luz indicativa comece a piscar rapidamente.
6. Parear e nomear o controle universal infravermelho seguindo os passos no aplicativo.
7. Escolher o dispositivo que deseja controlar e sua marca.
8. Apontar o controle remoto do aparelho que deseja controlar para o controle universal infravermelho e pressionar ao menos três teclas para que a configuração seja concluída.
9. Testar o funcionamento do equipamento pelo aplicativo.
10. Permitir que o aplicativo seja controlado pelo Google Assistente ou outro assistente virtual de sua preferência.
11. Testar o controle do equipamento com o assistente virtual usando comando de voz.

Caso encontre alguma dificuldade na instalação do controle universal, procure informações adicionais no manual do usuário e no site do produto, ou entre em contato com o fabricante por meio dos canais de atendimento.

Desenhando soluções práticas para IoT em residências com o uso de assistentes virtuais

Muitas informações estão sendo apresentadas sobre dispositivos, instalações, assistentes virtuais, protocolos, configurações e pareamentos, de modo que se torna importante e necessário um estudo para saber como utilizá-las de forma mais prática e contextualizada.

Faremos uma simulação em uma residência fictícia em que será fornecido um conjunto de dados referentes às características do ambiente e do usuário, no caso, os seus moradores.

Nesta simulação compartilharemos muitas alternativas possíveis para as soluções IoT. Será um exercício teórico para aplicação dos conhecimentos adquiridos.

Espera-se a criação de um projeto com soluções práticas de IoT para automação residencial que resolva os problemas apresentados aqui.

1. A história do cliente

Analise a situação a seguir para criar um projeto. Confira os tópicos para discussão.

Na prática

Marcia é uma bióloga amante de plantas que mora sozinha no bairro de Santo Amaro. Tem na sua casa plantas de várias espécies e de vários biomas, o que torna ainda maior seu cuidado com cada um dos vasos. Eles estão localizados em áreas da residência distintas devido às diferentes demandas de intensidade luminosa natural. Além disso, a rotina de rega em relação à frequência e ao volume é, em alguns casos, bastante específica. Marcia fará uma viagem de quinze dias e, por precaução, resolveu contratar um técnico em IoT (no caso, você!) para automatizar a rega de suas plantas. Assim, ela conseguirá acompanhar e controlar os dispositivos inteligentes a distância.

Descrição do imóvel

Nosso ponto de partida será a descrição do imóvel (figura 1): trata-se de uma casa térrea de três cômodos, um banheiro e uma cozinha. A área total é de 250 m², com 10 m de frente e 25 m de comprimento. A casa é revestida com piso cerâmico.

Figura 1 – Planta baixa do imóvel onde reside a cliente Marcia

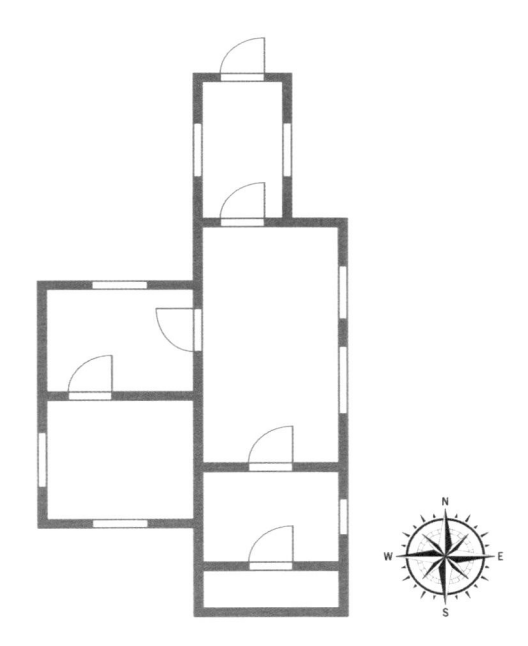

Caracterização das necessidades da cliente Marcia

Devido à ausência de Marcia na residência por quinze dias, ficam evidenciados dois principais aspectos: a segurança do imóvel e o cuidado específico com as plantas.

Identificação das situações-problema

Quanto à segurança, é evidente que uma solução de automação da iluminação é vantajosa em termos de custos para além do período da viagem. Isso envolve a questão da iluminação tanto dentro quanto fora da casa quando o morador não está presente, especialmente durante a noite.

Em relação ao cuidado das plantas, o desafio está nas diferentes necessidades de luminosidade e na manutenção da umidade dos vasos de diversas espécies de plantas.

Levantamento de dados sobre a conectividade

O levantamento das especificações da rede Wi-Fi é de fundamental importância para começar a escolher os dispositivos de automação IoT mais adequados, de acordo com o assistente virtual adotado pela moradora, e para dimensionar a cobertura da rede, de modo a garantir soluções satisfatórias para os problemas identificados. Deve ser considerada a possibilidade de haver uma região na residência em que o sinal Wi-Fi emitido pelo roteador não chegue ou apresente falhas. Isso pode acontecer pela longa distância entre o dispositivo e o ponto de acesso ou por haver muitos obstáculos no caminho, como paredes e móveis.

Com base na descrição da situação, pode-se concluir que não há necessidade de uma arquitetura de rede complexa devido à pouca quantidade de dispositivos, mas o sinal de internet deve ser satisfatório para atender às novas demandas.

É importante identificar a localização do roteador, o alcance e a qualidade do sinal nos diferentes cômodos.

2. Soluções propostas

Soluções para a situação-problema 1: plantas

Existem muitas variáveis complexas para o controle assertivo das demandas do cliente, envolvendo condições meteorológicas, orientação solar e necessidades específicas das plantas quanto à luminosidade e à rega. Sendo assim, a proposta deve envolver soluções automatizadas e que possam ser controladas a distância pela cliente, garantindo o bem-estar das plantas. São possíveis soluções:

- Cortina com abertura parcial em dias ensolarados.
- Para dias nublados: acionamento de lâmpadas com luz cor-de--rosa (figura 2). Esta é uma solução alternativa tecnicamente plausível para as variadas necessidades das espécies de plantas e que não compromete seu desenvolvimento. Não seria viável automatizar de forma mais personalizada devido a detalhes que somente a própria Marcia poderia avaliar.

Figura 2 – Plantas de diferentes espécies sendo iluminadas por luz cor-de-rosa

- Montagem de um sistema de irrigação programado com Arduino, com uso de sensores e atuadores para acionar os dispersores de água, ou adoção de um kit pronto de irrigação controlado por smartphone e comando de voz.

- Instalação de uma câmera para acompanhamento e controle pela cliente.
- Som ambiente para o desenvolvimento das plantas, obtido por meio de um streaming de músicas.

Soluções para a situação-problema 2: segurança

A ausência de Marcia pelo período de quinze dias torna necessário garantir a segurança do imóvel com mecanismos que, por exemplo, simulem a presença dos moradores. Para isso precisa-se de estratégias e dispositivos eficazes. São possíveis soluções:

- Lâmpada com sensor de movimento e acionamento de som de latido (variações aleatórias, cinco tipos).
- Kit alarme: campainha, sensor de abertura de portas e janelas, sensor de movimento, sensor de quebra de vidro.
- Instalação de câmera.

Soluções para a situação-problema 3: conectividade

Sobre a instalação e configuração de redes sem fio, é possível afirmar que existem duas soluções:

- Inclusão de um segundo roteador. Colocar um novo roteador na região onde o sinal não chega é uma solução vantajosa quando se deseja ter muitas conexões simultâneas sem perder a qualidade. Cada novo ponto de acesso é um canal separado, com novo endereço IP. Desta maneira, os dispositivos que estão conectados ao roteador principal não se conectam automaticamente ao novo ponto de acesso até que percam completamente o sinal. No caso, a escolha pelo sinal mais intenso deve ser realizada de forma manual.
- Inclusão de um repetidor de sinal. O repetidor de sinal é um equipamento que recebe o sinal do roteador principal e retransmite este sinal, fazendo com que a rede sem fio atinja uma

distância maior. Geralmente ele é colocado em um ponto intermediário entre o roteador principal e a área onde o sinal é fraco. Esse equipamento possui a vantagem de ter um custo menor em relação às outras opções de amplificação. No entanto, o excesso de dispositivos conectados interfere no tráfego de informações e causa lentidão na rede.

3. Organização de dados

Ficha 1 – Dados coletados na visita técnica

Nome do cliente: Marcia	
Demandas/necessidades: segurança e manutenção de plantas	
Descrição da situação que gera a demanda (uma ficha para cada tópico)	Ausência da residência por quinze dias, com necessidade de manutenção das plantas.
Problema apresentado	Plantas ficarão sem cuidados quanto a luminosidade e regas.
	Ausência de variação na iluminação externa e interna, evidenciando ausência do morador.
Variáveis envolvidas	Condições meteorológicas, orientação solar, necessidades das plantas, ausência de pessoas.
Conectividade	Roteador presente no cômodo lateral com conexão Wi-Fi 5 GHz e 2,4 GHz. Sinal fraco na área da frente da casa e no cômodo dos fundos. Confirmar quantidade de dispositivos conectados por roteador.

(cont.)

Nome do cliente: Marcia		
Descrever até duas soluções IoT sugeridas pela equipe para manutenção das plantas: luminosidade.	Solução 1: instalação de cortinas inteligentes.	Solução 2: luminosidade controlada por cortinas inteligentes associadas ao acendimento de lâmpadas.
Descrever até duas soluções IoT sugeridas pela equipe para manutenção das plantas: irrigação.	Solução 1: comprar um sistema de irrigação (kit pronto).	Solução 2: programar um sistema de irrigação microcontrolado por Arduino.
Descrever até duas soluções IoT sugeridas pela equipe para segurança.	Solução 1: sistema de iluminação e sons de latidos acionados por sensores de movimento.	Solução 2: kit alarme: campainha, sensor de abertura de portas e janelas, sensor de movimento, sensor de quebra de vidro.
Descrever até duas soluções de instalação e configuração de redes sem fio sugeridas pela equipe.	Solução 1: inclusão de um segundo roteador. Apresenta a desvantagem de acesso por redes separadas.	Solução 2: inclusão de um repetidor de sinal.

Descrição do imóvel com dados da parte interna: 3 cômodos, 1 cozinha e 1 banheiro.

Dados do fluxo e característica das pessoas: apenas 1 morador, sem deficiência, ausente durante o horário comercial.

Anexar a este documento a planta baixa do imóvel.

Ficha 2 – Listagem dos componentes e dispositivos

Descrição do dispositivo	Ponto de implantação	Quantidade necessária	Valor unitário	Complemento (sim/não) e descrição	Ponto de implantação	Valor total (R$)
Cortinas	Cômodo central	2		Estruturas de fixação	Janelas	
Lâmpadas	Cômodo central	6		Estrutura de fixação, posicionamento e altura a definir	Alinhadas aos vasos das plantas	

A ficha 2 deve ser preenchida de acordo com as soluções propostas no projeto apresentado. Ilustramos com somente alguns exemplos, no caso, as soluções para manutenção das plantas quanto à luminosidade.

Dados relativos a valor da mão de obra para instalação e configuração da rede e da automação, garantia do projeto, prazo de entrega e configuração de todo o sistema devem ser estimados na época da entrega do projeto, de acordo com a planilha de preços da empresa.

Lembramos que o processo de construção do projeto deve ser sempre bem documentado, assim como as justificativas para as escolhas realizadas, e o que o desenvolvimento de um bom projeto envolve também entregar soluções e sugestões que vão além do solicitado, pois isso demonstra iniciativa e preocupação com a satisfação do cliente.

Dispositivos IoT de rede própria

Neste capítulo mostraremos que é possível criar uma rede própria para conexão de dispositivos IoT, diferente da Wi-Fi, por meio da tecnologia Zigbee. Esta é uma alternativa interessante para controlar os dispositivos IoT em residências e pequenos comércios. Com essa tecnologia, é criada uma rede própria, a rede Zigbee, que não depende da internet para funcionar.

Para inspirá-lo, apresentaremos alguns módulos Zigbee para IoT e possibilidades de integração para deixar um ambiente mais inteligente e mostraremos como configurá-los e controlá-los por meio de aplicativos para celulares e de assistentes virtuais.

Vale lembrar que as atualizações dos aplicativos e o surgimento de novos equipamentos são constantes, portanto, fique sempre por dentro das novidades de mercado. E, como todas as soluções IoT, a tecnologia Zigbee também tem prós e contras, e cabe a você optar por aquela que melhor atenda às suas necessidades.

1. Dispositivos Zigbee

Zigbee é um protocolo de comunicação sem fio bastante utilizado em dispositivos IoT por possuir baixo consumo de energia, o que evita a troca constante de bateria dos equipamentos.

Essa tecnologia é muito parecida com a Wi-Fi, pois os dispositivos também se comunicam na faixa de frequência de 2,4 GHz. No entanto, os dispositivos da rede Zigbee se conectam entre si diretamente, sem a necessidade de estabelecer conexão com a internet. Então, por exemplo, se você programar um sensor de presença para disparar um alarme sonoro, ele o fará mesmo que a internet não esteja funcionando. O mesmo não aconteceria se os dispositivos utilizassem a tecnologia Wi-Fi.

O único equipamento conectado à internet é o hub Zigbee. Isso permite a conexão com os dispositivos IoT por meio de aplicativos instalados em smartphones ou tablets. Ainda assim, é possível programar os aplicativos para funcionarem no modo off-line, sem depender da conexão com a internet.

O fato de os dispositivos Zigbee se conectarem diretamente entre si, através de uma rede própria, evita a sobrecarga da rede Wi-Fi e, em consequência, a lentidão no tráfego da rede. Outra vantagem é que a conexão entre os dispositivos se torna mais rápida, já que na rede Wi-Fi um dispositivo precisa primeiro enviar o sinal para o roteador para somente depois o roteador retransmitir a mensagem para o outro equipamento.

Como possui um alcance curto, cerca de 10 m a 100 m sem barreiras, de acordo com a potência do transmissor, a tecnologia Zigbee é bastante apropriada para criar redes próprias entre dispositivos próximos, como em residências e pequenos comércios. Apesar do curto alcance de um único dispositivo, é possível criar uma rede mesh (em malha) entre alguns dispositivos Zigbee específicos e aumentar a cobertura e o alcance da rede.

Um dispositivo Zigbee pode atuar na rede como coordenador, roteador e dispositivo final. O hub Zigbee atua como coordenador, ou seja, é o dispositivo responsável por criar a rede de área pessoal (PAN) por onde os outros dispositivos irão transmitir seus dados. Os roteadores são conectados em malha, permitindo que os dados sejam retransmitidos para outros dispositivos da rede por caminhos distintos. Os dispositivos finais são os equipamentos que se conectam aos roteadores da rede criada e que enviam e recebem dados (figura 1).

Figura 1 – Exemplo de rede Zigbee

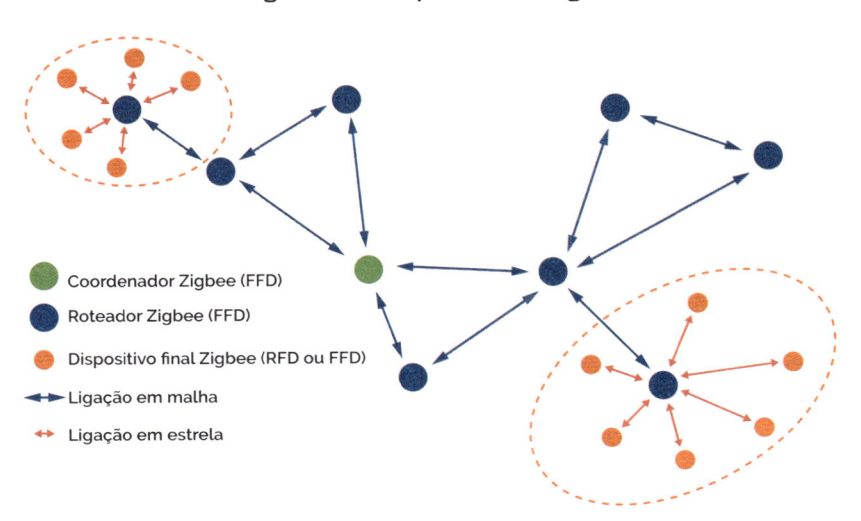

Alguns dispositivos Zigbee são capazes de funcionar como roteadores e dispositivos finais ou até mesmo como coordenadores. Esses são denominados dispositivos de função completa (FFD – full function device). Geralmente são um pouco maiores e precisam ficar ligados à rede elétrica.

Outros equipamentos Zigbee funcionam apenas como dispositivos finais e, portanto, são denominados dispositivos de função reduzida (RFD – reduced function device). Eles são menores, transmitem dados apenas quando acionados e geralmente funcionam com baterias, consumindo baixíssima energia.

Apesar dessas informações, só é possível saber de fato se um dispositivo Zigbee é FFD ou RFD a partir da descrição apresentada no manual do produto ou no site do fabricante.

Hubs de automação para dispositivos Zigbee

O protocolo de comunicação Zigbee foi criado por uma aliança de empresas de diversos segmentos, denominada Connectivity Standards Alliance, e vem sendo bastante utilizado para realizar a conexão de dispositivos IoT. Assim, podem ser encontrados hubs e dispositivos Zigbee de diversas marcas no mercado (figura 2).

Figura 2 – Modelo de hub Zigbee

O hub Zigbee precisa ter um ponto de conexão elétrica e um ponto para ser conectado ao roteador de internet. Dependendo do modelo e da marca do hub, sua conexão com o roteador de internet pode ser cabeada ou por Wi-Fi.

A instalação e a configuração da rede Zigbee deve seguir os passos indicados no manual do fabricante. Assim como para os dispositivos Wi-Fi mencionados nos capítulos anteriores, será necessária a instalação de um aplicativo no smartphone que permita a configuração dos dispositivos inteligentes. Existem diversos aplicativos gratuitos disponíveis no mercado, como Smart Life, Tuya Smart, SmartThings, eWeLink, Home Assistant, entre outros. O importante é testar diferentes aplicativos e definir o que melhor se adapta às suas necessidades.

Módulos Zigbee diversos

De sensores de presença a câmeras inteligentes, é possível encontrar uma grande variedade de dispositivos IoT Zigbee disponíveis no mercado. Vamos conhecer alguns módulos Zigbee e possibilidades para deixar um ambiente inteligente:

- Sensor de presença e movimento

  Geralmente é um dispositivo RFD, ou seja, um dispositivo final que não opera como roteador. É um equipamento pequeno que funciona com bateria e é acionado apenas quando detecta alguma movimentação. Pode ser integrado a outros dispositivos inteligentes que o acione quando houver movimento no ambiente. Por exemplo, é possível integrar esse dispositivo a um assistente virtual, programado para tocar alguma música ou acender alguma lâmpada sempre que for detectado algum movimento.

- Sensor de temperatura

  Também é um dispositivo pequeno que funciona com bateria, ou seja, um dispositivo RFD. Assim como o sensor de presença, pode ser facilmente instalado em qualquer lugar, e as informações de temperatura podem ser consultadas no aplicativo. Se integrado a outros dispositivos inteligentes, podem ser criadas cenas para que equipamentos sejam acionados de acordo com a temperatura do ambiente.

- Lâmpadas RGB

Semelhantes às lâmpadas Wi-Fi, mas com tecnologia Zigbee, podem ser controladas por aplicativo e integradas aos assistentes virtuais para receber comandos de voz. Algumas lâmpadas, por ficarem conectadas diretamente à rede elétrica, podem ser do tipo FFD. Portanto, alguns modelos de lâmpadas Zigbee podem funcionar também como roteadores, algo que deve ser confirmado na descrição do produto.

- Sensor de gás

Detecta vazamento de gás e pode ser instalado, por exemplo, na cozinha. É possível integrá-lo a outros dispositivos Zigbee e programá-lo para disparar um alarme, enviar uma mensagem para o celular, abrir uma janela, etc. (figura 3).

Figura 3 – Sensor de gás

- Módulo para interruptor

  É instalado com a fiação elétrica de um interruptor comum, ficando escondido por dentro da caixa onde fica o interruptor. Assim, é possível transformar qualquer interruptor comum em um interruptor inteligente.

- Alarme de portas e janelas

  São sensores instalados em portas e janelas que detectam quando são abertas. É possível usar um aplicativo para verificar se alguma porta ou janela da residência ou do estabelecimento comercial foi esquecida aberta. Também é possível criar cenas para que um dispositivo, como uma lâmpada ou um alarme, seja acionado quando detectada a abertura, ou para que seja enviada uma mensagem de alerta para um celular.

- Câmera de segurança sem fio

  Uma câmera de segurança sem fio (figura 4) pode ser facilmente instalada. Como é uma câmera Zigbee, não existe a necessidade de puxar um cabo de rede de internet até o dispositivo. Porém, é necessário ter um ponto de energia próximo para ligá-la. Existem modelos de câmeras que podem ser rosqueadas no bocal de lâmpadas, o que facilita bastante a instalação em diversos pontos da residência ou do comércio. Além de transmitir as imagens em tempo real para monitores ou aplicativos instalados em smartphones, algumas câmeras possibilitam a gravação das imagens em cartões de memória. Também é possível realizar a integração da câmera com outros dispositivos IoT. Por exemplo, é possível iniciar a gravação a partir da movimentação detectada por um sensor de presença.

Figura 4 – Câmera sem fio

- Cortina inteligente

  Existem motores Zigbee próprios para a abertura de cortinas ou persianas com acionamento sem fio, uma solução interessante para abrir ou fechar cortinas automaticamente quando não se está presente no ambiente.

Existem muitos outros dispositivos disponíveis no mercado e uma infinidade de possibilidades para a integração entre eles. Avalie quais são as suas necessidades e use a criatividade para achar as soluções mais inteligentes com dispositivos IoT.

Controlando dispositivos Zigbee com assistentes virtuais

É possível controlar dispositivos inteligentes Zigbee por meio de assistentes virtuais como a Amazon Alexa, o Google Assistente e a Siri, da Apple. Para isso, depois de instalar e configurar os dispositivos IoT com o aplicativo sugerido pelo fabricante ou algum outro de sua preferência, basta permitir o acesso aos assistentes virtuais nas configurações do próprio aplicativo. Uma vez concedido o acesso, será possível visualizar e controlar os dispositivos através do aplicativo do assistente virtual ou por comandos de voz.

Alguns hubs mais atuais dos assistentes virtuais, como o Amazon Echo Dot de 4ª geração, já possuem integração com dispositivos Zigbee. Nesses casos, é possível encontrar e configurar um dispositivo inteligente diretamente pelo aplicativo do assistente, sem a necessidade de instalar outro aplicativo.

Desenhando soluções práticas para IoT em estabelecimentos comerciais com o uso de assistentes virtuais

Ao longo dos capítulos deste livro foram muitas as abordagens referentes à configuração e instalação de dispositivos inteligentes, com controle a distância ou por voz, tendo como base situações-problema hipotéticas para residências. Em termos de dispositivos para casas inteligentes, a escolha sempre será em função das necessidades do cliente. Isso envolve analisar o que existe no mercado e considerar o custo de toda a implementação.

Neste capítulo, direcionaremos as discussões do projeto para o segmento comercial. Focaremos na escolha de um bom sistema de conectividade agregado a um protocolo que leve em consideração: segurança contra ruídos e interferências; compatibilidade da velocidade com o meio de propagação e o volume de dados; verificação de possíveis erros; segurança no transporte das informações transmitidas.

Será fornecido um conjunto de dados referentes ao imóvel que usaremos como exemplo, bem como características do ambiente e das necessidades dos diferentes usuários que transitam nesse espaço. A escolha do tipo de empresa usada na simulação teve como propósito extrapolar as possibilidades de dispositivos além daquelas que vivenciamos como usuários. Isso inclui entender os processos envolvidos na atividade comercial em questão – em nosso caso específico, procuraremos entender um pouco do processo que vai do momento de uma compra on-line até a entrega do produto.

Nesta simulação avançaremos descrevendo cada etapa do processo e compartilhando diversas alternativas possíveis para as soluções IoT. Será um exercício teórico para a aplicação dos conhecimentos adquiridos.

1. Conectividade em um estabelecimento comercial

Para o desenvolvimento deste exercício teórico, considere um imóvel de uso comercial. Identifique as possíveis fragilidades dos sistemas de comunicação e segurança com base nas características e na localização do imóvel.

Espera-se identificar soluções IoT que atendam às demandas desse novo espaço, a fim de garantir a manutenção e a qualidade dos serviços prestados pela empresa.

Deve-se realizar um levantamento dos potenciais riscos aos quais o estabelecimento estará sujeito, para análise e adoção de medidas de precaução.

Descrição do imóvel

Sobrados geminados, cada um com três cômodos no piso superior. No piso térreo há sala, copa, cozinha e um quintal com muro para um terreno desocupado. A área total é de 300 m².

Há aspectos que devem ser avaliados nos imóveis, relacionados à interferência do sinal, que podem comprometer a cobertura de rede. São eles:

- material e espessura das paredes e divisórias que separam os cômodos (concreto, drywall);
- interferências de dispositivos externos, às quais construções geminadas podem estar sujeitas por terem paredes compartilhadas;
- distância entre os dispositivos;
- obstáculos (móveis, armários);
- layout do sobrado; e
- escassez de pontos de energia.

Descrição da empresa

Nesta simulação, imagine que a empresa cliente realiza distribuição, transporte e armazenagem de produtos eletrônicos.

Essa empresa entende que a internet e os avanços da tecnologia aumentaram o número de compras e a movimentação de mercadorias, mas também tornou os consumidores mais exigentes em relação aos prazos de entrega e à qualidade do serviço. Portanto, realizar uma entrega eficiente é crucial para vencer os concorrentes e se destacar no mercado.

O impacto positivo dos negócios levou à necessidade de mais espaço. A aquisição dos dois imóveis geminados e as novas demandas requerem um projeto de instalação para uma área maior e a reavaliação dos sistemas até então adotados para a melhoria e a eficácia da conectividade.

Segue uma lista das atividades específicas de distribuição, transporte e armazenagem dos produtos que deverão ter o sistema IoT presente, conforme solicitado pelo cliente.

- Expedição: processo de embalagem e preparação de uma mercadoria para despacho. Envolve: etiquetagem com nome e descrição do produto, endereçamento, código de barras, peso e quantidade; agendamento de entregas; endereçamento de pedidos; e recebimento e conferência de mercadorias.
- Transporte: condução do produto para as companhias que efetivamente realizam o translado.
- Armazenagem: checagem de estoque (contagem, capacidade volumétrica, etc.).
- Documentação: criação de lista de expedição, padronização e simplificação do processo documental.
- Disposição das ilhas de trabalho: otimização do layout da empresa.

2. Tecnologias de comunicação para a IoT

Todas as informações coletadas sobre o imóvel e a empresa são fundamentais para a próxima etapa, que é a caracterização dos dispositivos de rede para que a conectividade entre as máquinas, seja pela rede cabeada ou sem fio, permita trocas de dados e informações entre dispositivos IoT.

A criação de um sistema de comunicação de qualidade garantirá a interligação de dispositivos de entrada (câmeras, sensores, teclados, etc.) até um centro de processamento e controle inserido internamente em máquinas, computadores, hosts com autonomia para executar atividades independentes do usuário, conectados em um dispositivo de saída (monitor, alto-falante, atuadores, etc.).

Projetando a distribuição de dispositivos para a rede cabeada e sem fio para atividades comerciais do estabelecimento

A conectividade pode ser efetuada por uma rede cabeada, sem fio ou mista.

Traremos aqui algumas situações relacionadas às atividades desenvolvidas pela empresa, listadas no item "Descrição da empresa", e os dispositivos sugeridos para cada uma delas.

- Setor de expedição:

  Adoção do RFID (radio frequency identification), que é um identificador por radiofrequência dos produtos. Essa tecnologia é usada para identificar, registrar e rastrear dados armazenados em chips instalados em etiquetas. O sistema automaticamente cria um alerta quando a quantidade de determinado produto atinge um valor mínimo, enviando uma notificação para a equipe do setor de compras.

- Setor de transporte:

  Para o despacho dos produtos e a organização nos veículos, informações de endereço do destinatário, que constam nas etiquetas, direcionam os produtos para vans específicas, que atendem por região. A leitura das etiquetas é feita por RFID. O motorista tem um dispositivo inteligente que identifica os endereços dos pacotes e traça uma rota a ser seguida. A cinco minutos da chegada da encomenda ao local de entrega, uma mensagem automática é enviada ao celular do cliente.

Planejando a topologia e o alcance da conexão

A conectividade entre os dispositivos deve ser de muita qualidade, pois quando nos referimos ao setor de documentação, por exemplo, há um grande volume de informações, que requer alta velocidade de transmissão.

Além disso, as ilhas de trabalho devem ser arranjadas de modo que favoreçam a cadeia logística da empresa e a topologia física da rede, ou seja, é crucial o modo como os hosts estão interligados e distribuídos no ambiente.

Para os setores de expedição e transporte, que fazem uso da RFID, o alcance da conexão sem fio via Wi-Fi deve ser satisfatório. Entretanto, a depender da localização e da distância entre esses setores, uma reavaliação da rede precisará ser feita. Uma possibilidade é a adoção de uma rede mista, em que a conexão entre os dispositivos é realizada por uma rede cabeada e depois o sinal Wi-Fi é utilizado para a conexão sem fio.

Para atender às demandas da empresa, é necessário checar se o sinal alcança todos os pontos do imóvel. Dado o uso de rede no piso superior pelo setor administrativo, devem ser avaliadas as possibilidades de implantação de roteadores do tipo malha (mesh) ou a instalação de novos pontos de acesso.

A vantagem da malha é que, se houver falha em um dos dispositivos, ela não impedirá o funcionamento dos demais, pois os dados podem trafegar por rotas alternativas para chegar ao destino. Embora ela tenha um custo maior, oferece estabilidade e alta velocidade de conexão entre os dispositivos.

Novamente, citamos a importância de avaliar o layout da casa, a disposição dos cômodos e suas funções. A depender desses aspectos, a instalação de novos pontos de acesso para aumentar o alcance da rede sem fio é vantajosa, em especial quando se deseja ter muitas conexões simultâneas sem perda de qualidade.

Referências

ALEXA na palma da sua mão: Amazon coloca a assistente em um anel. **Olhar Digital**, 26 set. 2019. Disponível em: https://olhardigital.com.br/2019/09/26/noticias/alexa-na-palma-da-sua-mao-amazon-coloca-a-assistente-em-um-anel/. Acesso em: 17 jul. 2023.

ALVES, Robinson Samulak. Para que serve o Amazon Echo Auto? **TecMundo**, 4 fev. 2022. Disponível em: https://www.tecmundo.com.br/produto/233226-serve--amazon-echo-auto.htm. Acesso em: 17 jul. 2023.

AMAZON. **Amazon Alexa**. [*S. l.*]: Amazon, c2023. Aplicativo.

AMAZON. Dispositivos Echo: redescubra o que é possível com a Amazon e Alexa. **Amazon**, c2023. Disponível em: https://www.amazon.com.br/b?node=19877613011. Acesso em: 17 jul. 2023.

AMAZON. Página inicial. São Paulo, 2023. Disponível em: https://www.amazon.com.br/. Acesso em: 10 jul. 2023.

APP STORE. **Aplicativo Amazon Alexa**. [*S. l.*], 2023. Disponível em: https://apps.apple.com/us/app/amazon-alexa/id944011620. Acesso em: 10 jul. 2023.

APP STORE. **Aplicativo Google Home**. [*S. l.*], 2023. Disponível em: https://apps.apple.com/br/app/google-home/id680819774. Acesso em: 10 jul. 2023.

APP STORE. **Aplicativo Smart Life – Smart Living**. [*S. l.*], 2023. Disponível em: https://apps.apple.com/br/app/smart-life-smart-living/id1115101477. Acesso em: 10 jul. 2023.

CAVALCANTE, Marisa Almeida; RODRIGUES, Thais Tokashiki Tavares; BUENO, Darlene Andrea. Controle remoto: princípio de funcionamento (parte 1 de 2). **Caderno Brasileiro de Ensino de Física**, v. 30, n. 3, p. 554-565, 2013. Disponível em: http://dx.doi.org/10.5007/2175-7941.2013v30n3p554. Acesso em: 15 ago. 2023.

CAVALCANTE, Marisa Almeida; RODRIGUES, Thais Tokashiki Tavares; BUENO, Darlene Andrea. Controle remoto: observando códigos com o Arduino (parte 2 de 2). **Caderno Brasileiro de Ensino de Física**, v. 31, n. 3, p. 614-641, 2014. Disponível em: https://doi.org/10.5007/2175-7941.2014v31n3p614. Acesso em: 15 ago. 2023.

CAVALCANTE, Marisa Almeida; TAVOLARO, Cristiane Rodrigues Caetano; MO-LISANI, Elio. Física com Arduino para iniciantes. **Revista Brasileira de Ensino de Física**, v. 33, p. 4503-4503, 2011. Disponível em: https://doi.org/10.1590/S1806-11172011000400018. Acesso em 9 jan. 2024.

CIRIACO, Douglas. O que é Arduino? **Canaltech**, 19 jun. 2015. Disponível em: https://canaltech.com.br/hardware/o-que-e-arduino/. Acesso em: 15 ago. 2023.

COMO fazer um robô de rega inteligente. Curso Manual Maker. Aula 6. [*S. L: s. n.*], 2019. 1 vídeo (16 min). Publicado pelo canal Manual do Mundo. Disponível em: https://www.youtube.com/watch?v=_xRyePvaMqU. Acesso em: 15 ago. 2023.

CONNECTIVITY STANDARDS ALLIANCE. Zigbee. **Connectivity Standards Alliance, c2022.** Disponível em: https://csa-iot.org/all-solutions/zigbee/. Acesso em: 29 ago.2023.

COOLKIT TECHNOLOGY. **eWeLink**: smart home. [*S. l.*]: CoolKit Technology, 2015. Aplicativo.

COSTA, Larissa. Controle remoto universal: 8 modelos para facilitar sua vida. **TechTudo**, 18 mar. 2022. Disponível em: https://www.techtudo.com.br/listas/2022/03/controle-remoto-universal-8-modelos-para-facilitar-sua-vida.ghtml. Acesso em: 15 ago. 2023.

ERGEN, Sinem Coleri. Zigbee/IEEE 802.15.4 summary. **UC Berkeley**, v. 10, n. 17, p. 11, 2004. Disponível em: https://pages.cs.wisc.edu/~suman/courses/707/papers/zigbee.pdf. Acesso em: 29 ago. 2023.

FECHADURA eletrônica: como instalar do zero? [*S. l.: s. n.*], 2021. 1 vídeo (2 min). Publicado pelo canal Leroy Merlin Brasil. Disponível em: https://youtu.be/ohVKwPZdQBw. Acesso em: 18 jul. 2023.

GAYA. Página inicial. [*S. l.*], 2023. Disponível em: https://gaya.com.br/. Acesso em: 10 jul. 2023.

GOOGLE ASSISTENTE. **OK Google**. [*S. l.*], 2023. Disponível em: https://assistant.google.com/intl/pt_br/. Acesso em: 10 jul. 2023.

GOOGLE ASSISTENTE. Página inicial. **Google**, 2017. Disponível em: https://assistant.google.com/intl/pt_br/. Acesso em: 15 ago. 2023.

GOOGLE PLAY. **Aplicativo Amazon Alexa**. [*S. l.*], 2023. Disponível em: https://play. google.com/store/apps/details?id=com.amazon.dee.app&hl=pt_BR&gl=US. Acesso em: 10 jul. 2023.

GOOGLE PLAY. **Aplicativo Google Home**. [*S. l.*], 2023. Disponível em: https://play.google. com/store/apps/details?id=com.google.android.apps.chromecast.app&hl=pt_BR&-gl=US. Acesso em: 10 jul. 2023.

GOOGLE PLAY. **Aplicativo Smart Life – Smart Living**. [*S. l.*], 2023. Disponível em: https://play.google.com/store/apps/details?id=com.tuya.smartlife&hl=pt_BR&gl=US. Acesso em: 10 jul. 2023.

GOOGLE. Dispositivos Google Nest. **Google**, 2019. Disponível em: https://support. google.com/googlenest/answer/7029281?hl=pt-BR. Acesso em: 15 ago. 2023.

GOOGLE. **Google Home**. [*S. l.*]: Google, c2023. Aplicativo.

MATTEDE, Henrique. Interruptor three way, automatização direto no celular! **Mundo da Eletrônica**, 6 out. 2022. Disponível em: https://www.mundodaeletrica.com.br/ interruptor-three-way-automatizacao-direto-no-celular/. Acesso em: 15 ago. 2023.

NABU CASA. **Home Assistant**. [*S. l.*]: Nabu Casa, 2019. Aplicativo.

NOVADIGITAL. **Manual do usuário**: controle inteligente infravermelho. Modelo SRW-004. São Paulo: Nova Digital, 2022. Disponível em: https://api.novadigitalsmart.com. br/uploads/user_manual_07072022_29eda-5b4fc.pdf. Acesso em: 15 ago. 2023.

NOVADIGITAL. **NovaDigital**. [*S. l.*]: NovaDigital, c2020. Aplicativo.

OLIVEIRA, Luiz Edson Mota de. Espectro da radiação solar e absorção dos pigmentos envolvidos na fotossíntese e quantificação dos teores de clorofilas e carotenoides. **Temas em Fisiologia Vegetal**, 2019. Disponível em: http://www.ledson.ufla.br/ praticas-laboratoriais-em-fisiologia-vegetal/espectro-absorcao-radiacao/. Acesso em: 15 ago. 2023.

PINK Farms: a maior fazenda vertical urbana da América Latina. [*S. l.: s. n.*], 2020. 1 vídeo (3 min). Publicado pelo canal Pink Farms. Disponível em: https://www.youtube. com/watch?v=shBBgKpehuk. Acesso em: 15 ago. 2023.

POSITIVO CASA INTELIGENTE. Página inicial. [*S. l.*], 2023. Disponível em: https://www. positivocasainteligente.com.br/. Acesso em: 10 jul. 2023.

SAMSUNG ELECTRONICS. **SmartThings**. [*S. l.*]: Samsung Electronics, 2017. Aplicativo.

SEPARAÇÃO de pedidos na prática. Logística. Picking na prática. [S. l.: s. n.], 2023. 1 vídeo (2 min). Publicado pelo canal Logística com Ferreira. Disponível em: https://www.youtube.com/watch?v=6neZ4FtWmIw. Acesso em: 29 ago. 2023.

TASCHIBRA. Página inicial. [S. l.], 2023. Disponível em: https://www.taschibra.com.br/pt_BR. Acesso em: 10 jul. 2023.

TUYA SMART. **Tuya Smart**, 2015. Aplicativo.

TUYA. Página inicial. **Tuya**, c2024. Disponível em: https://www.tuya.com/. Acesso em: 10 jul. 2023.

VARMA, Chatur. Google Home newlogo 2020. **Wikimedia Commons**, 29 out. 2020. Disponível em: https:// commons.wikimedia.org/wiki/File:Google_Home_newlogo_2020.png. Acesso em: 12 jul. 2023.

VOLCANO TECHNOLOGY LIMITED. **Smart Life**: smart living. [S. l.]: Volcano Technology Limited, 2016. Aplicativo.

Prototipagem de soluções IoT para os centros urbanos

Cidades inteligentes: como a IoT afeta a forma de as pessoas se relacionarem na cidade

Discutiremos neste capítulo as características das cidades brasileiras na perspectiva das megacidades (populações acima de 10 milhões de habitantes). Considerando que as populações continuam migrando para as grandes cidades, há uma tendência de surgirem as denominadas megarregiões, isto é, conurbações de áreas, por exemplo, municípios vizinhos que se expandem horizontalmente a ponto de não ser possível identificar onde começa um e termina o outro.

Uma pergunta pertinente é: qual a relação entre o aumento do desenvolvimento urbano das cidades e a IoT? Caro leitor, será que estamos nos referindo somente à ampliação das redes de conexão para garantia da conectividade? Continue a leitura para compreender o conceito de cidades inteligentes e as relações que possuem com a cultura maker e com a utilização de componentes eletrônicos e de microcontroladores para a criação e implantação de sistemas IoT. O microcontrolador Arduino será apresentado em detalhes por realizar interface com computadores e diversos dispositivos que facilitam a conexão de componentes eletrônicos e circuitos elétricos externos.

1. Cidades inteligentes: um conceito em construção

Cidades inteligentes, ou *smart cities*, é uma denominação utilizada desde o final dos anos 1980 para caracterizar o uso e a aplicação das tecnologias da informação e da comunicação (TICs) nos diversos setores da sociedade. Este conceito tem evoluído ao longo das décadas à medida que inclui no modelo de desenvolvimento urbano aspectos associados a meio ambiente, serviços de segurança e assuntos públicos, industriais e comerciais.

Consideraremos a partir de agora alguns dados e informações sobre a realidade brasileira, com a ressalva de que, por se tratar de um país de grande extensão territorial, existem exceções às análises descritas.

Cerca de 85% da população brasileira mora em áreas urbanas (Brasil, [s. d.]), as quais são marcadas por desigualdades socioeconômicas e espaciais, em maior ou menor grau. Pessoas e grupos socialmente vulneráveis e que vivem em pequenas localidades isoladas, municípios de difícil acesso, bairros periféricos ou núcleos urbanos informais de grandes cidades têm seu direito a cidades sustentáveis comprometido.

A Lei n° 10.257, de 10 de julho de 2001, denominada Estatuto da Cidade, estabelece normas de ordem pública e interesse social, garantindo a todos os cidadãos o direito a transporte, moradia, saneamento ambiental, infraestrutura urbana, serviços públicos, trabalho e lazer, sem discriminar pessoas por deficiência, renda, orientação sexual, gênero, cor e idade. Por serem ações de política urbana, as quais são definidas na Constituição Brasileira, as iniciativas para as cidades inteligentes no país devem estar alinhadas às leis vigentes.

A discussão sobre cidades inteligentes surge em um momento de reflexões e em que são necessárias ações de gestão e governança dos territórios a fim de garantir os elementos e recursos fundamentais para a manutenção da vida na cidade de forma otimizada, sustentável e inovadora. Mas, afinal, o que são as cidades inteligentes? Pesquisas sobre definições e conceitos trouxeram três eixos como resultados recorrentes: tecnologia, pessoas e comunidade. A seguir, vamos entender cada um desse eixos.

Primeiramente, a tecnologia. Ela está relacionada ao uso das TICs, aplicadas a componentes e serviços de infraestrutura, tecnologias de redes sem fio, miniaturização de sistemas e tecnologia Wi-Fi inteligente, visando tornar difusa e eficiente a distribuição de informações em escala urbana. Em relação ao segundo ponto, pessoas, é possível afirmar que o desenvolvimento de dispositivos e sistemas inteligentes deve ter na outra ponta o usuário e seu bem-estar, em termos de conforto, segurança, praticidade e melhoria da qualidade de vida diária. A comunidade, a terceira perspectiva, destaca o senso de coletividade, isto é, os benefícios devem ser pensados de forma sistêmica e de modo a ter grande alcance nos setores de educação, cultura, mobilidade, arquitetura, logística, inclusão social e gestão dos equipamentos da cidade – basicamente, deve-se buscar satisfazer as necessidades da sociedade de forma igualitária.

Esse cenário com foco em tecnologia, pessoas e comunidade chama a atenção para o fato de que projetos e sugestões devem alcançar e extrapolar a dimensão da primeira camada, aquela referente ao cliente. Se seu trabalho envolve pesquisa e desenvolvimento de produtos, reflita sobre como eles podem ser adaptados para uma versão mais acessível, inclusiva e aberta, a fim de que mais pessoas – e a comunidade como um todo – colham os benefícios e usufruam deles promovendo a difusão e a inclusão digital em uma escala maior.

Tecnologias urbanas com acessibilidade e sustentabilidade para moradia, transporte, saúde, mobilidade e educação

Considerando as leis e os artigos previstos na Constituição, fica clara a necessidade de promover iniciativas para cidades inteligentes que vão além de um modelo tecnológico de oferta de bens e produtos. Faz-se urgente que um olhar estritamente técnico e tecnológico amadureça para uma visão mais holística, humana e sustentável, o que pressupõe considerar os componentes criatividade, educação, inclusão social, capital humano e governança.

A governança de cidades que adotam o discurso de se tornarem inteligentes é mais difícil e complexa do que a de cidades sem esse propósito. Isso ocorre devido à necessidade de processos dinâmicos que envolvam os setores público e privado em prol da cocriação de valores que beneficiem a sociedade como um todo, garantindo assim a acessibilidade e a sustentabilidade de projetos com sistemas IoT para habitação, mobilidade, saúde, segurança e educação.

2. *Carta brasileira para cidades inteligentes*: balizadores

A *Carta brasileira para cidades inteligentes* foi elaborada a várias mãos ao longo de dois anos e publicada em dezembro de 2020. Ela tem o objetivo de divulgar uma agenda pública para a transformação digital das cidades vinculada à agenda de desenvolvimento urbano sustentável. Contém princípios, diretrizes e oito objetivos estratégicos com suas respectivas recomendações. Observe a definição para cidades inteligentes no Brasil:

> Cidades inteligentes são cidades comprometidas com o desenvolvimento urbano e a transformação digital sustentáveis, em seus aspectos econômico, ambiental e sociocultural, que atuam de forma planejada, inovadora, inclusiva e em rede, promovem o letramento digital, a governança e a gestão colaborativas e utilizam tecnologias para solucionar problemas concretos, criar oportunidades, oferecer serviços com eficiência, reduzir desigualdades, aumentar a resiliência e melhorar a qualidade de vida de todas as pessoas, garantindo o uso seguro e responsável de dados e das tecnologias da informação e comunicação (Brasil, [s. d.]).

A seguir, apresentamos os princípios balizadores, as diretrizes norteadoras (quadro 1) e os objetivos estratégicos (quadro 2) estabelecidos na *Carta brasileira para cidades inteligentes*.

Quadro 1 – Visão geral dos cinco princípios balizadores e das seis diretrizes norteadoras da *Carta brasileira para cidades inteligentes*

Cinco princípios balizadores	Seis diretrizes norteadoras
• Visão sistêmica da cidade e da transformação digital • Integração dos campos urbano e digital • Conservação do meio ambiente • Interesse público acima de tudo • Respeito à diversidade territorial brasileira em seus aspectos culturais, sociais, econômicos e ambientais	• Estimular o protagonismo comunitário • Promover o desenvolvimento urbano sustentável • Colaborar e estabelecer parcerias • Construir respostas para os problemas locais • Promover educação e inclusão digital • Decidir com base em evidências

Fonte: adaptado de Sousa Júnior *et al.* (2021).

Quadro 2 – Visão geral dos oito objetivos estratégicos da *Carta brasileira para cidades inteligentes*

Objetivos estratégicos
1. Integrar a transformação digital nas políticas, programas e ações de desenvolvimento urbano sustentável, respeitando as diversidades e considerando as desigualdades presentes nas cidades brasileiras.
2. Prover acesso equitativo à internet de qualidade para todas as pessoas.
3. Estabelecer sistemas de governança de dados e de tecnologias, com transparência, segurança e privacidade.
4. Adotar modelos inovadores e inclusivos de governança urbana e fortalecer o papel do poder público como gestor de impactos da transformação digital nas cidades.

(cont.)

Objetivos estratégicos
5. Fomentar o desenvolvimento econômico local no contexto da transformação digital.
6. Estimular modelos e instrumentos de financiamento do desenvolvimento urbano sustentável no contexto da transformação digital.
7. Fomentar um movimento massivo e inovador de educação e comunicação públicas para maior engajamento da sociedade no processo de transformação digital e de desenvolvimento urbano sustentáveis.
8. Construir meios para compreender e avaliar, de forma continua e sistêmica, os impactos da transformação digital nas cidades.

Fonte: adaptado de Sousa Júnior *et al.* (2021).

Durante o desenvolvimento dos projetos e sistemas IoT, devemos ter em mente os princípios balizadores e objetivos estratégicos estruturados na carta para a criação de soluções inteligentes para as cidades.

O Decreto nº 9.854, de 25 de junho de 2019, institui o Plano Nacional de Internet das Coisas e dispõe sobre a Câmara de Gestão e Acompanhamento do Desenvolvimento de Sistemas de Comunicação Máquina a Máquina e Internet das Coisas. Este documento é de grande relevância, na medida em que se tornam necessárias normas para contemporização e balizamento da proteção e privacidade de dados pessoais, identificação, rastreamento, *profiling* e *lifecycle*, devido aos potenciais efeitos adversos da comunicação promovida pela IoT.

3. Projetos para cidades inteligentes: como soluções IoT podem impactar a vida dos cidadãos?

Os problemas dos grandes centros urbanos ao redor do planeta são praticamente iguais. O que muda são as proporções desses problemas, e, é claro, as medidas mitigadoras implantadas pelos gestores para resolvê-los. Quando falamos de megacidades, os desafios são inúmeros: trânsito, alagamentos, gestão de resíduos, iluminação. Torna-se cada vez mais necessário pensar em como sistemas IoT ou híbridos podem contribuir para a redução e gestão sustentável dessas questões, reconhecendo, para isso, o papel que a rede sem fio desempenha em soluções IoT para a cidade.

O adensamento populacional, a produção de resíduos sólidos (equivocadamente considerados lixo), a necessidade de deslocamento pela cidade e a iluminação das ruas podem parecer questões distintas, sendo gerenciadas de forma independente, mas, na verdade, estão intrincadas e relacionadas. Uma mudança em qualquer um desses pontos afeta diretamente o outro.

Vejamos um exemplo: o aumento da construção de edifícios em áreas que antes eram ocupadas por casas acarretará um impacto significativo na produção de lixo. Façamos uma conta rápida. Considerando que cada pessoa produz 1 kg de lixo por dia, um prédio de 15 andares, com 4 apartamentos por andar, habitados por 3 moradores cada, e 1 vaga de garagem por apartamento, totalizará 180 moradores, 60 veículos e 180 kg de lixo por dia. Tudo isso em uma área que era anteriormente ocupada por 10 casas com 6 moradores e 2 vagas de garagem cada, totalizando 60 moradores, 20 carros e 60 kg de lixo produzido. A diferença é gritante.

Entendemos que, à medida que aumenta a quantidade de pessoas residindo em uma área, aumentam também o trânsito de moradores e de serviços, a necessidade de escoamento do lixo e a quantidade de energia e água para atender às demandas do dia a dia. Se o acondicionamento do lixo é malfeito e a coleta é insuficiente, por exemplo, haverá o entupimento de bueiros e, consequentemente, alagamentos em dias de chuvas torrenciais. A esse respeito, em megacidades a pavimentação das ruas também reduz as áreas de solo permeável, impedindo a infiltração da água.

No site SP Regula, a Prefeitura de São Paulo apresenta por categorias os dados mensais dos resíduos sólidos coletados: domiciliar comum e seletiva, saúde, construção civil, varrição e resíduos orgânicos. Esses resíduos somam um total de 20 mil toneladas por mês. São 2.282 viagens diárias de caminhões de coleta que comportam 12 toneladas. O lixo é encaminhado para dois aterros sanitários, localizados na zona leste e na zona sul da cidade (Resíduos [...], 2023). Segundo a revista *Network King*, a parcela da população mundial exposta a riscos de inundações aumentou quase um quarto desde 2000. E, até 2030, milhões sofrerão as consequências do avanço dos alagamentos devido não só a mudanças climáticas, mas também demográficas, segundo um estudo que analisou imagens de satélite e constatou que a taxa de crescimento das enchentes é muito maior do que o previsto por modelos computacionais (Zabeu, 2022).

Esse é o cenário que teremos como base para levantar possibilidades de solução utilizando sistemas inteligentes, criatividade, inovação e, claro, civilidade, pois o desenvolvimento de soluções passa pela conscientização e pelo envolvimento da população. Nesse sentido, o uso de aplicativos que incentivem a participação da comunidade pode alimentar um banco de dados que, depois de analisado, fornecerá informações valiosas. Ao consultar e utilizar essas informações, os gestores têm a oportunidade de criar políticas públicas mais assertivas.

Vale lembrar que sistemas IoT pressupõem:

- sensores e dispositivos de comunicação para monitoramento;
- informações enviadas para uma central de processamento;
- geração de dados e otimização de ações (respostas);
- envio de comandos a distância;
- resposta positiva de solução ou mitigação do problema.

Soluções IoT sustentáveis: menor consumo energético, maior eficiência em monitoramento e manutenção

Vamos tomar como exemplo o primeiro dos grandes problemas que afetam as cidades, os alagamentos. Na maioria dos casos, as causas dos alagamentos estão relacionadas a um conjunto de variáveis ligadas à infraestrutura, impermeabilização do solo, sistema de escoamento de água, entre outras. Nesse sentido, o gerenciamento dos resíduos sólidos pode contribuir para mitigar a questão, mantendo, por exemplo, os bueiros desimpedidos, o que viabiliza o escoamento adequado das águas da chuva, sem barreiras físicas como colchões, sacos com lixo e outros objetos volumosos.

Com isso em mente, podemos pensar que os coletores de lixo distribuídos pelas ruas de uma cidade não ficam cheios ao mesmo tempo nem com o mesmo volume de resíduos depositados e que, assim, o uso de sensores IoT combinado com análise de dados pode prever quando e onde as lixeiras provavelmente ficarão cheias. Isso ajudaria a otimizar os cronogramas de coleta e garantiria que os recursos sejam alocados de forma eficiente.

Algumas tecnologias IoT permitem também a criação de mapas de inundações e ferramentas de visualização que mostram dados de inundações em tempo real. Esses mapas podem ser acessíveis tanto às autoridades municipais como à população e fornecem informações para a tomada de decisões e para a segurança geral, permitindo que pedestres e motoristas evitem regiões alagadas, por exemplo.

Para as cidades que ficam nas margens de rios, sensores de monitoramento IoT podem ser implantados em áreas propensas a inundações. Esses sensores medem em tempo real os níveis de água, precipitação e outros dados ambientais relevantes. Quando os níveis da água sobem além de determinado limite, os sensores enviam alertas às autoridades municipais e aos residentes da região, possibilitando respostas antecipadas. Um pareamento desse sistema com outro de gerenciamento de tráfego, em que haja priorização de veículos de emergência, com ajuste dos sinais de trânsito para dar-lhes passagem prioritária, poderá garantir tempos de resposta mais rápidos.

A prefeitura da cidade do Rio de Janeiro realiza uma monitoração a fim de identificar alagamentos e gerar alertas para que sejam possíveis ações imediatas em dias de chuva forte. O equipamento utilizado para isso, chamado Noah Flood, possui uma rede de sensores com a função de medir a altura da água na superfície durante as chuvas e aciona um sinal sonoro a cada dois minutos para indicar a ocorrência da medição.

Em Belo Horizonte, no estado de Minas Gerais, uma empresa desenvolveu um sistema de baixo custo, com tecnologia nacional, usando sensores para integrar os dados coletados de mais de duzentas estações pluviométricas para melhorar as previsões e a gestão de acidentes climáticos e ambientais.

Pensando em outras questões que desafiam as cidades, sensores e câmeras IoT podem acionar mudanças de sinal para priorizar a segurança e reduzir acidentes ao detectar a presença de ciclistas, deficientes visuais ou pessoas com restrição de mobilidade, que requeiram maior tempo de travessia em faixas de pedestres e cruzamentos.

Sistemas IoT relacionados à segurança e ao conforto também podem estar diretamente integrados a câmeras de segurança e sensores de movimento, o que aumenta a segurança pública. As luzes dos postes de rua, por exemplo, podem se intensificar automaticamente em resposta a movimentos ou incidentes detectados, de modo a melhorar a visibilidade e inibir atividades criminosas.

Os postes de luz também podem ter também funções múltiplas. Por exemplo, podem ser equipados com sensores ambientais para monitorar a qualidade do ar, a temperatura, a umidade e os níveis de ruído. Esses dados podem ser usados para monitoramento ambiental e urbano.

Outra possibilidade é a redução da intensidade luminosa quando não há atividade na rua, aumentando-se o brilho ao serem detectados movimentos ou pedestres, o que resultaria em economia de energia (e, na escala dos grandes centros urbanos, essa economia é significativa).

Como pode ser observado, algumas dessas medidas de implantação de sistemas IoT buscam a redução do consumo dos recursos naturais e a sua integração com sistemas de monitoramento e manutenção, garantindo a qualidade do produto e a mitigação ou solução dos problemas identificados.

IoT e a cultura maker: como se relacionam

Em capítulos anteriores, caracterizamos a IoT. Cabe agora explicar a cultura maker para então encontrarmos pontos convergentes com a IoT e desenvolver projetos e propostas de implantação de sistemas IoT mais robustos e inovadores.

O movimento maker está atrelado à filosofia do "faça você mesmo", que se refere ao ato de "colocar a mão na massa" e que, em inglês, é conhecida pela sigla DIY – *do it yourself*.

Sua origem remonta ao movimento *arts and crafts*, do final do século XIX, cuja premissa foi a defesa e o retorno do trabalho de design criativo e autoral do artesão, suprimido pelos efeitos da mecanização e massificação dos produtos decorrentes da Revolução Industrial. Esse movimento resgatou o valor do trabalho autoral e da criação de objetos e modelos. Envolve conceitos da ciência da engenharia, com etapas de planejamento, construção, prototipagem e testagem, tendo como diferencial, a partir do século XX, a utilização de equipamentos mais acessíveis em termos de porte, manuseio e custo, viabilizada pelo desenvolvimento tecnológico.

Os espaços maker e os *fab labs* são laboratórios de fabricação digital abertos à comunidade. Estão espalhados pelo mundo e caracterizam-se pelo desenvolvimento de projetos de forma colaborativa, tendo como propósito a promoção, dentre outras coisas, da criação livre, da autoria e da autonomia. Na cidade de São Paulo, por exemplo, há mais de dez *fab labs* livres que oferecem gratuitamente cursos e oficinas para fabricação de protótipos com uso de modelagem 3D, eletrônica e equipamentos avançados, como impressoras 3D, fresadoras e cortadoras a laser. Algumas empresas particulares e escolas da rede de ensino pública e privada têm investido recursos para a criação desses laboratórios. Pesquise se na sua cidade existe algum espaço maker.

Podemos identificar, portanto, uma relação estreita entre a IoT e a cultura maker, uma vez que ambas enfatizam a criatividade, a inovação e a colaboração para criar soluções personalizadas e dispositivos conectados. Portanto, além de construir uma peça, trata-se de desenvolver a criatividade tecnológica para a resolução de problemas, para o desenvolvimento de protótipos funcionais com testagem em ambientes controlados e para aproximar do cotidiano as inovações do setor industrial, a fim de que também beneficiem pessoas e comunidades.

Essa criatividade será de grande valia, por exemplo, para solucionar problemas como o *e-waste*, o descarte ou a substituição de produtos e aparelhos que perdem sua funcionalidade ou se tornam ultrapassados e obsoletos. Como lidar de forma sustentável com o descarte de resíduos cujos componentes ainda têm uma vida longa? Como as cidades inteligentes estão estruturando a governança urbana para o descarte correto de componentes tecnológicos?

4. Redes sem fio e infraestrutura de conectividade aberta em locais públicos

LoRaWAN (*long range wide area network*) é um dos protocolos de redes sem fio de longo alcance, projetado especificamente para a IoT. Ele é utilizado em redes de sensores e dispositivos de baixa potência, permitindo a comunicação de dados em distâncias mais longas com baixo consumo de energia.

O alcance longo em comparação com outras tecnologias IoT e a capacidade de penetrar obstáculos, como paredes e edifícios, torna a LoRaWAN uma opção adequada para ambientes urbanos. Sua cobertura no modelo de topologia de rede estrela (dispositivos finais que se comunicam com uma estação-base central) e o fato de operar em faixas de frequência não licenciadas facilitam sua implementação, pois não há a necessidade de adquirir licenças especificas.

No quesito segurança, a LoRaWAN utiliza criptografia para garantir comunicação segura entre os dispositivos e a rede.

A criação de um padrão de comunicação, a tecnologia dominante para redes de longa distância e a baixa potência para aplicações de IoT em massa, com a adesão das empresas Microsoft e Amazon Web Services, fizeram disparar a confiança da indústria no LoRaWAN. O padrão aberto e as soluções de conectividade interoperáveis foram os diferenciais para esse protocolo ganhar mercado.

5. Microcontroladores e IoT

Os microcontroladores (figura 1) estão presentes em praticamente todos os dispositivos eletrônicos digitais à nossa volta: eletrodomésticos, smartphones, sistemas de segurança, TVs, controles remotos, brinquedos eletrônicos, carros, entre outros – sem esquecer, obviamente, dos dispositivos IoT. Eles são programados para executar funções específicas nos dispositivos eletrônicos aos quais estão integrados e desempenham um papel fundamental no funcionamento desses equipamentos.

Também conhecidos como MCU (*microcontroller unit*), os microcontroladores podem ser considerados computadores de chip único. Mais especificamente, um microcontrolador é programável e composto por vários elementos internos. Contém uma unidade central de processamento (CPU – *central processing unit*) e periféricos necessários para o seu funcionamento, como memória de dados e de programas e gerenciamento de entradas e saídas (E/S, do inglês I/O – *input/output*). Também é possível que apresentem outros periféricos, a depender do modelo – por exemplo, conversor analógico-digital (A/D), temporizador (*timer*), PWM (*pulse-width modulation*), controladores de interrupção, comparadores de tensão, interfaces de comunicação (serial, USB, ethernet, I2C, SPI, UART, etc.) e relógio (*clock*). Por isso, os MCU podem ser chamados de computador de um só chip.

Figura 1 – Alguns modelos de microcontroladores

É possível encontrar no mercado diversos modelos e marcas de microcontroladores. Seus formatos dependem de diversos fatores, como capacidade de memória, velocidade de processamento, quantidade e tipos de periféricos. Seus valores dependerão de modelo, marca e funções, porém em geral são relativamente baixos, uma vez que sua produção é realizada em larga escala pelos fabricantes.

A popularização dos microcontroladores, somada à oferta crescente de diversos outros dispositivos eletrônicos, como sensores e atuadores, tem contribuido enormemente para a difusão de dispositivos IoT. Além de estarem presentes nos diversos dispositivos eletrônicos que utilizamos rotineiramente, os microcontroladores também estão embarcados em placas de prototipagem.

6. Placas de prototipagem

As placas de prototipagem são muito úteis para testar os projetos em fase de desenvolvimento antes da produção em massa do produto para venda. Isso porque essas placas oferecem, além do microcontrolador, uma série de outros componentes para realizar a interface com computadores, como portas USB, ethernet, botões, LEDs, conversores de tensão, entre outros dispositivos E/S que facilitam a conexão de componentes eletrônicos e circuitos elétricos externos.

É possível programar e reprogramar com mais facilidade o microcontrolador embarcado na placa de prototipagem e, assim, testar e modificar o projeto em desenvolvimento quantas vezes forem necessárias. Sua programação é feita a partir de softwares instalados em computadores por meio de um ambiente de desenvolvimento integrado (IDE – *integrated development environment*) criado pelos próprios fabricantes, no qual é possível programar todo o funcionamento dos microcontroladores e enviar o código já compilado para o dispositivo, normalmente por uma interface USB.

Existem modelos diversos de placas de prototipagem disponíveis no mercado, feitas para atender diversos públicos, como educadores, empreendedores, makers, profissionais e amadores, entre outros. Arduino, Makey Makey, Micro:bit, ESP32, Adafruit, Mbed, STM32, e Raspberry Pi Pico são apenas alguns exemplos de placas de prototipagem que podem ser encontradas com facilidade no mercado.

Plataforma Arduino

A plataforma Arduino foi desenvolvida em 2005 com a proposta de facilitar o acesso a tecnologias de prototipagem e possibilitar que pessoas com pouco ou nenhum domínio nas áreas de programação e eletrônica desenvolvam seus projetos digitais com interação no mundo físico. Ela é baseada em softwares e hardwares livres, o que influenciou seu baixo custo de produção e sua grande popularização no mercado mundial. Atualmente, a plataforma Arduino é uma das mais conhecidas e utilizadas.

Placas Arduino

Desde o lançamento da primeira placa Arduino, muitas atualizações, versões e modelos foram lançados (figura 2), de modo que surgiu uma verdadeira família de placas Arduino com diversas finalidades.

> **Para saber mais**
>
> Todos os modelos disponíveis no mercado podem ser encontrados no site oficial da plataforma Arduino.

Figura 2 – Placas Arduino diversas

Da família Arduino, a placa Arduino UNO (figura 3) é a mais popular. Resumidamente, o modelo Arduino UNO R3 está baseado no microcontrolador ATmega328P, com uma conexão USB, um conector de alimentação e um botão de *reset*. Possui seis pinos analógicos que permitem a medida de tensões externas e a recepção de informações de uma série de sensores, como de temperatura, pressão, umidade, distância, luminosidade, entre outros. Também possui catorze pinos de entrada/saída digitais, nos quais é possível ler ou escrever dois estados, 0/1 ou HIGH/LOW, e, consequentemente, controlar diversos atuadores. Seis destes pinos digitais podem atuar como PWM.

Figura 3 – Placa Arduino UNO

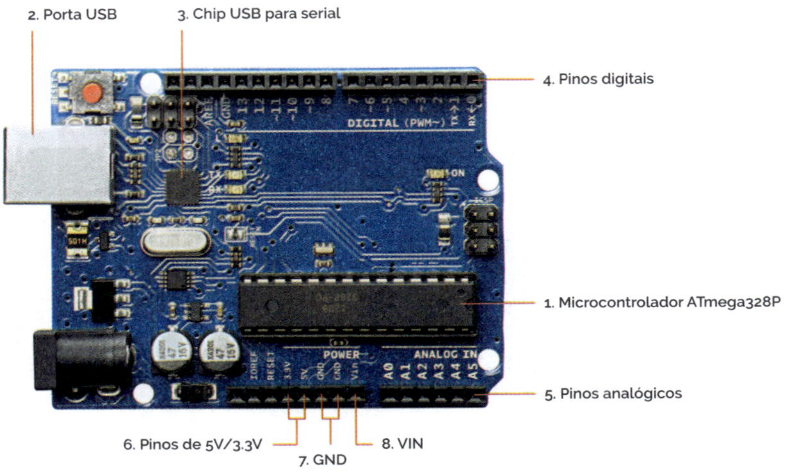

Principais componentes de uma placa Arduino UNO:

1. Microcontrolador ATmega328P.

2. Porta USB – conecta a placa Arduino ao computador por meio de cabo USB.

3. Chip USB para serial – traduz os dados recebidos do computador para que sejam lidos pelo Arduino. É o componente que permite programar a placa Arduino pelo computador.

4. Pinos digitais – são pinos que utilizam lógica digital (0/1 ou HIGH/LOW). Geralmente são usados como interruptores e para ligar/desligar um dispositivo digital, como um LED.

5. Pinos analógicos – são pinos que podem ler valores analógicos em uma resolução de 10 bits (0-1023).

6. Pinos de 5 V/3,3 V – são pinos usados para alimentar componentes externos.

7. GND – é também conhecido como terra ou negativo e utilizado para completar um circuito em que o nível elétrico esteja em 0 volt.

8. VIN – significa *voltage in* (tensão de entrada); é onde se pode conectar fontes de alimentação externas.

Ambiente de desenvolvimento (IDE)

Para programar a placa Arduino, é necessário um software no qual seja possível escrever um programa, compilá-lo em código de máquina e, finalmente, enviá-lo para a placa. Essas etapas podem ser realizadas em um ambiente de desenvolvimento integrado (IDE) que pode ser obtido gratuitamente no site do Arduino (figura 4).

Também conhecido como Arduino IDE, este programa ou aplicativo possui duas versões, Arduino IDE 1.8.x (versão clássica) e Arduino IDE 2 (versão mais recente), as quais podem ser baixadas e instaladas no computador. Há também a versão Arduino Cloud Editor, que pode ser utilizada on-line.

Figura 4 – Tela principal do novo ambiente de desenvolvimento integrado do Arduino

Fonte: Arduino (c2023).

Módulos para plataforma Arduino

O desenvolvimento de projetos IoT com a placa Arduino depende do acoplamento de sensores e atuadores que possam realizar a interação entre o ambiente físico e digital.

Essa integração é realizada por meio de circuitos elétricos que apresentam diferentes graus de complexidade, de acordo com o tipo de dispositivo. Inicialmente, isso era um grande problema para pessoas com pouco conhecimento em eletrônica. Porém, atualmente, é possível encontrar diversos módulos de sensores e atuadores – por exemplo, módulos de luminosidade, temperatura, microfone, Bluetooth, umidade e gás – com circuitos integrados já prontos para uso e que necessitam apenas de ligações com os pinos de E/S do Arduino.

Esses módulos (figura 5) são facilmente encontrados no mercado a preços bastante atrativos, facilitando o desenvolvimento de protótipos e projetos de IoT autorais e personalizados.

Figura 5 – Módulos para Arduino

Possibilidades de projetos com Arduino com impactos positivos na cidade

Uma infinidade de projetos de IoT podem ser desenvolvidos com a plataforma Arduino, uma vez que a quantidade de sensores e as possibilidades de integração com outros dispositivos e aplicativos são crescentes.

Muitos protótipos inicialmente desenvolvidos com o Arduino podem vir a se tornar produtos reais que auxiliam na solução de problemas diversos, sejam eles de pequeno, médio ou grande porte, como lixeiras inteligentes que avisam quando estão cheias, alarmes de inundação para o monitoramento do nível da água de rios e sinalização de vagas disponíveis para a gestão de estacionamento em cidades.

Prototipagem virtual com Arduino

Engana-se quem pensa que para programar uma placa Arduino é preciso tê-la em mãos. É possível prototipar, programar e simular o funcionamento de projetos com Arduino de maneira virtual, por meio de programas que operam de forma on-line ou, em alguns casos, também off-line.

A prototipagem virtual oferece muitas vantagens. Com ela, você pode criar e testar os circuitos elétricos sem se preocupar com a possibilidade de errar na montagem e danificar algum dispositivo. É possível que você trabalhe simultaneamente em vários projetos, sem elevar seus gastos com a compra de grandes quantidades de placas Arduino ou de componentes eletrônicos necessários para testar suas ideias.

Um simulador de boa qualidade disponibiliza diversos componentes eletrônicos para a montagem dos circuitos elétricos virtuais e, em alguns casos, permite a criação ou importação de componentes de bibliotecas externas para que você personalize seus projetos. Deve possuir, também, uma área reservada para a programação da placa Arduino, que é realizada a partir de linguagem textual ou até mesmo gráfica, por meio de blocos de programação. Com o circuito montado e a programação feita, é possível rodar a aplicação no simulador para verificar possíveis erros e realizar ajustes. Pesquisando na internet, você irá encontrar diversos simuladores de Arduino, como Tinkercad, Wokwi, Virtual Breadboard, PICSimLab, SimulIDE, UnoArduSim, entre outros, sendo muitos deles gratuitos.

Com todos os testes realizados no simulador e com o programa finalizado, é o momento de montar o seu projeto no mundo real. Depois de construir o circuito elétrico, conectar sensores e atuadores e concluir a parte física do seu projeto, basta realizar o upload do programa criado para a placa Arduino. Para isso, é só fazer o download do arquivo ou copiar e colar o código no Arduino IDE.

Lembre-se: ainda que as simulações sejam muito parecidas com as situações que ocorrem no mundo real, pequenos ajustes na montagem dos circuitos ou na programação podem ser necessários durante a construção do projeto.

Para exemplificar as possibilidades de uso dos simuladores para a prototipagem virtual de projetos com Arduino, utilizaremos o Tinkercad.

Tinkercad

O Tinkercad é um aplicativo web gratuito produzido pela Autodesk para desenvolvimento de projetos 3D, eletrônica e codificação. Para começar a usar o Tinkercad, é necessário se cadastrar no site, como mostra a figura 6.

Figura 6 – Tela principal do site Tinkercad

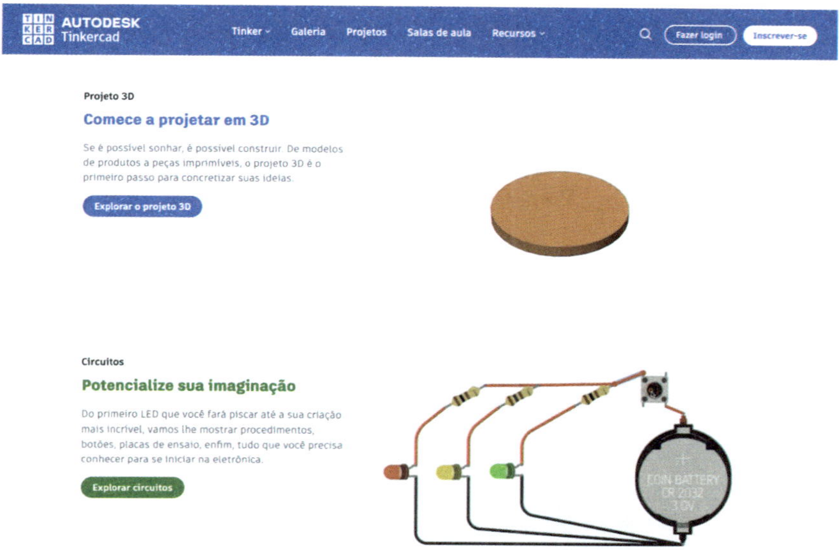

Fonte: Tinkercad (c2023).

Todos os projetos criados são salvos automaticamente na sua conta, sendo possível compartilhá-los de forma pública ou privada com outros usuários. O campo de busca do site permite que você encontre e acesse projetos de outros usuários, podendo remixá-los com as alterações que desejar fazer. Diversos recursos estão disponíveis na plataforma, como tutoriais para auxiliar quem está começando a usar a plataforma, área de dicas e truques, blog, área para educadores com planos de aula, entre outros.

Conhecendo o aplicativo Tinkercad Circuits

Para começar a projetar seus circuitos eletrônicos com o Tinkercad, é necessário realizar o login na plataforma e clicar em "Projetos". Na sequência, clique em "Criar" e selecione "Circuitos". Você será

redirecionado para a área de construção do circuito elétrico, deta-
lhada na figura 7.

Figura 7 – Aplicativo para a construção de circuitos elétricos do Tinkercad

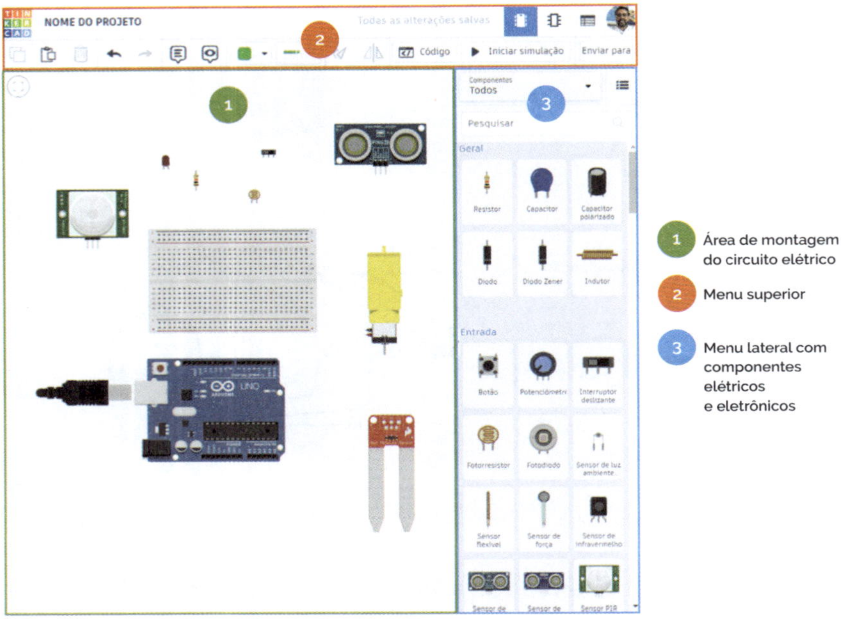

Fonte: Tinkercad (c2023).

Diversos componentes elétricos, módulos de atuadores e sensores, placas de ensaio (protoboard) e microcontroladores (Arduino
e Micro:bit) estão disponíveis no menu da lateral direita da tela do
aplicativo. Para adicionar um componente ao circuito, basta sele-
cioná-lo e arrastá-lo para a área de trabalho reservada para a construção do circuito.

O menu superior oferece ferramentas para ajustar algumas características no circuito elétrico e comandos para acessar a área de
programação, iniciar a simulação e realizar o download do arquivo
com o código do programa.

Acionando um dispositivo em um pino digital do Arduino

Os pinos digitais são normalmente utilizados como interruptores, para ligar ou desligar dispositivos digitais, pois funcionam com a lógica digital, também conhecida como sistema binário. Em outras palavras, trabalha com os estados 0 ou 1, LOW ou HIGH (em português, BAIXO ou ALTO), desligado ou ligado. A tensão elétrica nos pinos digitais de um Arduino pode chegar a 5 V, portanto, quando o pino digital está no estado LOW, sua tensão é nula e, quando está em estado HIGH, sua tensão é 5 V, com corrente contínua.

Sendo assim, os atuadores a serem acionados diretamente pelo Arduino devem trabalhar na faixa de tensão de 5 V. Na figura 8, é possível observar a conexão de um buzzer de 5 V ao Arduino. Repare que ele possui dois terminais, um positivo e o outro negativo, indicando que é polarizado. Isso significa que, para funcionar, deve ter o terminal negativo conectado ao pino GND, e o terminal positivo conectado à porta digital que se deseja programar para acioná-lo. Quando o pino digital está definido para o estado HIGH, o microcontrolador na placa Arduino permitirá que uma corrente elétrica flua através do circuito, fazendo o buzzer soar. Quando o pino é colocado no estado LOW, ele para de tocar, pois a corrente elétrica não está mais fluindo pelo circuito.

Figura 8 – Buzzer e circuito elétrico virtual construído no Tinkercad

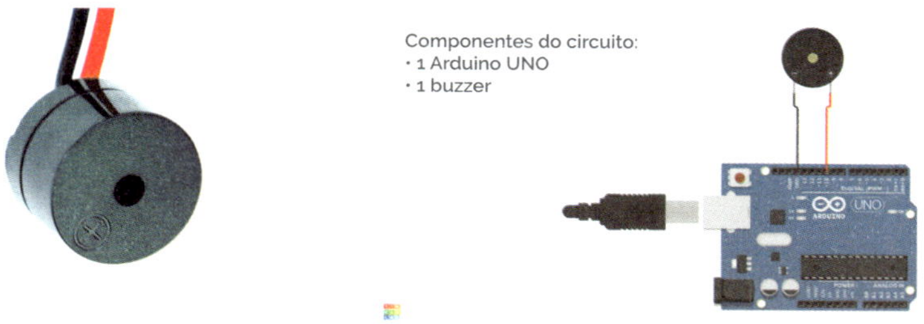

Componentes do circuito:
· 1 Arduino UNO
· 1 buzzer

Os LEDs, por sua vez, operam com tensões elétricas que podem variar de aproximadamente 1,6 V a 3,6 V e, por isso, precisam ser conectados em série a um resistor para que não queimem ou tenham sua vida útil reduzida.

Na figura 9, temos um circuito elétrico construído no Tinkercad contendo um LED verde em série com um resistor de 150 ohms e conectado ao Arduino. É importante destacar que esse componente também possui polarização e só funciona se estiver ligado corretamente, ou seja, o cátodo do LED (terminal mais curto) precisa estar ligado do lado do circuito que conecta o pino GND, e o ânodo (terminal mais longo) precisa estar ligado ao pino digital que será programado para acendê-lo.

Figura 9 – LED e circuito elétrico virtual construído no Tinkercad

Componentes do circuito:
· 1 Arduino UNO
· 1 LED verde
· 1 resistor de 150 ohms

Código de cores: marrom, verde, marrom

Mas você não precisa se assustar nem se preocupar com os circuitos elétricos mais complexos caso não domine a arte da eletrônica. Como já mencionamos, existem módulos de atuadores e sensores que já possuem o circuito elétrico integrado, neste caso para funcionar em 5 V ou 3,3 V, bem como a indicação de ligação dos terminais aos pinos do Arduino.

Depois de montar o circuito virtual, é o momento de programá-lo. No Tinkercad é possível realizar a programação por meio de blocos ou de forma textual (figura 10). Para isso, clique sobre "Código" no canto superior direito do menu e selecione a opção que que julgar mais conveniente: "Blocos", "Blocos + Texto" ou "Texto".

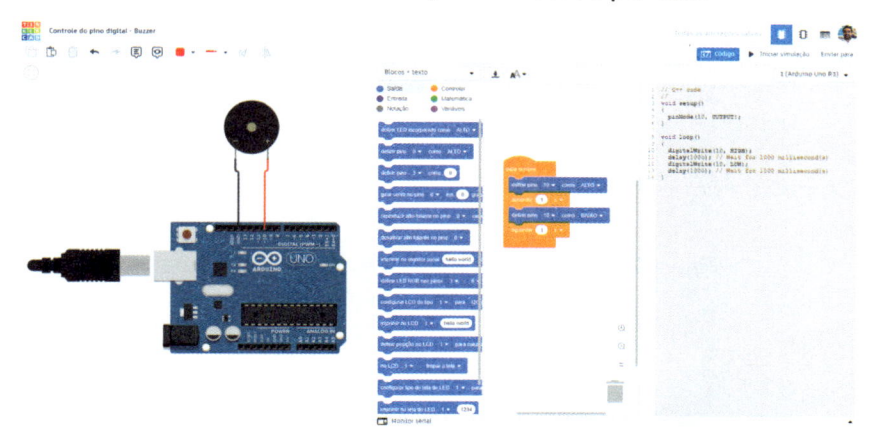

Figura 10 – Tela do Tinkercad contendo circuito elétrico
com buzzer e a codificação em blocos e por texto

O código apresentado neste exemplo faz com que o pino digital 10 (D10) ligue e desligue em intervalos de 1 segundo.

Observações sobre a programação em blocos:

- Bloco "para sempre": realiza o loop da programação, fazendo uma repetição infinita dos comandos que estão dentro dele.
- Bloco "definir pino __ como __": ajusta o pino digital escolhido de 1 a 13 para atuar no estado ALTO ou BAIXO.
- Bloco "aguardar__": pausa o programa pelo tempo indicado, mantendo o estado atual.

Observações sobre a programação em texto:

- void setup(): utilizado para inicializar variáveis, configurar o modo dos pinos (INPUT ou OUTPUT), inicializar bibliotecas, etc. A função setup() é executada apenas uma vez após a placa ser ligada ou se ocorrer um *reset*.
- pinMode(): configura o modo de operação do pino como INPUT (entrada) ou OUTPUT (saída).

- void loop(): utilizado para repetir a programação contida nela enquanto a placa estiver ligada.
- digitalWrite(): altera o estado da porta digital para HIGH ou LOW.
- delay(): pausa o programa pelo tempo indicado, mantendo o estado atual.

Observe a figura 11 a seguir.

Figura 11 – Programação do pino digital por blocos e por texto no Tinkercad

```
1   // C++ code
2   //
3   void setup()
4   {
5     pinMode(10, OUTPUT);
6   }
7
8   void loop()
9   {
10    digitalWrite(10, HIGH);
11    delay(1000); // Wait for 1000 millisecond(s)
12    digitalWrite(10, LOW);
13    delay(1000); // Wait for 1000 millisecond(s)
14  }
```

Para testar o funcionamento do seu protótipo, clique em "Iniciar a simulação". Independentemente do dispositivo conectado ao pino digital 10, ele será acionado em ciclos de 1 segundo. Você pode conectar outros dispositivos aos demais pinos digitais e ajustar a programação para ligá-los ou desligá-los conforme suas necessidades. Use a criatividade.

Lendo um sensor em um pino analógico do Arduino

Os pinos analógicos são normalmente utilizados para conectar sensores. Os sensores são utilizados para registrar informações do ambiente físico, como temperatura, umidade e luminosidade, e enviá-las para o mundo digital – um computador ou um microcontrolador – por meio de um sinal eletrônico.

Existem sensores tanto analógicos quanto digitais e várias maneiras de registrar seus dados. Por ora, nos concentraremos nos sensores analógicos. De modo geral, os sensores possuem uma resistência elétrica interna que varia de acordo com determinada condição ambiental, como luz ou pressão. Quando essa resistência elétrica varia, o sensor permitirá a passagem de maior ou menor intensidade de corrente elétrica e, como consequência, mudará a tensão elétrica entre seus terminais.

O pino analógico do Arduino é capaz de detectar essa variação de tensão elétrica nos terminais do sensor, que geralmente vai de 0 V a 5 V, e comunicar essa informação com uma resolução de 10 bits. Ou seja, a informação transmitida digitalmente é lida pelo monitor serial da Arduino IDE ou pelo aplicativo Tinkercad como um número no intervalo de 0 a 1.023.

Vamos tomar como exemplo um potenciômetro, que é uma resistência ajustável mecanicamente. Os potenciômetros são muito utilizados como botões em diversos aparelhos, como reguladores de velocidade de ventiladores, ajuste de volume de som em rádios, entre outros. Geralmente, um potenciômetro possui três terminais.

Para realizar a leitura da variação de tensão através da porta analógica do Arduino, é preciso conectar os terminais das extremidades do potenciômetro aos pinos GND e 5 V. O terminal central deve ser ligado a um dos pinos analógicos do Arduino, conforme o esquema apresentado na figura 12.

**Figura 12 – Potenciômetro e circuito elétrico virtual
construído no Tinkercad**

Após a construção do circuito virtual, é o momento de programá-lo. Clique em "Código" no canto superior direito do menu e selecione a opção que que julgar mais conveniente: "Blocos", "Blocos + Texto" ou "Texto" (figura 13).

**Figura 13 – Tela do Tinkercad contendo circuito elétrico
com potenciômetro, codificação em blocos e em texto**

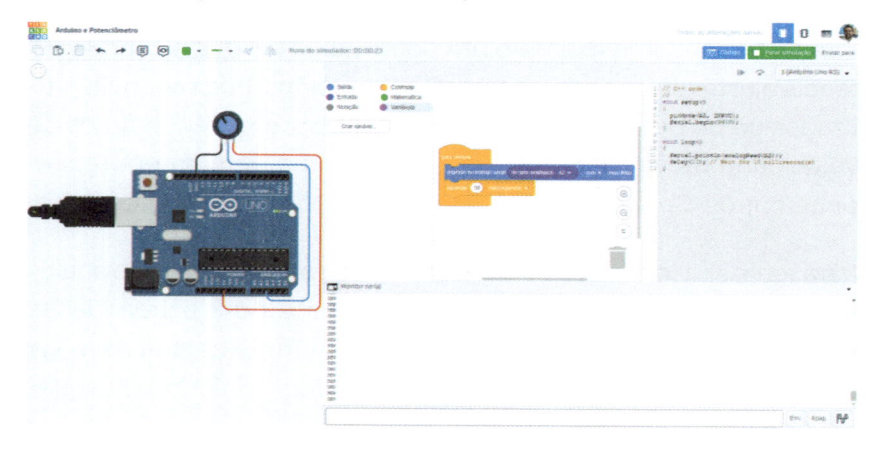

O código apresentado neste exemplo faz com que o pino analógico 2 (A2) faça leituras do potenciômetro a cada 10 milissegundos e registre os dados no monitor serial.

Observações sobre a programação em blocos:

- Bloco "ler pino analógico ___": realiza a leitura do pino analógico selecionado de A0 a A5.
- Bloco "imprimir no monitor serial ___ com/sem nova linha": imprime uma informação no monitor serial que pode ser um texto, o valor de um dado lido ou de uma variável.

Observações sobre a programação em texto:

- Serial.begin(): configura a taxa de transferência em bits por segundo para transmissão serial.
- analogRead(): lê o valor de um pino analógico especificado, convertendo o valor da tensão operacional (5 V ou 3,3 V) lida para valores inteiros de 0 a 1.023.
- Serial.println(): imprime, em uma nova linha, um texto, o valor de um dado ou de uma variável no monitor serial.

Observe a figura 14 a seguir.

Figura 14 – Programação do pino analógico por blocos e por texto no Tinkercad

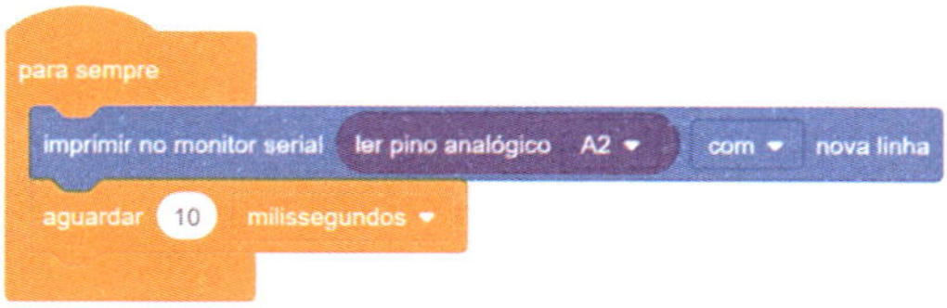

```
1  // C++ code
2  //
3  void setup()
4  {
5    pinMode(A2, INPUT);
6    Serial.begin(9600);
7  }
8
9  void loop()
10 {
11   Serial.println(analogRead(A2));
12   delay(10); // Wait for 10 millisecond(s)
13 }
```

Para testar o funcionamento do seu protótipo, clique em "Iniciar a simulação". Clique em "Monitor serial" no canto inferior direito do menu lateral para ver os dados sendo impressos na tela.

Você pode conectar outros sensores e dispositivos aos demais pinos analógicos para realizar a leitura dos dados de acordo com a variação de um componente físico (temperatura, movimento, umidade, etc.). A maior parte dos módulos de sensores analógicos possui três terminais, sendo que um deve ser ligado ao pino GND; outro, ao pino de tensão (5 V ou 3,3 V); e outro, ao pino analógico para efetuar a leitura dos dados.

Explore os módulos disponíveis no Tinkercad para praticar.

Utilização de sensores para a criação de projetos com Arduino

Os microcontroladores oferecem liberdade para que você construa e personalize seus projetos de automação e IoT. Assim, neste capítulo, aprofundaremos os estudos com a plataforma Arduino. Primeiramente integraremos sensores e atuadores de forma virtual, pelo aplicativo Tinkercad Circuits. Em seguida, passaremos para a prototipagem no mundo real, com a finalidade de obter reações de um dispositivo a partir da alteração de alguma condição do meio ambiente, por exemplo, umidade, temperatura, luminosidade, etc. Por fim, detalharemos o funcionamento dos pinos PWM para controlar com precisão a intensidade luminosa de um LED ou a velocidade de um motor.

1. Usando um sensor para acionar um dispositivo pelo Tinkercad

Você viu, no capítulo anterior, como montar o circuito elétrico de um atuador e de um sensor e como programá-los de forma independente. Agora chegou o momento de juntá-los em um mesmo circuito. É possível usar um sensor de luminosidade para ligar um LED quando o ambiente escurece e para desligá-lo ao clarear, ou utilizar um sensor de movimento para ligar um buzzer quando alguém se aproximar. Como exemplo, apresentaremos o circuito elétrico e a programação de um sensor de umidade de solo que aciona um LED sempre que a leitura no sensor ficar abaixo de determinado valor, indicando baixa umidade (figura 1).

Figura 1 – Tela do Tinkercad contendo circuito elétrico com sensor de umidade de solo e LED e codificação em blocos

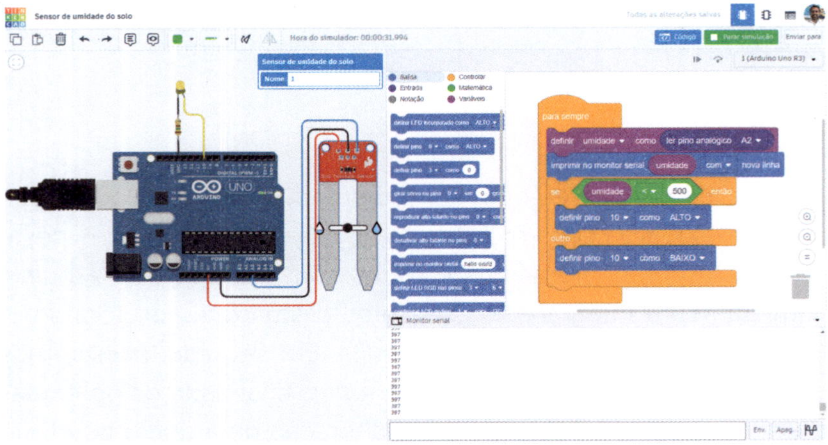

Note que o módulo que contém o sensor de umidade do solo utilizado neste caso possui três terminais. O terminal sinalizado com VCC ou + deve ser ligado ao pino 5 V do Arduino, ou 3,3 V, caso o módulo opere nessa faixa de tensão. O terminal indicado com GND ou G deve ser conectado ao pino de aterramento GND do Arduino. Por sua vez, o terminal indicado por A0 ou OUT deve ser conectado ao pino analógico que deseja utilizar para realizar a leitura do sensor. No exemplo apresentado, o sensor de umidade está conectado ao pino analógico A2 e o LED está conectado ao pino digital 10.

É importante observar que alguns sensores podem ser conectados às portas digitais e, portanto, apresentam um terminal a mais, indicado por D0. O processo de utilização dos sensores digitais não difere muito dos sensores analógicos. Abordaremos este assunto nos próximos capítulos.

Depois de construir o circuito, basta programá-lo, clicando sobre "Código" no canto superior direito do menu e selecionando a opção que julgar mais conveniente: "Blocos", "Blocos + Texto" ou "Texto" (figura 2).

Figura 2 – Programação do sensor e do atuador por blocos e por texto no Tinkercad

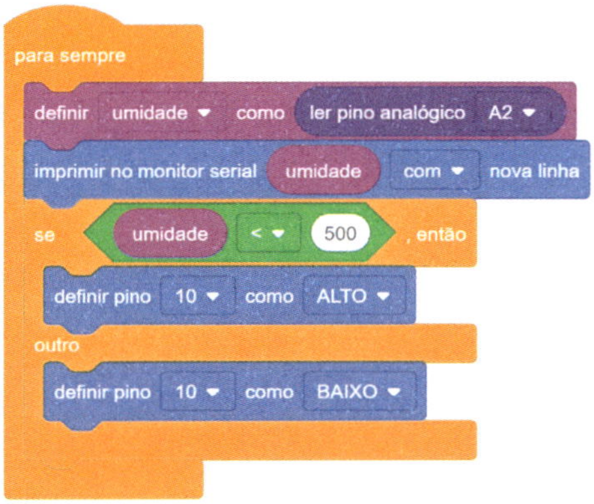

```cpp
1  // C++ code
2  //
3  int umidade = 0;
4
5  void setup()
6  {
7    pinMode(A2, INPUT);
8    Serial.begin(9600);
9    pinMode(10, OUTPUT);
10 }
11
12 void loop()
13 {
14   umidade = analogRead(A2);
15   Serial.println(umidade);
16   if (umidade < 500) {
17     digitalWrite(10, HIGH);
18   } else {
19     digitalWrite(10, LOW);
20   }
21   delay(10); // Delay a little bit
22 }
```

O código apresentado neste exemplo faz com que o pino analógico A2 faça leituras do sensor de umidade a cada 10 milissegundos, armazene os dados em uma variável denominada "umidade" e registre-os no monitor serial. Caso o valor lido seja menor que

500, o pino digital 10 irá para o estado HIGH, ligando o LED. Caso contrário, irá para o estado LOW, desligando o LED.

Observações sobre a programação em blocos:

- Bloco "umidade": é a variável criada para armazenar os valores lidos nos pinos analógicos ou para armazenar alguma informação.
- Bloco "definir__como__": faz com que a variável criada armazene alguma informação recebida de um pino analógico.
- se, então / outro: realiza uma comparação matemática entre dois valores (que podem estar armazenados em variáveis) para realizar uma ação ou outra.

Observações sobre a programação em texto:

- int umidade = 0: cria uma variável inteira com valor inicial igual a zero.
- umidade = analogRead(): lê o valor da porta analógica e armazena o resultado na variável umidade.

Inicie a simulação e teste o funcionamento do programa. É possível alterar o valor da umidade clicando sobre o sensor e, assim, verificar quando o LED acende e quando apaga.

Divirta-se com o Tinkercad criando circuitos elétricos com o microcontrolador Arduino.

2. Prototipagem real com Arduino

Depois de montar e testar virtualmente seu projeto, é o momento de partir para a prototipagem real (figura 3). Para facilitar a montagem dos circuitos elétricos e a conexão dos sensores e atuadores com o Arduino, costuma-se utilizar cabos, popularmente conhecidos como jumpers, e placas de ensaio ou matrizes de contato, também conhecidas como protoboards ou breadboards.

Figura 3 – Prototipagem real com Arduino utilizando placa de ensaio e jumpers

Manuseando uma placa de ensaio

A placa de ensaio é muito utilizada para a montagem de projetos ainda em fase inicial pela facilidade de inserir e conectar neles componentes elétricos e eletrônicos. Na parte superior da placa, é possível observar diversos furos ou pontos de contato para encaixar os dispositivos e os jumpers. Na parte interna, existem trilhas metálicas que conectam linearmente parte desses pontos em série, conforme apresentado na figura 4.

A trilha destacada com a risca vermelha e símbolo + é em geral utilizada para conectar o pino de tensão 5 V ou 3,3 V do Arduino. Isso significa que todos os furos da trilha vermelha ficarão energizados com a mesma tensão. A trilha azul em geral é conectada ao pino GND por um jumper, fazendo com que todos os pontos desta trilha se tornem pinos de aterramento. As trilhas que aparecem na posição vertical da figura 4, compostas por cinco pontos cada, são utilizadas para a conexão dos demais componentes que fazem parte do circuito elétrico do protótipo.

Figura 4 – Placa de ensaio ou protoboard

Trilha vermelha (+): todos os pinos estão conectados em série entre si. Normalmente utilizada para conectar o pino de tensão do Arduino (5 V ou 3,3 V).

Trilhas verticais: os cinco furos de cada trilha estão conectados entre si. Normalmente utilizadas para conectar os componentes elétricos e eletrônicos do protótipo.

Trilha azul (–): todos os pinos estão conectados em série entre si. Normalmente utilizada para conectar o pino de aterramento do Arduino (GND).

Ao finalizar os testes com o protótipo e chegar à conclusão de que ele se encontra pronto para uso definitivo, sugere-se que a montagem seja concluída trocando a placa de ensaio e jumpers por cabos soldados diretamente aos componentes eletrônicos. Com isso, evitam-se possíveis falhas de contato e mau funcionamento ao transportar ou manusear o dispositivo construído.

A figura 5 mostra a reconstrução virtual do esquema de montagem do circuito elétrico do sensor de umidade de solo para acionar o LED, com a utilização de uma placa de ensaio.

**Figura 5 – Esquema de montagem virtual utilizando placa
de ensaio para conectar os dispositivos elétricos**

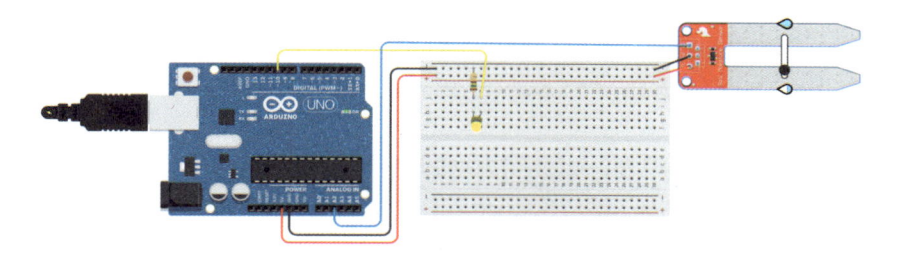

A figura 6 mostra uma imagem real do protótipo construído.

**Figura 6 – Protótipo de um medidor de umidade de solo com acionamento
de LED construído com Arduino**

Executando o programa no Arduino

Após a construção real do circuito elétrico, é necessário realizar o upload do programa para a placa Arduino por meio do ambiente de desenvolvimento do Arduino (Arduino IDE).

Para saber mais

O Arduino IDE é atualizado com frequência e todas as suas versões estão disponiveis gratuitamente no site oficial do Arduino. Pesquise pela versão mais recente e instale-a no seu computador ou, se preferir, faça login na plataforma e utilize a versão on-line chamada Arduino Cloud Editor.

Para executar o programa no Arduino, primeiro é preciso estabelecer a conexão do Arduino com o computador. Para isso, siga os passos:

- Conecte a placa Arduino ao computador por meio do cabo USB.
- Abra o software Arduino IDE de sua preferência.
- Verifique se a placa Arduino que você está utilizando está conectada. Para isso, no menu superior clique sobre "Select Board" e selecione a placa Arduino que está sendo utilizada, conforme a figura 7.

Figura 7 – Seleção de placa no Arduino IDE

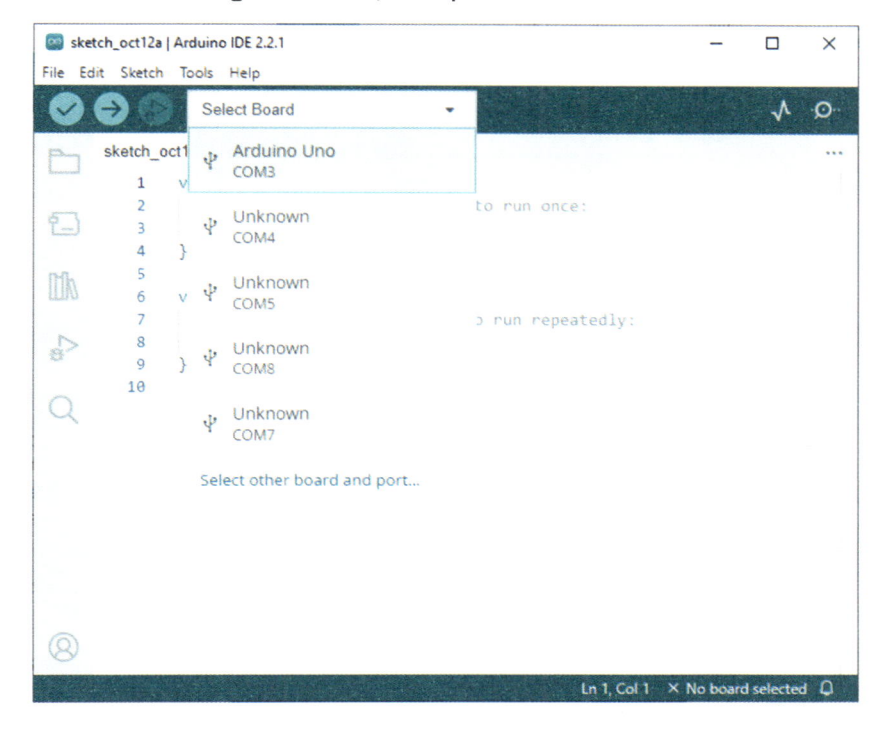

Agora que a conexão entre a placa e o IDE está estabelecida, basta inserir o código programado e realizar o upload para a placa (figura 8). Isso pode ser feito de duas maneiras. É possível copiar o código em texto que foi desenvolvido no Tinkercad, colar no Arduino IDE e realizar o upload do programa para a placa Arduino. Ou, então, pode-se fazer o download do programa escrito no Tinkercad, abrir o arquivo no Arduino IDE e realizar o upload para a placa.

Existem três maneiras distintas de fazer o upload do programa:

1. clicar na seta que aparece no menu superior;
2. clicar em "Sketch" e selecionar "Upload"; ou
3. teclar "Ctrl + U".

**Figura 8 – Processo de upload do código de programação
através do Arduino IDE para a placa**

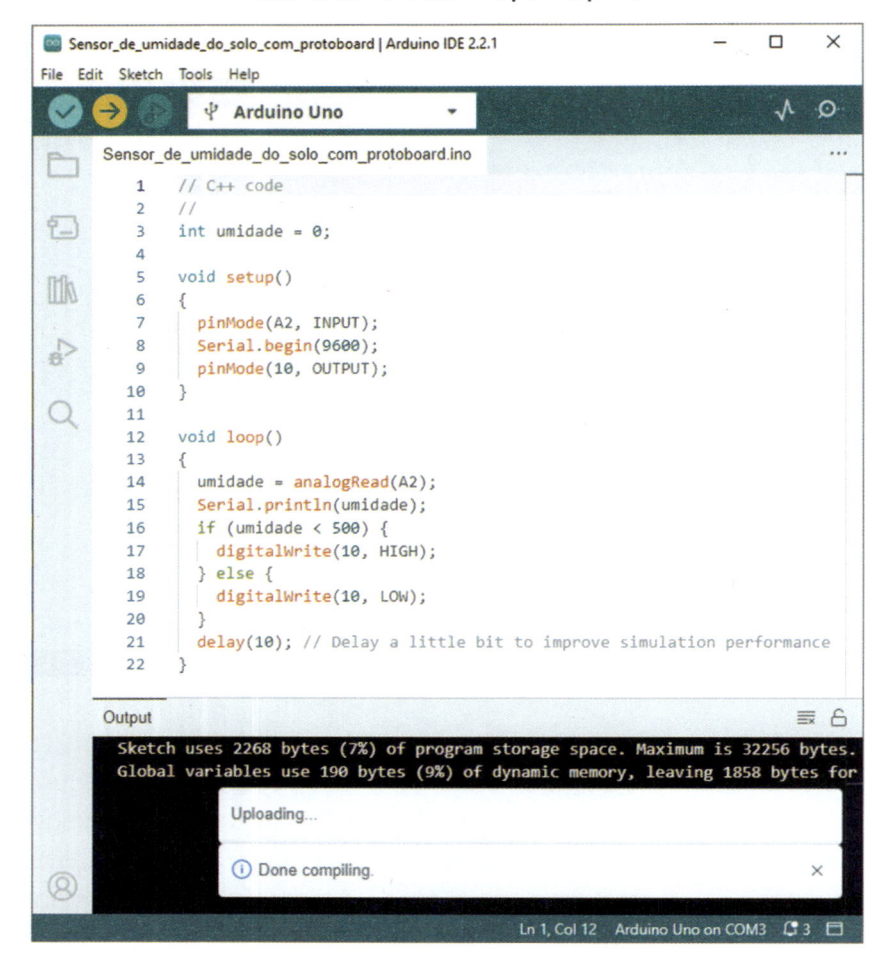

Clique sobre "Monitor serial" no menu superior do Arduino IDE para que apareçam os valores lidos pelo sensor na tela. Teste o funcionamento do protótipo colocando o sensor de umidade do solo em vasos contendo terra ou outros materiais com diferentes níveis de umidade. Estabeleça o grau de umidade que deseja ter para que o LED se acenda e ajuste o código do programa para que o acionamento do LED seja feito a partir do valor desejado.

Faça novamente o upload do código para atualizar o programa na placa Arduino.

Use sua criatividade, tente acrescentar ao seu protótipo mais LEDs ou outros atuadores, como buzzer, e arrisque-se a complementar sua programação para que, por exemplo, mais LEDs se acendam de acordo com o nível de umidade. Caso encontre dificuldades, busque exemplos e tutoriais na internet.

3. PWM

A modulação por largura de pulso, conhecida como PWM (*pulse-width modulation*), é uma técnica utilizada para fazer com que um meio digital simule uma saída analógica.

Este processo faz com que o pino digital oscile rapidamente entre os estados LOW e HIGH, formando ondas quadradas em ciclos de trabalho bem definidos.

O ciclo de trabalho é a razão entre o tempo em que o pino fica no estado HIGH e o tempo total do ciclo, o que resulta em tensão média. Por exemplo, se ao longo de um ciclo o pino de saída digital do Arduino permanecer 50% do tempo no estado HIGH (com tensão de 5 V) e os outros 50% do tempo no estado LOW (com tensão nula), a tensão média neste pino PWM será de 2,5 V. Se a permanência no estado HIGH for de 80% durante o ciclo, a tensão média no pino PWM será de 4 V, e assim sucessivamente.

Assim, um pino PWM é utilizado para controlar com precisão a intensidade de brilho de LEDs, a velocidade de motores, o posicionamento de servomotores, entre outras aplicações em que haja a necessidade de controlar a potência ou a intensidade de um sinal.

Os pinos digitais do Arduino capazes de operar em modo PWM são identificados com o símbolo ~ ao lado do número do pino. No Arduino UNO existem seis pinos PWM: os de número 3, 5, 6, 9, 10 e 11.

Os pinos PWM possuem resolução de 8 bits, portanto a comunicação com estes pinos é feita em uma faixa de 0 a 255, em que 0 corresponde à tensão mínima (0 V) e 255, à tensão máxima (5 V).

Usando um sensor para acionar um dispositivo no pino PWM do Arduino

Como aplicação prática de utilização do pino PWM, vamos transformar o projeto do sensor de umidade do solo para que a intensidade luminosa do LED varie de acordo com a umidade.

A montagem da parte elétrica do projeto permanece a mesma, com o sensor conectado ao pino analógico A2 e o LED conectado ao pino digital 10, que também opera como PWM. A única modificação será no código de programação do projeto, apresentado na figura 9.

Figura 9 – Programação do sensor e do atuador no pino PWM por blocos e por texto no Tinkercad

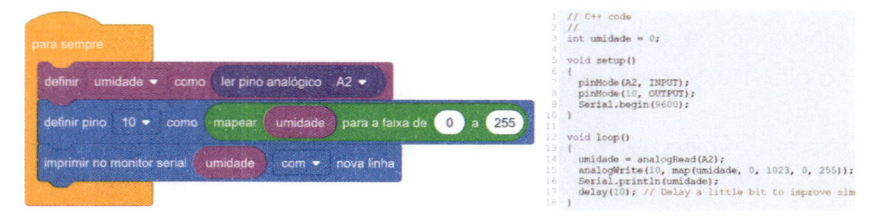

O código apresentado neste exemplo faz com que o pino analógico A2 faça leituras do sensor de umidade do solo a cada 10

milissegundos, converta e escreva o valor correspondente no pino PWM 10 e registre os dados coletados no monitor serial.

Observações sobre a programação em blocos:

- Bloco "mapear___para a faixa de___a___": converte um número de um intervalo para outra faixa de valor. No exemplo apresentado, o valor lido no pino analógico entre 0 e 1.023 que foi armazenado na variável "umidade" é convertido proporcionalmente para um número entre 0 e 255. Note que a função "mapear" está inserida na função "definir pino__como", portanto o valor convertido é comunicado para o pino PWM indicado.

Observações sobre a programação em texto:

- map(valor do pino ou da variável lida, menor valor do intervalo atual, maior valor do intervalo atual, menor valor do novo intervalo, maior valor do novo intervalo): converte proporcionalmente o valor lido em uma faixa de valores para um novo intervalo.
- analogWrite(pino, valor): aciona uma onda quadrada em um pino PWM, com um valor que pode variar de 0 a 255.

É possível testar virtualmente o funcionamento do protótipo por meio do Tinkercad e transferir o novo código para a placa Arduino pelo Arduino IDE para vê-lo operando no mundo físico.

Experimente usar outros sensores para controlar diferentes atuadores por meio dos pinos PWM.

Criação de um sistema alternativo para automação de equipamentos usando Arduino

Neste capítulo apresentaremos algumas possibilidades para a construção de projetos de automação residencial e comercial utilizando o Arduino.

Mostraremos que, com um relé, é possível utilizar sensores diversos para automatizar aparelhos que operam com tensão de até 250 V, como ventiladores e lâmpadas. Além disso, será feita uma introdução sobre o uso de módulos Bluetooth e ethernet para ampliar e transformar os projetos de automação com Arduino em projetos IoT.

1. Usando o Arduino para acionar aparelhos de corrente alternada e tensão até 250 V

Anteriormente, foi mostrado como programar o Arduino para que sensores possam controlar atuadores. No entanto, os atuadores utilizados operavam com tensão de 5 V em corrente contínua, máxima tensão fornecida pelos pinos de saída digitais do Arduino.

Você deve estar se perguntando como fazer para ligar os aparelhos que fazem parte do nosso cotidiano, como ventiladores, lâmpadas, alarmes e motores, se estes geralmente funcionam com corrente alternada em tensões elétricas entre 127 V e 220 V, tão comuns nos ambientes residenciais e comerciais.

A solução para esse problema é mais simples do que parece. Para isso, existem os relés eletromagnéticos, dispositivos que funcionam como interruptores, permitindo a abertura e o fechamento de um circuito elétrico. Um relé (figura 1) possui dois circuitos que são eletricamente isolados. De um lado existe um circuito que controla um eletroímã, que, ao ser atravessado por uma pequena corrente elétrica, atrai uma chave interruptora. Este interruptor liga e desliga o circuito elétrico do outro lado do relé, onde é conectado o aparelho que necessita de tensão e corrente elétrica maiores para funcionar.

Figura 1 – Esquema do funcionamento de um relé

Módulo relé

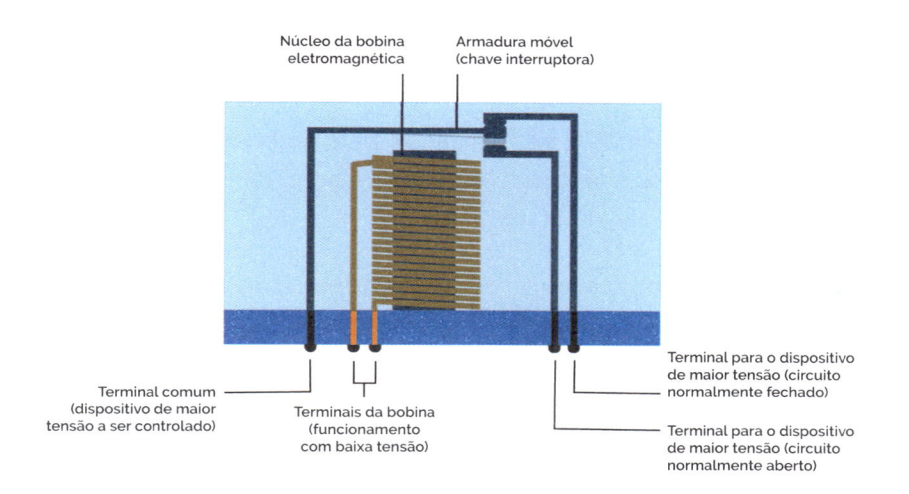

Núcleo da bobina eletromagnética

Armadura móvel (chave interruptora)

Terminal para o dispositivo de maior tensão (circuito normalmente fechado)

Terminal comum (dispositivo de maior tensão a ser controlado)

Terminais da bobina (funcionamento com baixa tensão)

Terminal para o dispositivo de maior tensão (circuito normalmente aberto)

Módulo relé para acionar equipamentos com o Arduino

É possível encontrar diversos módulos relés para Arduino contendo um, dois ou mais canais (figura 2). Cada canal é responsável por controlar um dispositivo. Alguns relés também possuem LEDs para indicar quando estão ligados ou desligados.

Figura 2 – Módulos relé

  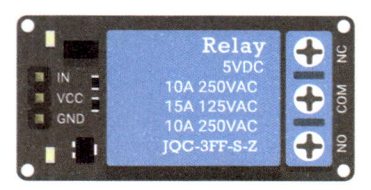

De um lado do relé existem três pinos para conexão do Arduino:

- GND: conexão com o GND da placa Arduino.
- VCC: conexão com o pino de tensão (5 V).
- IN: conexão com o pino digital de sua escolha.

Do lado oposto, existem três terminais para a conexão do dispositivo que você deseja acionar com o relé. A ligação nesse terminal é exatamente como a de um interruptor:

- COM: terminal comum, deve ser conectado à fase da rede elétrica.
- NO (*normally open*): normalmente aberto, portanto, só se fecha quando o relé é acionado. Isso significa que quando ele está conectado ao terminal do dispositivo, este permanecerá desligado e só será ligado quando o relé for acionado.
- NC (*normally closed*): normalmente fechado, portanto, só abre quando o relé é acionado. Isso significa que quando ele está conectado ao terminal do dispositivo, este permanecerá ligado e só será desligado quando o relé for acionado.

Importante

Quando for adquirir um relé, preste atenção aos valores nominais de operação. Lembre-se que para conectá-lo ao Arduino é necessário que opere com 5 V de tensão em corrente contínua, o que normalmente é indicado no relé como 5 VDC. Além disso, o dispositivo que será acionado pelo relé não deve ultrapassar a tensão e a corrente indicadas na capa de proteção do relé.

Usando um sensor para acionar um dispositivo com um relé

Vamos tomar como exemplo a montagem de um circuito elétrico que utilize sensor de temperatura para acionar um ventilador. No esquema elétrico da figura 3, existe um sensor de temperatura analógico, modelo LM35DZ. Assim como os outros sensores analógicos, possui três terminais para conexão com os pinos GND, 5 V e analógico do Arduino. O relé foi conectado ao Arduino e ao cabo de energia do ventilador, conforme mencionado no item anterior.

Figura 3 – Esquema elétrico para acionamento de ventilador com sensor de temperatura

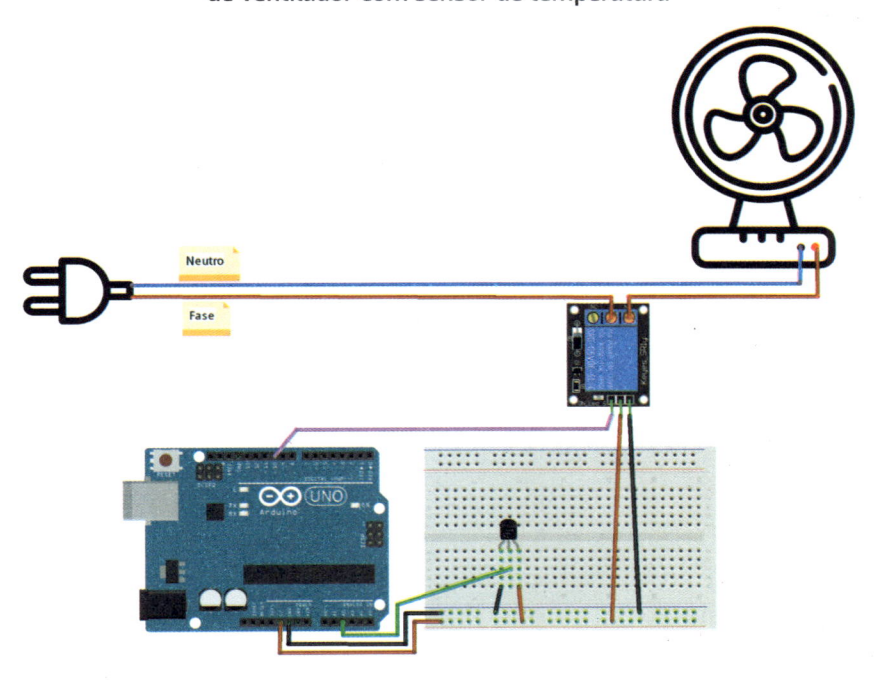

Neste exemplo, o sensor está conectado ao pino analógico A2 e o relé é acionado pelo pino digital 10.

Programação para um sensor acionar o relé

No aplicativo Tinkercad ainda não existe um módulo relé para simular o seu protótipo.

No entanto, é possível montar o seu projeto de forma real utilizando a mesma programação feita no Arduino IDE para o sensor de
umidade do solo, vista no capítulo anterior, por meio do upload
para a placa Arduino.

A figura 4 apresenta o código em texto da programação que faz
com que o sensor de temperatura acione o ventilador.

**Figura 4 – Código de programação em texto
do sensor de temperatura para acionamento do relé**

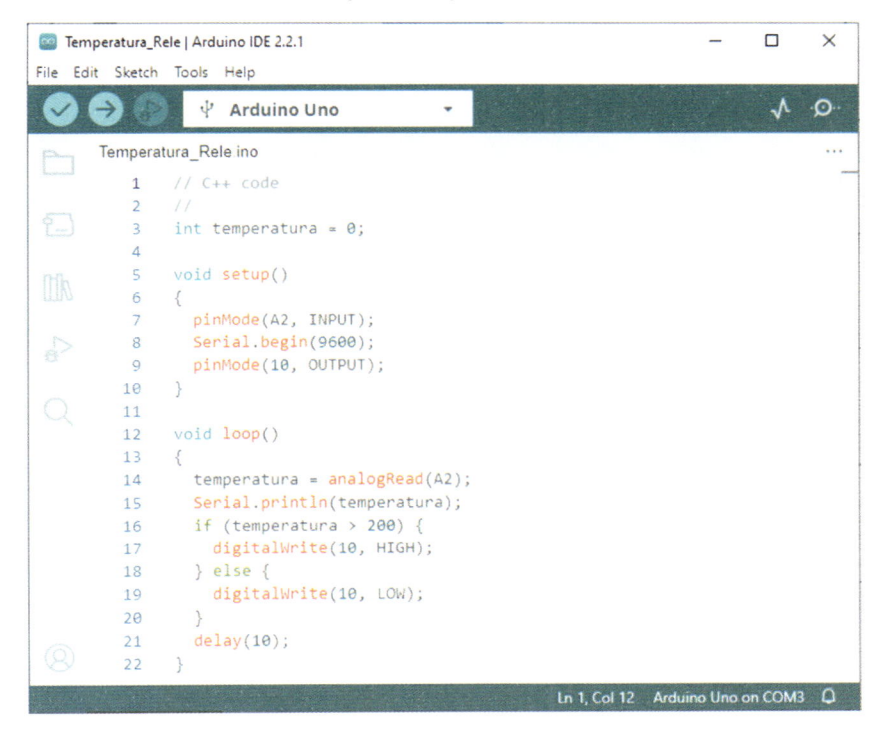

Para testar o protótipo, conecte a placa Arduino ao computador com o cabo USB e faça o upload do programa. Em seguida, ligue o dispositivo à tomada e verifique se está funcionando conforme o esperado. Por fim, defina o valor que acionará o relé de acordo com a temperatura desejada.

2. Possibilidades para transformar sua montagem com Arduino em um projeto de IoT

Existem módulos para o Arduino que possibilitam realizar a comunicação e transmissão de dados por Bluetooth ou por internet cabeada. Com isso, é possível transformar seu projeto de automação em um projeto IoT.

Os métodos de programação são um pouco mais complexos, porém existem muitas bibliotecas prontas e diversos tutoriais disponíveis na internet que auxiliam bastante quem deseja criar seus próprios projetos.

A seguir faremos uma breve introdução a esses módulos. A montagem dos circuitos e o método de programação serão abordados nos capítulos posteriores.

Módulo Bluetooth

O módulo Bluetooth permite a comunicação entre placas Arduino ou entre um Arduino e outros dispositivos, como um smartphone. Vários módulos Bluetooth estão disponíveis no mercado, podendo operar no modo "escravo" (*slave*) ou "mestre" (*master*).

O Bluetooth escravo não tem capacidade de iniciar uma comunicação com outros dispositivos, apenas aguarda ser acionado para responder a uma solicitação de um outro dispositivo que possua um Bluetooth mestre. Portanto, o Bluetooth mestre é o responsável por iniciar e estabelecer a conexão e controlar outros dispositivos Bluetooth.

Uma caixa de som sem fio é um exemplo prático de um dispositivo com Bluetooth escravo. As caixas de som não iniciam a conexão, mas aguardam que um dispositivo mestre, como um smartphone, estabeleça a conexão. Neste caso, o smartphone é o responsável por controlar a caixa de som, enviar as músicas selecionadas pelo usuário, aumentar ou diminuir o volume, etc. Pelo smartphone é possível acessar a área de configurações e pesquisar outros dispositivos Bluetooth próximos, pois ele possui um Bluetooth mestre integrado. O mesmo não pode ser feito com a caixa de som.

O módulo Bluetooth mestre pode ser configurado para trabalhar no modo escravo, no entanto, a recíproca não é verdadeira.

Listamos alguns modelos de módulos Bluetooth que são popularmente utilizados com o Arduino:

- HC-05: é um Bluetooth 2.0 que pode operar em modo mestre e escravo (figura 5). Compatível com smartphones que utilizam sistema Android.
- HC-06: é um Bluetooth 2.0 que opera apenas em modo escravo. Compatível com smartphones que utilizam sistema Android.

- HM-10: é um Bluetooth 4.0 de baixo consumo de energia (BLE) que pode operar em modo mestre e escravo. Compatível com smartphones que utilizam sistema Android ou iOS.

Figura 5 – Módulo Bluetooth

Módulo ethernet

Os módulos ethernet possuem entrada para o conector RJ45, por onde se conecta o cabo de rede para a transmissão dos dados via internet (figura 6). Isso possibilita que os dados coletados por sensores instalados em um Arduino sejam transmitidos para uma página web e até mesmo armazenados em um banco de dados, facilitando o monitoramento das condições ambientais de um determinado local, por exemplo.

A complexidade de programação de um módulo ethernet é um pouco mais elevada, compreendendo outras funções e novas linhas de programação. Mas não se assuste por antecipação, pois existem diversas bibliotecas disponíveis que podem ser incorporadas ao código escrito no Arduino IDE e facilitam enormemente o processo de programação da placa.

Figura 6 – Módulo ethernet

Ainda que a quantidade de dispositivos que se conectam com a internet por meio de uma rede sem fio seja cada vez maior, promover a conexão do Arduino via cabo de rede pode trazer vantagens, como maior estabilidade na conexão e redução de interferências.

Computação em nuvem e big data em cidades inteligentes

As organizações internacionais UNCTAD (Conferência das Nações Unidas sobre Comércio e Desenvolvimento) e CEPAL (Comissão Econômica para a América Latina e Caribe) entendem que um sistema tecnológico digital responsável pela gestão dos dados é essencial para o desenvolvimento socioeconômico dos países. Com base em análises de pesquisadores e acadêmicos, entendem que as tecnologias que compõem esse sistema podem ser agrupadas em três grandes blocos: computação em nuvem, big data e inteligência artificial.

Neste capítulo iremos conceituar e relacionar cada uma dessas tecnologias no contexto das cidades inteligentes. Os exemplos apresentados já se fazem presentes nos diversos segmentos da sociedade, e há muitos aspectos desconhecidos dessas tecnologias no que tange a possibilidades, aplicações, benefícios e maus usos, mas uma coisa é certa: nossos dados contribuem para a geração de informações que são tratadas e utilizadas diariamente.

1. Computação em nuvem

Armazenamento, processamento e transmissão dos dados são serviços realizados em data centers físicos com provedores contratados. Esses data centers requerem acondicionamento dos equipamentos em espaços físicos, conexão intermitente com uma fonte de energia e sistema de resfriamento adequado e controlado. Para a instalação dessa estrutura, faz-se necessário o planejamento da configuração e implantação do sistema com uma equipe de especialistas para gerenciamento dos processos. A estrutura dos data centers físicos pode ou não ser substituída pela computação em nuvem, a depender das necessidades previstas no modelo de negócios de uma empresa.

Entretanto, independentemente do porte das organizações, a economia dos tempos atuais é baseada em dados. Ter acesso à maior quantidade e diversidade de informações disponibilizadas pela tecnologia da computação em nuvem significa melhores oportunidades de competitividade nos mercados global, regional ou local.

O que é?

O desenvolvimento da tecnologia da computação em nuvem, também conhecida como *cloud computing*, oferece ao usuário acesso a programas e aplicativos sem a necessidade de fazer downloads de softwares, permitindo que arquivos, programas e aplicativos sejam acessados de qualquer dispositivo com acesso à internet.

Trata-se de um servidor central que gerencia toda a comunicação entre dispositivos, clientes e servidores para facilitar a troca de dados via internet, de modo que se tem uma organização dimensionada, com mais rapidez e eficiência, sem a necessidade de manter uma estrutura física.

Como funciona?

A computação em nuvem está baseada no conceito de compartilhamento de recursos de computação, software e informação pela internet. Os usuários se conectam a uma plataforma de nuvem para solicitação e acesso a serviços de computação alugados. A contratação desse serviço possibilita que as empresas ou indivíduos acessem recursos virtuais por meio de uma rede, fazendo o pagamento somente do que foi utilizado.

Não confunda

Armazenamento em nuvem: servidor virtual usado como alternativa à memória dos discos rígidos da máquina. De forma remota, guarda arquivos, documentos, imagens, vídeos e outros tipos de dados, acessíveis de qualquer lugar com conexão à internet.

Computação em nuvem: ampla utilização do servidor virtual, sem fazer uso do hardware. Servidores, redes, armazenamento, bancos de dados, softwares e análises são disponibilizados sob demanda.

Importância

A distribuição, via internet, de serviços essenciais à empresa contratada possibilita que o compartilhamento entre usuários seja rápido e eficiente, com reduções de custos ao compartilhar a infraestrutura. Em geral a disponibilidade de servidores é alta, o que torna as ocorrências de falha de infraestrutura bastante reduzidas e facilmente solucionáveis, sem que seja necessário o desligamento do sistema ou sem que haja indisponibilidade de serviços.

O fato de não haver programas ou aplicativos instalados no computador do usuário possibilita que os processos de manutenção e gestão dos recursos sejam realizados de qualquer lugar. E, quanto ao uso dos aplicativos, paga-se pelo serviço utilizado por meio do sistema *pay-per-use*, o que otimiza o custo dos serviços.

Um último aspecto refere-se à segurança: o modelo de computação em nuvem garante, além do armazenamento, a proteção e a recuperação dos dados em caso de falhas ou perdas.

2. Big data

O cenário que identificamos no nosso dia a dia são pessoas conectadas, em estado de prontidão, disponíveis para se comunicar a todo o tempo ou manejando informações ininterruptamente. Essa hiperconectividade, somada à capacidade de compartilhar, processar, armazenar e analisar um volume enorme de dados, está relacionada com o big data, na medida em que dados disponibilizados, também produzidos por nós, têm o potencial de ser explorados para a obtenção de informações.

Engana-se quem acredita que big data seja somente um emaranhado de dados; na verdade, são vestígios digitais que alimentarão os algoritmos de empresas para a tomada de decisões.

O que é?

Big data se refere a um conjunto de dados extremamente variado que chega em grande volume e velocidade. Os dados são classificados segundo algumas características:

- Dados estruturados: têm formato fixo e definido e são armazenados em bancos de dados e facilmente processáveis. Exemplos: registros financeiros, vendas, estoque.
- Dados semiestruturados: não possuem a mesma organização dos dados estruturados e geralmente se apresentam em forma de tags ou rótulos. Exemplos: documentos HTML, XML, ou JSON, ou seja, estamos falando de e-mails, postagens em redes sociais, registros de blogs e documentos de Word.
- Dados não estruturados: sem formato definido, não são organizados em tabelas ou banco de dados. Exemplos: vídeos, imagens, áudios. Apesar da dificuldade de seu tratamento por algoritmos, esses dados são valiosos quando se sabe processá-los para extrair *insights*.

Como funciona?

Diante da dificuldade de processar quantidades volumosas de informações, surge uma tecnologia conhecida como big data analytics, que agrega a inteligência de algoritmos complexos para a análise eficiente de dados estruturados e não estruturados, de acordo com a demanda das empresas. Vamos a alguns exemplos para entender na prática sua aplicação na área comercial.

Exemplo

Uma empresa está em processo de prospecção de perfis iguais aos que já fazem negócio com ela. Uma ação possibilitada pelo big data analytics seria buscar em fontes específicas as características desse público: comportamento, idade, hábitos de consumo, localização, interesses, etc. O cruzamento das informações levantadas é então utilizado para estabelecer padrões. Mas onde a empresa vai encontrar esse público?

Neste momento entra em cena o big data, com a diversidade e quantidade de dados que se transformarão em informações. Os dados podem ser obtidos:

- da interação em redes sociais, por meio de likes, buscas, entre outros;
- de dispositivos *wearables* e outros, que podem identificar usuários (dados pessoais) e seus comportamentos.

A partir daí localiza-se o público com os perfis estabelecidos e constroem-se estratégias de marketing com o uso de inteligência artificial (IA).

Exemplo

Outro exemplo são as empresas de varejo, que pela análise de dados conseguem cruzar informações para saber o que indivíduos com hábitos de compra semelhantes aos de seus clientes estão comprando. Tudo isso é feito por meio de dados que ficam registrados enquanto você navega.

Importância

Como toda tecnologia ou ferramenta em que se vislumbrem possibilidades de uso, considerando o modelo econômico vigente do capitalismo, a visão de mercado e a competitividade se potencializam.

Ao fazer pesquisas sobre qualquer assunto, você deixará um rastro digital, e tudo será armazenado como dado no conglomerado do big data. A questão é saber em que medida essas tecnologias podem ser usadas a favor da população, das cidades e das comunidades, para a melhoria do bem-estar e da qualidade de vida das pessoas e do ambiente.

E, na verdade, é na inter-relação entre computação em nuvem, big data e inteligência artificial que as iniciativas para as soluções IoT aos problemas do cotidiano das cidades podem estar ao nosso alcance.

3. A influência da inteligência artificial nos sistemas de computação em nuvem e big data

A IA é o componente tecnológico comum à computação em nuvem e ao big data. Historicamente, fala-se em IA desde os anos 1950, quando foram desenvolvidas pesquisas para tentar criar sistemas computacionais que desempenhassem atividades em geral associadas à inteligência humana, como resolução de problemas e aprendizagem.

Nessa época, pesquisadores divergiram quanto às abordagens para o estudo da IA. Enquanto um grupo estudou a IA com abordagem simbólica, em que regras lógicas tornavam possível compilar e manipular símbolos e deduzir soluções como forma de raciocínio, o segundo grupo baseava seus estudos em processos de aprendizagem de máquina (*machine learning*).

Foi somente a partir dos anos 1990 que o entendimento da IA como estrutura de redes neurais teve apoio e embasamento para sobrepor-se à ideia anterior dos simbolistas.

Essa estrutura que se assemelha ao funcionamento do encéfalo humano explica a melhoria contínua das máquinas em tarefas a partir de exemplos. Algoritmos e técnicas estatísticas resultam em um sistema computacional com habilidades para aprender a partir de dados, sem requerer programação para a realização da tarefa.

Que tal alguns exemplos de algoritmos de IA por aprendizagem de máquinas?

Exemplo

Ao digitar uma palavra em um site de busca, antes mesmo de você terminar de digitar, aparecem opções, como se a IA estivesse tentando adivinhar o termo. E ela estava mesmo!

Quando aparecem propagandas nos textos de pesquisa, você não resiste e clica nelas ou passa direto? Você acha que a escolha das propagandas é aleatória ou que a IA as seleciona? Não é a IA que decide a ordem em que lemos as notícias ou vemos as fotos e as atualizações dos colegas nas redes sociais?

E se te dissessem que existe uma IA gerenciando estoques de produtos e até enviando para a sua região itens que são mais comprados, com a finalidade de reduzir o tempo de envio?

Quem define os filtros de spam na sua caixa de mensagens de e-mail?

Sim, por trás de todas essas ações foi desenvolvida uma inteligência artificial baseada em aprendizagem de máquina complexa, ou *deep learning*, pois não foi necessário fazer uma programação específica para cada uma das tarefas. Esse conceito de aprendizagem profunda aborda a teoria de redes neurais artificiais (RNA) para explicar as camadas de processamento e a aprendizagem por padrões quando há um volume grande de dados (figura 1).

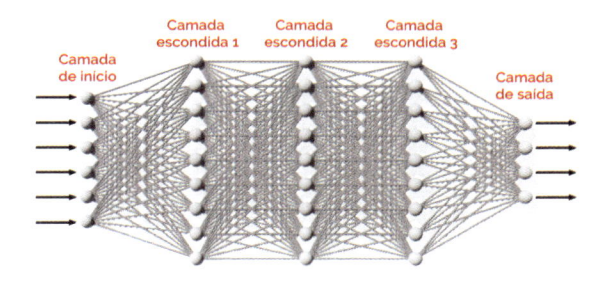

Figura 1 – Rede neural artificial com camada de início, camadas escondidas (intermediárias) e camada de saída

Rede neural profunda

No reconhecimento facial, por exemplo, assim como ocorre no encéfalo humano, a leitura é feita por partes. Há camadas que identificam olhos de maneira separada da boca, por exemplo. Em seguida, em outra camada é processada a localização e o posicionamento dessas partes, até o reconhecimento completo. Um problema complexo é, então, quebrado em vários mais simples.

Existe ainda um outro aspecto que aproxima a IA do tema de IoT: os circuitos integrados (CI). Os CI presentes nos objetos conferem capacidade de processamento e comunicação, tornando-os inteligentes. A sua miniaturização constante garantiu maior complexidade em termos de capacidade de armazenamento e performance sem que houvesse o aumento exacerbado do preço, além de ter possibilitado o desenvolvimento dos produtos inteligentes, utilizados nos sistemas IoT. Esses produtos inteligentes conectados ampliarão a capacidade de processamento em nuvem ao adquirir mais funções e cooperarão com produtos similares ou complementares, melhorando a resposta computacional.

No quadro 1 é apresentado um comparativo de irrigadores com funções e estruturas com diferentes graus de complexidade tecnológica.

Quadro 1 – Comparação de um sistema de irrigação e evolução do uso de sistemas de tecnologia digital

Status de conectividade do produto	Sem conexão	Automatizado	Internet das Coisas (IoT)	IoT com Inteligência artificial e computação em nuvem
Características do sistema de irrigação	Sistema de irrigação simples.	Sistema de irrigação automatizado sem conexão à internet, controlado por sensores.	Sistema de irrigação automatizado conectado e controlado via internet.	Rede de irrigadores em uma área, conectados entre si pela internet e controlados por IA.
Sistema de tecnologia digital	Ausente; comando manual.	Microcontrolado por Arduino; comando digital por sensores.	Microcontrolado por Arduino; comando a distância.	Microcontrolado por Arduino, com gerenciamento de dados em nuvem; comando por inteligência artificial.

Com este exemplo ilustramos como um mesmo sistema de irrigação pode funcionar manualmente ou capturar, receber, transmitir, armazenar, processar e mostrar informações com uso de IA, IoT, computação em nuvem e big data. Também poderia ter sido acoplado um circuito integrado a algumas peças do sistema de irrigação para detecção de falhas ou predição de manutenção em decorrência do desgaste de peças devido ao uso.

Referências

ARDUINO. **Arduino IDE 2**. Versão 2.2.1. [*S. l.*]: Arduino, c2023. Software.

ARDUINO. What is Arduino? **Arduino Docs**, 11 set. 2023. Disponível em: https://docs.arduino.cc/learn/starting-guide/whats-arduino. Acesso em: 20 set. 2023.

AZURE. O que é computação em nuvem. **Azure**, c2023. Disponível em: https://azure.microsoft.com/pt-br/resources/cloud-computing-dictionary/what-is-cloud-computing. Acesso em: 15 out. 2023.

BANZI, Massimo; SHILOH, Michael. **Getting started with Arduino**: the open source electronics prototyping platform. California: Make: Community, 2022.

BARBOSA, Anne. Cidades da Grande SP produzem 27 mil toneladas de lixo por dia; veja para onde vão os resíduos. **G1**, 29 abr. 2019. Disponível em: https://g1.globo.com/sp/sao-paulo/noticia/2019/04/29/cidades-da-grande-sp-produzem-27-mil-toneladas--de-lixo-por-dia-veja-para-onde-vao-os-residuos.ghtml. Acesso em: 27 set. 2023.

BATRINU, Catalin. **Projetos de automação residencial com ESP8266**. São Paulo: Editora Novatec, 2018.

BRASIL. **Decreto nº 9.854, de 25 de junho de 2019**. Institui o Plano Nacional de Internet das Coisas e dispõe sobre a Câmara de Gestão e Acompanhamento do Desenvolvimento de Sistemas de Comunicação Máquina a Máquina e Internet das Coisas. Brasília, DF: Presidência da República, 2019. Disponível em: https://www.planalto.gov.br/ccivil_03/_ato2019-2022/2019/decreto/d9854.htm. Acesso em: 12 nov. 2024.

BRASIL. Lei nº 10.257, de 10 de julho de 2001. Regulamenta os arts. 182 e 183 da Constituição Federal, estabelece diretrizes gerais da política urbana e dá outras providências. Presidência da República: Brasília, DF, 10 jul. 2001.

BRASIL. Ministério da Integração e do Desenvolvimento Regional. **Carta brasileira para cidades inteligentes**. Brasília, DF: Ministério da Integração e do Desenvolvimento Regional, 2020. Disponível em:https://www.gov.br/cidades/pt-br/acesso-a-informacao/acoes-e-programas/desenvolvimento-urbano-e-metropolitano/projeto-andus/carta-brasileira-para-cidades-inteligentes/CartaBrasileiraparaCidadesInteligentes2.pdf. Acesso em: 12 nov. 2024.

CAVALCANTE, Marisa Almeida; TAVOLARO, Cristiane Rodrigues Caetano; MOLISANI, Elio. Física com Arduino para iniciantes. **Revista Brasileira de Ensino de Física**, v. 33, n. 4, p. 4503-4503, 2011. Disponível em: https://doi.org/10.1590/S1806-11172011000400018. Acesso em 20 set. 2023.

DINALE, Luca; BERTASIUS, Raphael. Os melhores simuladores Arduino de 2023 (on-line/off-line). **All3DP**, 14 jul. 2023. Disponível em: https://all3dp.com/pt/2/simulador-arduino-online-offline/. Acesso em: 27 set. 2023.

FORATO, Fidel. O que IoT tem a ver com chuva? Conheça as estações meteorológicas! **Canaltech**, 9 mar. 2020. Disponível em: https://canaltech.com.br/meio-ambiente/o-que-iot-tem-a-ver-com-chuva-conheca-as-estacoes-meteorologicas-160438/. Acesso em: 27 set. 2023.

FRITZING. **Fritzing**, 2023. Software.

KERSCHBAUMER, Ricardo. **Microcontroladores**. Santa Catarina: Instituto Federal de Educação, Ciência e Tecnologia, 2013. Disponível em: https://professor.luzerna.ifc.edu.br/ricardo-kerschbaumer/wp-content/uploads/sites/43/2018/02/Apostila-Microcontroladores.pdf. Acesso em 20 set. 2023.

KNOX, Paul (org.). **Atlas das cidades**. São Paulo: Editora Senac São Paulo, 2016.

LEITE, Carlos; AWAD, Juliana di Cesare Marques. **Cidades sustentáveis, cidades inteligentes**: desenvolvimento sustentável num planeta urbano. Porto Alegre: Bookman, 2012.

MAGRANI, Eduardo. **A Internet das Coisas**. Rio de Janeiro: Editora FGV, 2019.

NAÇÕES UNIDAS BRASIL. Objetivos de desenvolvimento sustentável. **Nações Unidas Brasil**, c2023. Disponível em: https://brasil.un.org/pt-br/sdgs. Acesso em: 23 ago. 2024.

NETO, Arlindo; OLIVEIRA, Yan de. **Instalação residencial aplicada à IoT**: aprenda de forma descomplicada. Rio de Janeiro: Alta Books, 2021.

PEIXOTO, Eduardo C. (org.). **Transformação digital**: uma jornada possível. São Paulo: Editora Jandaíra, 2021.

PEIXOTO, Thiago Moratori *et al.* Sistemas embarcados: explore sua criatividade construindo hardware e software. *In*: SIMPÓSIO MINEIRO DE COMPUTAÇÃO DA VII ESCOLA REGIONAL DE INFORMÁTICA DE MINAS GERAIS, 2012, Juiz de Fora. **[Anais]**. Juiz de Fora, MG: VII Escola Regional de Informática de Minas Gerais, 2012. Disponível em: http://www.lrc.ic.unicamp.br/~luciano/publications/smc12.pdf. Acesso em: 20 set. 2023.

PENIDO, Édilus de Carvalho Castro; TRINDADE, Ronaldo Silva. **Microcontroladores**. Ouro Preto: Instituto Federal de Educação, Ciência e Tecnologia, 2013. Disponível em: https://www2.ifmg.edu.br/ceadop3/apostilas/microcontroladores. Acesso em: 20 set. 2023.

PICSIMLAB. PICSimLab. **PICSimLab**, c2022. Disponível em: https://lcgamboa.github.io/. Acesso em: 27 set. 2023.

PREFEITURA utilizará sensores para agilizar ações preventivas em dias de chuva forte. **Prefeitura da Cidade do Rio de Janeiro**, 26 fev. 2020. Disponível em: https://prefeitura.rio/cidade/prefeitura-utilizara-sensores-para-agilizar-acoes-preventivas-em-dias-de--chuva-forte/. Acesso em: 27 set. 2023.

RESÍDUOS coletados no município. **SP Regula**, 20 set. 2023. Disponível em: https://www.prefeitura.sp.gov.br/cidade/secretarias/spregula/residuos_solidos/index.php?p=185375. Acesso em: 27 set. 2023.

SILVA NETO, Victo José da; BONACELLI, Maria Beatriz Machado; PACHECO, Carlos Américo. O sistema tecnológico digital: inteligência artificial, computação em nuvem e big data. **Revista Brasileira de Inovação**, Campinas, v. 19, p. 1-31, 2020.

SIMULIDE. Página inicial. **SimulIDE**, 2006. Disponível em: https://www.simulide.com/p/home.html. Acesso em: 27 set. 2023.

SOARES NETO, Vicente. **Cidades inteligentes**: guia para construção de centros urbanos eficientes e sustentáveis. São Paulo: Editora Érica, 2018.

SÖDERBY, Karl. Getting started with Arduino: an introduction to hardware, software tools, and the Arduino API. **Arduino Docs**, 11 set. 2023. Disponível em: https://docs.arduino.cc/learn/starting-guide/getting-started-arduino. Acesso em 20 set. 2023.

SOUSA JÚNIOR, Almir Mariano de *et al.* (org.). **Carta brasileira para cidades inteligentes**. São Paulo: Editora Livraria da Física, 2021. Versão resumida. Disponível em: https://cartacidadesinteligentes.org.br/. Acesso em: 20 set. 2023.

STEVAN JUNIOR, Sergio Luiz; FARINELLI, Felipe Aldaberto. **Domótica**: automação residencial e casas inteligentes com Arduino e ESP8266. São Paulo: Editora Érica, 2018.

TINKERCAD. Página inicial. **Autodesk**, c2023. Disponível em: https://www.tinkercad.com/. Acesso em: 27 set. 2023.

UNOARDUSIM. Página inicial. **UnoArduSim**, 2022. Disponível em: https://sites.google.com/site/unoardusim/home. Acesso em: 27 set. 2023.

VIRTUAL BREADBOARD. Página inicial. **Virtual Breadboard**, 2016. Disponível em: https://www.virtualbreadboard.com/. Acesso em: 27 set. 2023.

WOKWI. Página inicial. **Wokwi**, c2023. Disponível em: https://wokwi.com/. Acesso em: 27 set. 2023.

ZABEU, Sheila. IoT ajuda a prevenir inundações. **Network King**, 11 fev. 2022. Disponível em: https://network-king.net/pt-pt/internet-das-coisas-ajuda-a-prevenir-inundacoes/. Acesso em: 30 set. 2023.

A segurança da informação nos sistemas IoT

PARTE 04

Segurança em dispositivos IoT

A crescente disponibilidade de dispositivos IoT no mercado atrai cada vez mais consumidores que buscam soluções inteligentes de automação, sejam elas residenciais, comerciais, industriais ou governamentais.

No entanto, toda essa integração de dispositivos tem levantado alertas sobre as questões de segurança no ecossistema digital.

Neste capítulo abordaremos as vulnerabilidades dos dispositivos IoT e as possibilidades de proteção para aumentar a segurança de sistemas IoT contra ameaças cibernéticas.

1. O que é a segurança de dispositivos IoT?

A IoT permite que dispositivos eletrônicos se conectem e se comuniquem entre si, possibilitando controlá-los a distância por meio de uma rede de transmissão, geralmente a internet.

Espera-se que os dispositivos desempenhem suas funções sem qualquer tipo de interferência externa indevida que possa levar a vazamentos de informação, perda de controle dos dispositivos ou operações inadequadas.

Todo dispositivo IoT está sujeito a ataques físicos e cibernéticos, sendo necessário, portanto, aumentar os procedimentos de segurança desses dispositivos e da rede pela qual se comunicam. Práticas e medidas podem ser adotadas para proteger e garantir a integridade, a confidencialidade e a disponibilidade de dados.

É importante ressaltar que nenhum sistema é ou será 100% seguro, mas muitas ações podem e devem ser realizadas para mitigar as ameaças que possam impactar a privacidade ou a segurança física das pessoas e das organizações, como invasão dos sistemas de segurança, roubo de dados ou informações pessoais, alteração de informações armazenadas em bancos de dados, desativação dos dispositivos IoT, interferência no controle dos dispositivos, entre outras.

A vasta diversidade de dispositivos IoT disponíveis amplifica o desafio de mantê-los seguros, pois existem diferentes fabricantes, protocolos de comunicação, sistemas de controle, formas de gerenciamento, entre outros fatores que exigem maior atenção aos procedimentos durante a implementação e atualização dos protocolos de segurança.

Dar a devida importância à segurança dos dispositivos IoT e investir em medidas de proteção aumenta a confiança depositada na interconectividade digital que molda nosso futuro.

2. Como os ataques aos dispositivos IoT acontecem?

Os ataques aos dispositivos IoT podem ocorrer de diversas formas e com finalidades distintas. Por serem dispositivos conectados à internet, a maior incidência de ataques ocorre remotamente, por meio da invasão do sistema e da instalação de programas maliciosos. Conhecidos como malwares – termo originado da fusão das palavras "*malicious*" (malicioso, em português) e "software" –, esses programas agem de modo específico e podem ser usados para: roubar informações; sequestrar ou bloquear dados para negociar resgate; interceptar informações; invadir outros sistemas; alterar o funcionamento dos dispositivos IoT; causar danos físicos aos dispositivos, ao ambiente ou aos usuários; aumentar o tráfego de informações para causar lentidão ou derrubar o sistema; ou simplesmente irritar o usuário.

Também é possível que existam ataques físicos aos dispositivos IoT, que visam danificá-los ou alterá-los para o sequestro de informações ou para manipulação de outros dispositivos. Por exemplo, às vezes um dispositivo IoT é colocado em um local com o objetivo de coletar dados armazenados em um cartão de memória instalado no próprio dispositivo. Nessas situações, sem proteção eficaz, pode ocorrer um ataque físico para extrair indevidamente o cartão de memória.

Além disso, a invasão de dispositivos IoT pode ter como fim a realização de um ataque DDoS (*distributed denial of service*, traduzido para o português como "negação de serviço distribuído"). Uma vez invadidos, os dispositivos são utilizados para transmitir uma quantidade enorme de dados para o servidor, o que aumenta o tráfego da rede e causa lentidão ou até a queda do sistema. O principal objetivo desse ataque não é roubar dados ou informações dos dispositivos IoT, mas utilizá-los como canal para invadir redes e interromper seu funcionamento. Isso gera muitas complicações, em especial para empresas prestadoras de serviços.

É possível que um ataque DDoS (figura 1) seja iniciado a partir de um único dispositivo IoT. Porém, após a primeira invasão, com frequência vários dispositivos são infectados, inclusive outros equipamentos interligados à rede, como computadores e smartphones, o que significa uma maior efetividade do ataque. Os dispositivos infectados, denominados *bots* (robôs) ou zumbis, são capazes de espalhar o malware para outros elementos da rede. Assim é criado um exército de bots, que se chama botnet e é controlado pelo invasor, chamado de botmaster.

Figura 1 – Esquema de um ataque DDoS

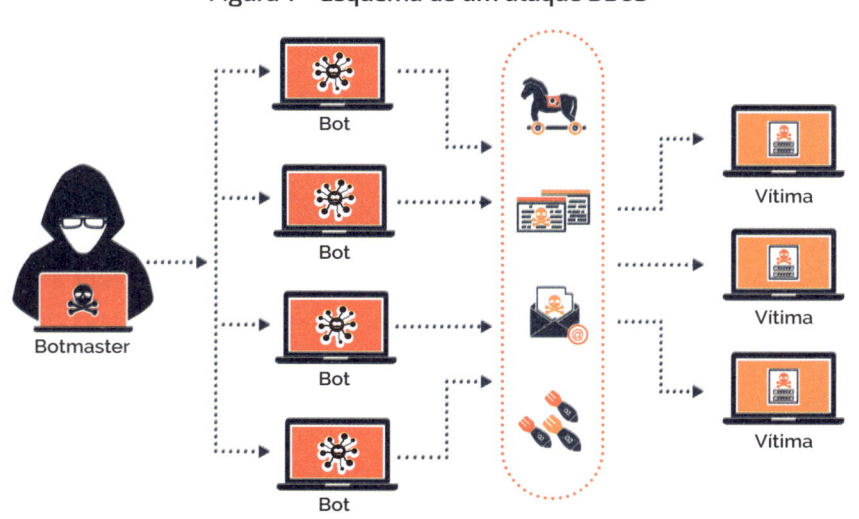

Esse tipo de ataque pode ser de difícil detecção, uma vez que o tráfego de informações maliciosas se mistura ao tráfego verdadeiro de informações e é realizado por um elemento legitimamente reconhecido pela rede, que nesse caso são os dispositivos IoT.

Algumas das principais vulnerabilidades dos sistemas IoT estão relacionadas a:

- Autenticação fraca: utilização de senha padrão, que vem de fábrica; senhas utilizadas em outros dispositivos ou ambientes; ou senhas muito básicas, como nome e data de aniversário, que podem ser facilmente descobertas e possibilitar o acesso de pessoas não autorizadas.
- Padrões de segurança inconsistentes: a falta de uma padronização universal de segurança em IoT faz com que os fabricantes criem seus próprios protocolos e diretrizes. Isso pode dificultar tanto a comunicação entre os dispositivos de diferentes marcas como a segurança entre eles, deixando brechas para ataques.
- Firmware desatualizado: a falta de atualizações regulares de firmware, que é o software com o conjunto básico de instruções para operar um hardware, deixa os dispositivos vulneráveis à exploração de falhas conhecidas.
- Comunicação insegura: a transmissão não criptografada de dados entre dispositivos e servidores possibilita a interceptação de credenciais e outras informações importantes e sensíveis durante a transmissão dos dados.
- Escassez de recursos de hardware: por motivos de economia de bateria, redução de tamanho e custo, alguns dispositivos IoT possuem recursos limitados, como baixo poder de processamento e de memória. Isso impede a implementação de recursos adicionais que podem aumentar a segurança, como firewalls, scanners de vírus e criptografia de ponta a ponta.

- Problemas de configuração: inúmeros motivos, como pressa, falta de atenção durante a leitura dos manuais de instrução, dificuldade de compreensão técnica durante a execução dos procedimentos de instalação dos dispositivos IoT, entre outros fatores, podem levar usuários a realizar configurações inadequadas ou incompletas dos dispositivos IoT e expô-los a riscos de segurança.
- Falta de proteção física: dispositivos IoT implantados em ambientes públicos ou de fácil acesso a pessoas não autorizadas podem ser alvos fáceis se não estiverem protegidos ou sendo monitorados.
- Compartilhamento de rede: dispositivos IoT incorporados na mesma rede de outros dispositivos do usuário final, em rede compartilhada com clientes ou em rede pública estão mais vulneráveis a ataques.

Os cuidados com a proteção dos dispositivos IoT vão além do próprio sistema IoT. Muitos ataques podem afetar diretamente os dispositivos IoT, porém outros podem visar à invasão da rede do usuário para coletar informações confidenciais e dados sensíveis contidos em outros dispositivos conectados à rede.

3. Protegendo dispositivos IoT

Muitas das ações que podem auxiliar a elevar a segurança dos dispositivos IoT são simples de serem executadas, porém requerem atenção periódica, manutenção e atualização dos sistemas IoT.

A seguir, apresentamos algumas dicas para aumentar a proteção desses dispositivos.

Segurança física

Proteger os equipamentos e dificultar o acesso a fim de evitar sua manipulação por pessoas não autorizadas é um dos pontos que deve ser levado em consideração para aumentar a segurança física dos dispositivos, em especial daqueles que ficam localizados em áreas públicas. Acrescentar meios de identificação física para marcar os equipamentos, por exemplo, um código ou uma placa de identificação, e realizar vistorias periódicas também ajudam na proteção. Dependendo do dispositivo, investir em monitoramento ou sistemas de alarme pode ser uma solução alternativa.

Senhas de acesso

Altere as senhas provenientes de fábrica, que são em sua maioria simples e iguais para os mesmos modelos de dispositivos. Essas senhas foram geradas para facilitar a instalação do equipamento em um primeiro momento e devem ser alteradas pelo usuário logo após esse processo. Evite o uso de senhas sequenciais, como "1234" ou "123ABC", e outras senhas comuns, como nome, sobrenome e data de nascimento. Procure utilizar senhas fortalecidas mesclando números, letras maiúsculas, minúsculas e caracteres especiais. Não utilize a mesma senha para acessar outros sistemas ou e-mails, sites e aplicativos. Por fim, altere a senha dos dispositivos com regularidade. É algo que pode ser trabalhoso, mas recompensador, dados os benefícios para a segurança.

Atualizações de software e firmware

Pesquise atualizações de software ou firmware dos equipamentos IoT no site do fabricante ou em locais confiáveis indicados pelo fabricante, como revendas autorizadas. Antes de instalar as atualizações, verifique se são necessárias e se as informações são verídicas. Alguns softwares indicam automaticamente a disponibilidade de novas atualizações, mas isso não ocorre para todos. Como a atualização de firmware é realizada em intervalos de tempo mais espaçados, é válido acrescentar lembretes na agenda em datas específicas e periódicas sobre a atualização do sistema.

Redes específicas

Criar redes específicas para abrigar os dispositivos IoT, separadas das redes de internet compartilhadas com outros usuários, diminui o risco de invasão. A depender da quantidade de equipamentos IoT instalados em uma residência ou comércio, pode ser interessante dividir a rede entre os dispositivos, de acordo com o tipo de atuação. Por exemplo, uma rede própria para os equipamentos de vigilância, como câmeras e alarmes; outra rede para os dispositivos de conforto, como termômetros, ventiladores, iluminação; e assim por diante.

Criptografia de dados

Nem todos os dispositivos dispõem de comunicação criptografada, o que torna o sistema bastante vulnerável. Portanto, ao adquirir um dispositivo IoT, verifique as possibilidades de criptografia e opte pelo que oferece transmissão criptografada. Caso já tenha um dispositivo que não criptografa os dados, verifique se existe alguma atualização que permita realizar a criptografia.

Confiabilidade

Antes de adquirir um dispositivo IoT, é recomendável realizar uma pesquisa abrangente sobre seu fabricante, suas características, suas políticas de privacidade e as avaliações de segurança disponíveis. Optar por dispositivos que possuam certificações ou selos de qualidade reconhecidos no mercado é uma prática aconselhável. Evite dispositivos com preços muito baixos ou de fabricantes desconhecidos, pois podem apresentar potenciais riscos à segurança e privacidade.

Conscientização

Os usuários podem comprometer inadvertidamente a segurança dos sistemas IoT ao deixar de adotar boas práticas durante a manipulação dos dispositivos. Para lidar com esses desafios e reduzir os impactos nocivos, é crucial promover a conscientização dos usuários com relação aos padrões de segurança.

Recursos desnecessários

Em alguns casos, recursos extras implementados de fábrica em dispositivos IoT não são utilizados pelos proprietários. Nesses casos, é valido desativar esses recursos para evitar que mantenham portas de conexão abertas sem necessidade e, assim, reduzir as brechas para invasão do equipamento.

Segurança por biometria

Biometria é uma palavra de origem grega (*bio* significa vida e *metron*, medida) e pode ser entendida como sendo o estudo das medidas dos seres vivos ou a ciência que estuda a mensuração dos seres vivos. Trata-se também de uma tecnologia para identificação e reconhecimento de pessoas a partir de suas características, como uma senha baseada nessas características. Embora as características do indivíduo selecionados para utilização biométrica modifiquem-se minimamente ao longo da vida, ainda são consideradas únicas.

Em relação à segurança da informação, a biometria consiste na aplicação de medidas de atributos biológicos para autenticação da identidade de um indivíduo. Quando são usados cartões magnéticos, códigos de barra, chaves ou senhas, existe a possibilidade de perda ou roubo de dispositivos. Com o uso da biometria, porém, espera-se a redução desses inconvenientes e de fraudes, uma vez que são utilizados dados corporais ou comportamentais de um indivíduo.

As modalidades de biometria estão em contínuo estudo e aperfeiçoamento, e o grau de complexidade das tecnologias de reconhecimento ou identificação biométrica pode variar. Para ganhar familiaridade com as diversas tecnologias, comece pesquisando sobre aquelas amplamente adotadas e que possuam menor grau de complexidade, como reconhecimento de impressão digital, para adquirir experiência, aprofundar-se nos conhecimentos e instrumentalizar-se. A utilização de bibliotecas e frameworks existentes para facilitar a integração de tecnologias biométricas em projetos de IoT, bem como o conhecimento e a pesquisa contínua sobre medidas de segurança e privacidade, também é importante para garantir a implementação dos sistemas de forma integrada, robusta e ética.

1. Métodos de segurança por biometria

Quando nos referimos a métodos de segurança por biometria, é quase automático pensarmos em filmes e séries com roteiros de espionagem e invasões, com protagonistas driblando a ultrassegurança dos sistemas tecnológicos implantados pelos vilões por meio de outros dispositivos tecnológicos inusitados, ficcionais e inovadores. Mas onde acaba a ficção e começa a realidade? O que já pode ser encontrado e implantado na vida real?

Muitos dos dispositivos biométricos despertam o interesse tanto de indivíduos quanto de empresários. E por isso faz-se necessário compreender as suas possibilidades de implantação em termos de segurança, além de aspectos como conveniência, complexidade, custo, performance e fragilidades (figura 1).

Figura 1 – Modalidades biométricas de autenticação

Modalidades biométricas de autenticação

As modalidades biométricas são agrupadas em:

- Físicas: face, impressão digital, geometria da mão, padrões das veias, locomoção, forma da orelha, retina, íris.
- Comportamentais: escrita manual, dinâmica da digitação, ritmo cardíaco, assinatura, voz, gestos.

Para saber mais

A biometria por locomoção utiliza padrões de comportamento e medidas do corpo, por isso pode ser considerada uma modalidade híbrida.

A captura biométrica é feita por meio de um dispositivo específico responsável por coletar as características e gerar um padrão biométrico a partir dos dados lidos. Essas informações são então armazenadas em uma estrutura de banco de dados para posterior consulta e utilização. Essa etapa é chamada de registro.

Quando alguém faz uso da biometria para autenticar sua identidade, está iniciando o processo de validação ou verificação. O sistema biométrico primeiramente captura os parâmetros para gerar o padrão biométrico dos dados lidos e, ao final, o padrão lido é comparado com as informações do banco de dados, como mostra a figura 2.

Figura 2 – Etapas de registro e validação dos processos biométricos

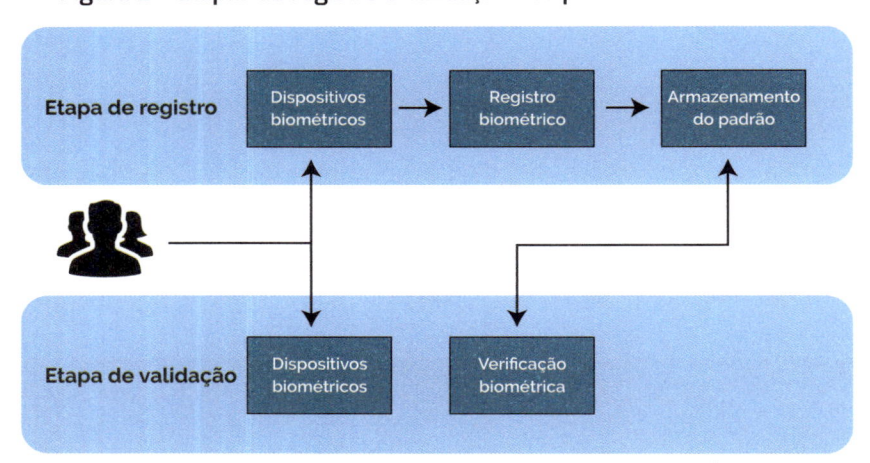

Os dispositivos biométricos para reconhecimento e identificação pessoal são aprimorados constantemente, com adição de camadas de segurança e privacidade. Discutiremos as muitas vantagens da tecnologia de biometria e também suas fragilidades, pois não existe um método que seja perfeito. O que se deve considerar é se o método escolhido atende e soluciona questões apresentadas pelo cliente.

Faremos uma breve apresentação de algumas modalidades de biometrias comportamentais e físicas quanto a seus principais usos e características.

Biometria comportamental

Reconhecimento de voz

Baseia-se na captura da voz humana e na análise do formato das ondas sonoras emitidas com o objetivo de identificar o espectro de frequências que revelam as características da voz. Para o reconhecimento de voz, são relevantes o comprimento das pregas vocais e o formato da boca e das cavidades nasais.

Para uma boa captura, é imprescindível que a pessoa fale em voz clara e que o ruído no ambiente seja mínimo, pois isso pode afetar o reconhecimento biométrico.

O custo de implementação dessa tecnologia é baixo, entretanto sua confiabilidade é reduzida devido a ruídos externos, que comprometem a qualidade da captura e a análise da voz, a qual está sujeita a alterações causadas por problemas de saúde ou envelhecimento.

Biometria física

Reconhecimento de impressão digital

O reconhecimento de impressão digital captura e analisa padrões na pele da ponta dos dedos. É o método mais antigo de biometria, extremamente confiável, e migrou do meio analógico para o digital.

Em termos de tecnologia, o reconhecimento de impressão digital utiliza hardware de baixo custo, com tamanho reduzido e fácil integração a outros dispositivos.

Ao longo da vida, a impressão digital sofre alteração de tamanho, mas não perde suas características. As digitais de uma pessoa, desde criança até a fase adulta, são as mesmas; são apenas ampliadas, como quando ampliamos uma fotografia. O reconhecimento de impressão digital só falha em casos de perda ou eliminação das linhas e reentrâncias da pele, resultantes de ações invasivas ou do uso de produtos químicos.

Reconhecimento da geometria da mão

A geometria da mão (figura 3) é uma das formas de biometria mais antigas, com aplicação predominante no controle de acesso. Consiste em uma imagem 3D da mão que foca pontos específicos. Os parâmetros considerados são largura, comprimento, espessura e tamanho das articulações da mão. Para evitar que a posição dos dedos influencie nas medidas, são usadas guias ou pinos que posicionam corretamente os dedos.

Figura 3 – Representação de biometria por geometria da mão

Reconhecimento facial

A biometria facial discerne por meio dos algoritmos as diversas características do rosto humano, como a localização e a distância entre os pontos dos olhos, sobrancelhas, nariz, boca, queixo e ore-lhas, com o objetivo de confirmar a identidade de uma pessoa. Assim se estabelece um padrão, uma assinatura biométrica. Sorrir, piscar ou fazer algum movimento são procedimentos que podem ser solicitados para o reconhecimento facial – com isso, os algo-ritmos conseguem diferenciar um rosto vivo de um molde ou uma imagem digital (figura 4).

Essa modalidade já faz parte do cotidiano e é de fácil utilização, ten-do em vista a qualidade das câmeras dos smartphones, tablets e notebooks que capturam rostos em posição frontal (*selfies*). Entre ou-tras aplicações possíveis, o reconhecimento facial é uma tecnologia usada para o ingresso em estádios, em áreas militares, etc. e também para aprimorar a identificação de pacientes em ambientes médicos.

Figura 4 – Representação de tecnologia de detecção facial por inteligência artificial

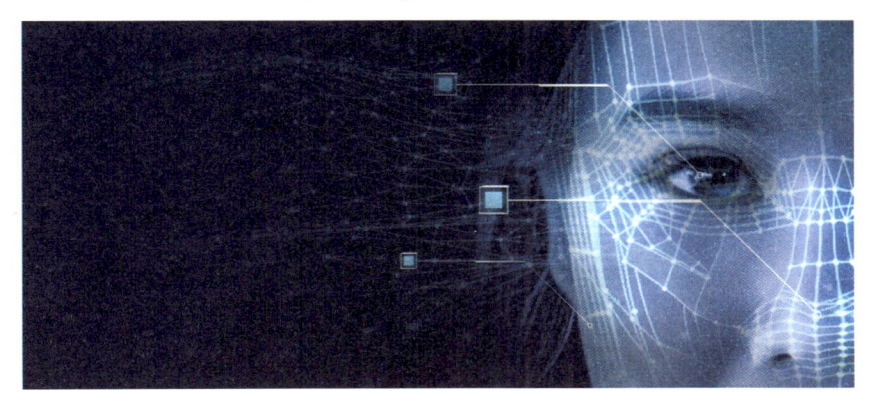

Entretanto, alguns fatores podem dificultar e comprometer o reco-nhecimento de rostos. O envelhecimento, adereços como óculos, pelos, o excesso de luminosidade do ambiente ou sombras podem comprometer a qualidade da captura.

Reconhecimento de íris

Uma característica fundamental da íris, que a torna um ótimo meio de reconhecimento de indivíduos, é a sua unicidade. Isso significa que a íris de cada indivíduo é diferente. Diferentemente do que ocorre com a cor dos olhos, seu desenvolvimento não segue nenhum padrão genético, e ela se forma quase totalmente de modo aleatório.

A biometria de íris é adotada em aeroportos e fronteiras com o principal objetivo de realizar o controle de imigrantes, e seu uso foi acentuado pelo aumento de casos de terrorismo e pela Guerra do Iraque, em 2003. É aplicada sobretudo no controle de entradas restritas, em áreas militares e no acesso a determinados bancos de dados e servidores.

Esse método é usado na emissão de documentos como passaportes e carteiras de motorista, na autenticação de pagamento com cartões bancários e até mesmo para ligar o carro. Além disso, a busca de pessoas desaparecidas ou procuradas e a análise forense também podem usufruir dessa tecnologia.

Em termos de velocidade de reconhecimento, o uso dessa modalidade biométrica tem suas limitações quando comparada com as demais. Ademais, há a exigência de permanecer imóvel por alguns instantes em frente ao dispositivo. Em termos físicos, pálpebra, cílios e pupila podem comprometer a leitura da íris devido a obstruções ou variações de luminosidade. Condições oculares como catarata, conjuntivite, tremor nos olhos ou alergias podem dificultar a autenticação da identidade. Muitos celulares, em especial os modelos *premium*, possuem um scanner de íris embutido na câmera como opção de segurança para proteger os dados.

O método de segurança por biometria da íris é o mais complexo. Sua adoção implica uma compreensão prévia aprofundada das reais exigências de segurança por parte do cliente, uma vez que constitui um sistema de proteção de dados ou ativos do cliente em um nível elevado.

Para saber mais

A íris permanece a mesma desde o primeiro ano de vida até a morte do indivíduo. Ela não é contaminada por nenhum tipo de substância estranha ao organismo e não sofre nenhum efeito com a idade. A utilização de lentes de contato e óculos também não afeta o reconhecimento; ele só é afetado caso a íris sofra um dano sério, que modifique a sua forma.

Esse método de biometria é eficaz também para gêmeos idênticos e cegos. A explicação para o primeiro caso é que, como já vimos, a íris ganha sua forma de modo aleatório no período de gestação. Portanto, uma vez que ela não segue padrões genéticos, até gêmeos idênticos e clones apresentam íris totalmente diferentes. No segundo caso, a explicação é que o reconhecimento se baseia na forma da íris, o que não se relaciona com o fato de a pessoa enxergar ou não. Uma pessoa pode não enxergar nada, mas sua íris tem uma forma, e esta pode ser utilizada em biometria.

O reconhecimento de íris foi considerado o método biométrico mais eficaz para identificar um indivíduo – um teste feito com 2 milhões de pessoas obteve 100% de acertos.

Leia mais no artigo "Biometria: reconhecimento de íris", do professor Otto Carlos Muniz Bandeira Duarte, citado na seção de referências desta parte.

Segurança e conveniência

Em termos de segurança, as características biométricas são únicas para cada indivíduo e por isso tornam mais difícil sua falsificação ou reprodução em comparação com senhas ou cartões. O uso de leitura biométrica é também um facilitador para o usuário por dispensar a memorização ou o transporte de um dispositivo. Trata-se de uma experiência que se traduz pela velocidade e facilidade de resposta à ação, o que impede que pessoas não autorizadas burlem a segurança.

A incorporação de reconhecimento facial em um aplicativo, como em aplicativos de internet banking, permite que o fornecedor do aplicativo tenha mais controle sobre os recursos de segurança e a experiência do usuário e que obtenha mais consistência entre dispositivos de clientes. No caso da íris, a leitura com raios infravermelho tem sido adotada para iluminar o rosto do usuário e detectar a pupila em movimento.

A detecção ativa de presença solicita que o usuário pisque ou balance a cabeça, por exemplo, para averiguar a sua presença. Como já mencionamos, assim é possível diferenciar uma imagem impressa ou digital de uma imagem facial ao vivo. Já uma detecção passiva pode identificar características inconsistentes entre o primeiro plano e o plano de fundo, como cortes, máscaras, pele, textura, bordas, entre outros aspectos, e é assim que reconhece a falsa representação do rosto de um usuário. A combinação de métodos ativos e passivos promove um melhor resultado de autenticação e correspondência de identidade.

Muitas implementações bem-sucedidas combinam métodos biométricos com outras formas de autenticação para criar sistemas mais robustos e adaptáveis. Além disso, é crucial abordar questões éticas e de privacidade ao implementar tecnologias biométricas.

Custo e complexidade

Considerar a disponibilidade de recursos para aquisição e desenvolvimento do sistema de segurança é crucial. A captura e o registro da biometria por imagens requerem alta qualidade (os aplicativos utilizados possibilitam melhorias automáticas de dimensionamento, rotação, corte, brilho e contraste para otimizar a qualidade), e algumas tecnologias biométricas exigem hardware especializado (por exemplo, leitores de retina), o que pode tornar sua instalação mais complexa em termos de integração e custos.

Sem dúvida, a relação entre custo e complexidade nos métodos de reconhecimento biométrico é diretamente proporcional, isto é, quanto maior sua complexidade, maior o custo. Por isso é importante ouvir as necessidades do cliente e realizar pesquisas. Além disso, o técnico, com sua percepção dos planos da empresa a médio prazo, pode apresentar sugestões quanto ao uso combinado de métodos de identificação, de modo a adequar o orçamento à expectativa do cliente e elevar a segurança dos dados ou do acesso ao ambiente.

A complexidade das tecnologias de reconhecimento biométrico pode variar com base nos requisitos específicos do projeto. Por exemplo, implementar uma solução de autenticação simples, como reconhecimento de impressão digital em um dispositivo IoT, é menos complexo do que desenvolver um sistema de reconhecimento facial em tempo real para vigilância. Muitas vezes a identificação com uso de leitores de impressão digital ou de reconhecimento facial atende de forma satisfatória às solicitações do cliente devido à sua alta precisão e fácil aceitação. Talvez por isso esses métodos de identificação estejam tão presentes em nosso dia a dia, como no acesso a prédios residenciais e comerciais ou no acesso à conta bancária em caixas eletrônicos e smartphones, para citar apenas alguns exemplos.

Antes de optar por esse tipo de solução, no entanto, tenha em mente que implementar sistemas biométricos pode ser caro, especialmente para organizações que precisariam atualizar infraestrutura e treinar pessoal. Ademais, a complexidade técnica envolvida na implementação e manutenção desses sistemas também pode ser um desafio.

Fragilidades do ambiente e usuário

Aqui listaremos, de forma geral, algumas fragilidades dos métodos biométricos, com a finalidade de possibilitar escolhas futuras mais assertivas. O reconhecimento facial, por exemplo, apesar de ser bem aceito e de dispensar o contato físico, tem como revés uma maior possibilidade de ser fraudado, com a geração de imagens 3D, e de ter a precisão da leitura prejudicada em decorrência das condições de iluminação.

A coleta e o armazenamento de dados biométricos são outros fatores que levantam preocupações com a privacidade. Se os dados biométricos são comprometidos, pode ser difícil ou impossível alterar essas características, ao contrário de senhas.

Por fim, outro ponto que vale considerar é que, com o passar do tempo, as pessoas tendem a ter algumas de suas características biométricas modificadas devido a fatores como envelhecimento, doenças ou lesões, o que pode afetar a confiabilidade do sistema.

2. Instalando e configurando uma fechadura com leitor biométrico

Fechaduras digitais com biometria são muito adotadas por questões de segurança e conveniência, pois descartam o uso exclusivo de dispositivos físicos. Os modelos com abertura biométrica mantêm ainda a opção de abertura com chaves mecânicas, cartão, senhas ou celular.

O uso dessas fechaduras flexibiliza o acesso aos locais em situações do cotidiano. Por exemplo, é possível habilitar a entrada de uma pessoa para cuidar de animais e plantas e fazer a manutenção da casa ou mesmo liberar o acesso de funcionários. Fechaduras digitais com biometria podem também ser recomendadas para pessoas com deficiência física quando integradas a sistemas de automação residencial.

Apresentaremos a seguir as principais etapas de instalação e configuração dessas fechaduras. Lembre-se de que pode haver detalhes diferentes no processo, a depender do fabricante.

Destacamos outros dois pontos de atenção: primeiro, as fechaduras funcionam com baterias com autonomia de até um ano e emitem sinais de alerta para indicar necessidade de substituição; segundo, é preciso definir previamente se a porta terá sua fechadura original substituída ou se será acrescida uma segunda fechadura.

A etapa que requer maior atenção é a escolha do modelo, pois é preciso verificar se é compatível com a porta. Especificamente, deve-se checar a compatibilidade entre o cilindro da fechadura e o dispositivo. Sendo assim, não economize tempo ao realizar pesquisas. Depois de selecionada, a fechadura adquirida acompanha um gabarito para nortear o seu posicionamento correto na porta. Confira as dimensões da porta e dos modelos de fechadura encontrados no mercado para garantir a compatibilidade.

Para dar início ao processo, pressione o asterisco da fechadura por três segundos; isso o levará ao menu de programação. Defina os usuários que poderão configurar a fechadura. Depois, é solicitada a autenticação de identidade por senha ou biometria. Para cadastrar o usuário, é preciso fazer a leitura da impressão digital no leitor da fechadura. O tempo de travamento, volume, idioma e a opção de disponibilizar histórico também podem ser programados.

Indicamos o uso dessa fechadura para a entrada; para o usuário que se encontra dentro do imóvel, a abertura da porta por comando de voz pode ser um facilitador. Verifique os fabricantes que apresentam essa opção. A integração das fechaduras a assistentes virtuais segue as mesmas etapas descritas para lâmpadas, tomadas e outros dispositivos inteligentes.

Para finalizar, é importante ter clara a diferença entre os conceitos de digital e inteligente, independentemente do dispositivo. Toda fechadura inteligente é digital, mas o inverso não é verdadeiro, pois um dispositivo inteligente pressupõe conexão com a internet e a possibilidade de controle e integração com outros dispositivos inteligentes.

Segurança da rede IoT

As vantagens de poder conectar, controlar e configurar os dispositivos IoT por meio de equipamentos diversos como smartphones, smart TVs e assistentes virtuais são muitas. Por exemplo, em um sistema de vigilância por vídeo, é possível acessar as câmeras pelas telas de celulares e TVs, ou, em fechaduras inteligentes, é possível liberar a abertura das portas a distância e programar códigos para o acesso presencial.

Em contrapartida, a ampla possibilidade de acesso aos dispositivos IoT pode apresentar riscos à segurança. Como visto nos capítulos anteriores, apesar de os ataques aos dispositivos IoT poderem ocorrer de forma física, a maior parte deles acontece virtualmente, por meio da invasão das redes a que estão conectados.

Neste capítulo abordaremos os procedimentos para aumentar a segurança das redes IoT e medidas que podem ser tomadas em casos de ataques.

1. Vulnerabilidade das redes IoT

Mesmo com a possibilidade de comunicação entre dispositivos IoT por rede cabeada, a maioria dos equipamentos se comunica via rede sem fio. As mais populares são as redes WPAN (*wireless personal area network*; em português, "rede pessoal sem fio"), utilizadas para conexão Bluetooth e Zigbee, nas quais os equipamentos estão distanciados por poucos metros; e WLAN (*wireless local area network*; em português, "rede local sem fio"), que abrange uma área um pouco maior e geralmente utiliza a tecnologia Wi-Fi. Desta maneira, muitos ataques aos dispositivos e à rede IoT ocorrem por meio da intercepção do sinal, que é transmitido pelo ar.

Em 2018, o OWASP (Projeto Aberto de Segurança em Aplicações Web), organização internacional sem fins lucrativos dedicada à segurança de aplicativos web, disponibilizou a última edição do ranking contendo as dez principais vulnerabilidades das redes IoT (OWASP internet [...], 2019) (figura 1).

Figura 1 – Dez principais vulnerabilidades das redes IoT segundo o OWASP

Vamos detalhar as dez principais vulnerabilidades das redes IoT (OWASP internet [...], 2019):

1. **Senhas fracas**

   Aplicativos que não exigem senhas com requisitos mínimos, como diversificação de letras maiúsculas, minúsculas, símbolos e números, e que permitem a utilização da mesma senha em diversos equipamentos são mais vulneráveis a invasões.

2. **Serviços de rede inseguros**

   Serviços de rede desnecessários ou inseguros executados no dispositivo, especialmente aqueles expostos à internet, que comprometem a confidencialidade, integridade e autenticidade dos dados, permitem a disponibilização indesejada de informações ou o controle remoto não autorizado do dispositivo.

3. **Interfaces de ecossistema inseguras**

   Interfaces diversas, como web, API, mobile e nuvem, que permitem a interação com o dispositivo, quando apresentam falhas de autenticação, criptografia deficiente e falta de filtragem de entrada e saída, comprometem o dispositivo ou os componentes a ele associados.

4. **Falta de mecanismos de atualização seguros**

   A impossibilidade de atualizar o dispositivo com segurança devido à falta de validação de firmware, transferência de dados não criptografada e falta de mecanismos antirreversão, como notificações de confirmação e mensagens de alerta de atualizações, torna o dispositivo mais vulnerável.

5. **Uso de componentes inseguros ou desatualizados**

   Uso de componentes de hardware e software de terceiros (por exemplo, em bibliotecas) obsoletos ou inseguros pode causar o comprometimento do dispositivo e a interrupção do seu bom funcionamento.

6. **Proteção de privacidade insuficiente**

   Informações pessoais do usuário armazenadas no dispositivo ou no ecossistema de forma insegura ou sem permissão são dados críticos sujeitos a vazamentos caso haja invasão por cibercriminosos.

7. **Transferência e armazenamento inseguros de dados**

    Falta de criptografia ou controle de acesso de dados confidenciais em qualquer lugar do ecossistema, inclusive em repouso, em trânsito ou durante o processamento, pode representar perigo à proteção dos dados.

8. **Falta de gerenciamento de dispositivos**

    Falta de suporte à segurança nas configurações dos dispositivos restringe que o usuário faça modificações ou atualizações necessárias para torná-los mais seguros.

9. **Configurações padrão inseguras**

    Dispositivos e sistemas com configurações padrão inseguras ou que restringem modificações impedem melhorias e atualizações de segurança.

10. **Falta de proteção física**

    A falta de proteção física dos dispositivos permite que potenciais invasores assumam o controle local do dispositivo e obtenham informações confidenciais, as quais podem ser usadas em um futuro ataque remoto.

Aumentando a segurança das redes IoT

O ranqueamento dos maiores riscos de invasão dos sistemas IoT estabelecido pela OWASP oportuniza que sejam realizadas ações direcionadas para elevar a segurança das redes IoT.

Além das medidas de segurança já apresentadas nos capítulos anteriores, a seguir são listadas mais algumas ações que auxiliam a mitigar os riscos de ataque:

- **Instalação de antimalware e firewall**: enquanto o antimalware trabalha para evitar a instalação de softwares maliciosos, o firewall controla o fluxo de informações e impede a transferência não autorizada de dados. Esses softwares de proteção aumentam significativamente a segurança da rede.
- **Política de backup**: realizar backups frequentes de dados e sistemas críticos e armazená-los de forma segura; evitar manter dados desnecessários para a operação dos sistemas IoT nos cartões de memória dos dispositivos (por exemplo, os dados sensíveis).
- **Protocolos seguros**: usar protocolos seguros, como HTTPS, para transferência de dados sensíveis; criptografar dados confidenciais em repouso; implementar controles de acesso robustos; e auditar regularmente práticas de armazenamento de dados em dispositivos IoT.
- **Testes de invasão**: realizar testes de invasão, dependendo do porte e do segmento de atuação da empresa, em que uma equipe de especialistas, denominada *red team*, é contratada para tentar violar a rede IoT. A partir da identificação dos pontos fracos, um relatório é gerado para que a empresa contratante possa reforçar o sistema de segurança da rede.

2. Vulnerabilidade dos assistentes virtuais

O uso dos assistentes virtuais pela população brasileira cresce constantemente. Em julho de 2020, 87% dos brasileiros já haviam utilizado assistentes virtuais por comando de voz, proporção que saltou para 91% em setembro de 2022, segundo pesquisa realizada pela Ilumeo Data Science Company (Ilumeo, 2022). O mesmo estudo estima que 25% da população utilizava esses recursos cotidianamente em 2022. Dentre os dispositivos que as pessoas mais desejam controlar por comando de voz, destacam-se os aparelhos de TV (76%), iluminação doméstica (68%), ar-condicionado ou ventilador (64%), eletrodomésticos de cozinha (63%) e chuveiro ou torneira (54%) (Ilumeo, 2022).

Diante da popularização dos assistentes virtuais, as preocupações com os ataques cibernéticos são cada vez maiores. Isso porque os assistentes, como Amazon Alexa, Google Assistente e Siri, coletam uma quantidade significativa de informações dos usuários que interagem com eles. A falta de uma regulamentação bem definida com relação ao uso desses dados, inclusive pelas próprias empresas que fornecem os serviços dos assistentes virtuais, levanta diversos questionamentos e discussões sobre os direitos dos usuários.

Essas discussões, por sua vez, vêm acarretando modificações e esclarecimentos nas políticas de privacidade das empresas que operam os dados transmitidos.

Além de dados sensíveis, como informações íntimas e confidenciais, os assistentes virtuais estão cada vez mais integrados aos dispositivos IoT e permitem o controle de muitos equipamentos dentro de uma residência ou de uma empresa. O acesso não autorizado a esses dados pode causar enorme prejuízo aos usuários e às empresas que utilizam os dispositivos, assim como aos fabricantes.

Ao pesquisar notícias na internet, é possível encontrar diversos casos de ataques hackers e testes realizados por pesquisadores e empresas na tentativa de burlar a segurança dos assistentes virtuais. As falhas encontradas servem para apontar melhorias a serem realizadas nos softwares que os operam.

Aumentando a segurança dos assistentes virtuais

Apesar de existirem riscos para a segurança dos assistentes virtuais, não há motivo para pânico. É importante que o usuário fique ciente das ameaças e saiba o que fazer para mitigá-las. A seguir, são listadas algumas ações que ajudam a aumentar a segurança dos assistentes:

- **Atualizar frequentemente o aplicativo do assistente virtual**: as fragilidades ou falhas de segurança descobertas nos softwares que controlam os assistentes virtuais são constantemente corrigidas pelos fabricantes nas versões atualizadas.

- **Evitar instalação de aplicativos ou skills desconhecidos**: antes de instalar um aplicativo que permita a integração com um assistente virtual e o controle de algum dispositivo IoT, é importante verificar a procedência do aplicativo e sua confiabilidade. Pesquise sua política de privacidade e mais referências do fabricante.

- **Atentar-se para as informações compartilhadas**: preste atenção e evite compartilhar dados sensíveis ou confidenciais, como senhas e dados bancários, durante a comunicação com os assistentes virtuais.

- **Não permitir que aplicativos ou skills tenham acesso às informações pessoais**: entre nas configurações do aplicativo e do assistente virtual e verifique quais são as permissões de acesso. Nem sempre as permissões de acesso a dados pessoais vêm desabilitadas de fábrica, de modo que o usuário é o responsável por desativá-las.

- **Desabilitar o armazenamento de dados pela operadora**: os assistentes virtuais armazenam os comandos de voz em bancos de dados dos servidores administrados pelo fabricante, como a Amazon, o Google e a Apple. É possível acessar o painel de configurações do assistente virtual, buscar "Gerenciamento da proteção de dados" e selecionar a opção de não armazenar gravação. Os fabricantes alegam que desabilitar essa função pode diminuir a capacidade de compreensão do assistente e, assim, de responder corretamente, portanto, é importante avaliar os prós e contras dessa medida de segurança.

- **Verificar a segurança da rede**: os assistentes virtuais possuem protocolos de segurança incorporados de fábrica. Ainda assim, é válido redobrar a segurança e conectar o dispositivo a uma rede segura. Use a criptografia WPA2 ou WPA3 acompanhada de uma senha forte para protegê-la.

- **Acrescentar senha e reconhecimento de voz aos dispositivos IoT de segurança**: fechaduras inteligentes e câmeras de monitoramento, por exemplo, precisam estar muito bem protegidas para evitar que qualquer pessoa tenha acesso a elas, principalmente por comando de voz. Nas configurações desses dispositivos, é possível acrescentar senhas e até mesmo reconhecimento de voz para controlá-los.

- **Desativar dispositivos em desuso**: às vezes novos dispositivos são adquiridos e os mais antigos deixam de ser utilizados, ou mesmo alguns dispositivos são raramente usados. Nessas situações, é válido desativá-los para evitar ataques cibernéticos a partir deles.

> **Para saber mais**
>
> WAP é o acrônimo de *Wi-Fi protected access*, que se traduz como "acesso protegido ao Wi-Fi". WPA2 é uma versão atualizada e mais segura do WAP, sendo o modelo de criptografia mais utilizado atualmente para proteger redes sem fio. WAP3 é a terceira geração do protocolo WAP e oferece ainda mais segurança na transmissão de dados, porém muitos dispositivos mais antigos não são compatíveis com essa tecnologia.

3. Procedimentos corretivos após uma invasão

Suponha que uma casa inteligente tenha dispositivos IoT, como câmeras de segurança, termostatos e fechaduras conectadas à internet. Se esses dispositivos tiverem senhas padrão não alteradas, um invasor poderia explorar essa vulnerabilidade, ganhar acesso à rede doméstica e controlar os dispositivos. Isso poderia levar a invasões de privacidade, monitoramento não autorizado ou até mesmo manipulação física do ambiente doméstico.

As ações preventivas dificultam os ataques cibernéticos, porém ainda assim eles podem ocorrer. Então o que fazer em caso de uma invasão?

A seguir, estão listados alguns procedimentos corretivos:

- **Isolamento do incidente**: isole imediatamente os dispositivos comprometidos para evitar que o ataque se espalhe pela rede. Desconecte dispositivos infectados da rede para impedir danos adicionais.
- **Análise forense**: realize uma análise forense para entender a extensão do incidente, identificar as vulnerabilidades exploradas e determinar como o ataque ocorreu.
- **Remediação de vulnerabilidades**: corrija as vulnerabilidades identificadas durante a análise forense. Isso pode envolver a aplicação de patches, atualizações de firmwares ou modificações na configuração do dispositivo.
- **Mudança de credenciais**: mude todas as credenciais comprometidas, incluindo senhas de dispositivos, chaves de autenticação e credenciais de acesso a sistemas.

- **Restauração de dados**: se houver perda de dados, restaure-os a partir de backups confiáveis para garantir a continuidade das operações e minimizar os impactos do ataque.
- **Comunicação transparente**: comunique a violação aos stakeholders relevantes, incluindo usuários finais, clientes e autoridades, conforme necessário. A transparência pode construir confiança e facilitar a colaboração em medidas corretivas.
- **Melhorias de segurança contínuas**: aprenda com o incidente e implemente melhorias contínuas na segurança por meio do ajuste de políticas, procedimentos e tecnologias para evitar futuras invasões.

Legislação e privacidade

A transformação digital, a indústria 4.0, a IoT e as diversas ferramentas e aplicativos digitais de um mundo conectado exigem cuidados com a privacidade e a proteção dos dados pessoais. Certamente, os tempos atuais requerem assertividade e reatividade aos possíveis abusos no uso de informações pessoais para fins desconhecidos. Entretanto, essa temática não é exclusiva da tecnologia digital: o direito à privacidade e ao sigilo de informações pessoais remete ao século XIX, a um contexto de pós-guerra, antes da elaboração da Declaração Universal dos Direitos Humanos.

No Brasil, a evolução da proteção de dados ocorreu por meio das Constituições Federais de 1891, 1934 e 1946, cujos artigos e parágrafos transformaram em lei o direito à inviolabilidade do sigilo da correspondência. Na Constituição de 1967, artigo 150, parágrafo 9, acresceu-se ao direito à inviolabilidade do sigilo da correspondência o direito ao sigilo das comunicações telegráficas e telefônicas. Na Constituição de 1988, o artigo 5º trata da igualdade de todos os cidadãos perante a lei, sem distinção de qualquer natureza, aos quais garante a inviolabilidade do direito à vida, à liberdade, à igualdade, à segurança e à propriedade (Brasil, 1988):

> X – são invioláveis a intimidade, a vida privada, a honra e a imagem das pessoas, assegurado o direito a indenização pelo dano material ou moral decorrente de sua violação; [...]
>
> XII – é inviolável o sigilo da correspondência e das comunicações telegráficas, de dados e das comunicações telefônicas, salvo, no último caso, por ordem judicial, nas hipóteses e na forma que a lei estabelecer para fins de investigação criminal ou instrução processual penal; [...] (Brasil, 1988).

Portanto, na Constituição Federal de 1988 foi reconhecida a proteção à intimidade, à vida privada, à imagem e ao sigilo dos dados. Além dos direitos previstos na Constituição, no Brasil passou a vigorar, desde 2018, a Lei Geral de Proteção de Dados Pessoais (LGPD), que estabelece normas para a coleta e o tratamento de dados pelas empresas.

As legislações referentes à proteção e privacidade dos dados pessoais ao redor do mundo ainda são muito diversas, mas é certo que, de alguma maneira, a criação de uma atmosfera de confiança e segurança deve ser estabelecida para minimizar a exposição de informações pessoais não autorizadas.

Em relação à IoT, o desafio é o mesmo: diante da estrutura necessária para a conectividade, com a coleta, transmissão e armazenamento de dados, um sistema de serviços e normas em conformidade com as leis vigentes deve ser elaborado e atualizado continuamente.

1. Segurança e privacidade de informações

Livros e filmes de ficção em que governos ou grupos controlam os pensamentos, dados de imagem, sons e pesquisas são um alerta sobre a perda da privacidade dos cidadãos nas sociedades modernas.

Em 2013, uma resolução estabelecida pela ONU sobre o direito à privacidade na era digital foi motivada principalmente pelas revelações sobre os programas de vigilância em massa conduzidos pelo governo dos Estados Unidos feitas pelo ex-técnico da Agência de Segurança Nacional dos Estados Unidos (NSA) Edward Snowden. Essas revelações levantaram sérias preocupações em relação à privacidade dos cidadãos em todo o mundo, especialmente no que diz respeito à interceptação de comunicações eletrônicas e à coleta de dados pessoais em larga escala.

Brasil e Alemanha contribuíram para essa resolução adotada pela ONU. O envolvimento do Brasil se deve sobretudo ao fato de comunicações da presidente Dilma Rousseff e de empresas brasileiras terem sido interceptadas, enquanto na Alemanha foi identificada a monitorização da comunicação, inclusive do telefone, da chanceler alemã Angela Merkel. Ambos os países manifestaram publicamente sua preocupação e sua grande indignação com os acontecimentos e assumiram um posicionamento político de liderança ao expressarem a necessidade de medidas internacionais para proteger o direito à privacidade e à liberdade de expressão.

O documentário *O dilema das redes*, de 2020, chamou a atenção da população geral sobre os usos dos dados pessoais ao trazer depoimentos de especialistas que trabalham ou trabalhavam em grandes empresas de internet, como Google e Facebook (atual Meta). A denúncia desses especialistas sobre a violação de privacidade dos usuários expôs a aplicação de algoritmos e a captação de dados para posterior utilização comercial ou para políticas direcionadas (O dilema [...], 2020).

Diversos são os danos a que estamos sujeitos pela inexistência de regras concretas sobre a utilização de dados pessoais, mesmo com os termos instituídos pela Constituição Federal. Como á exposição indevida da imagem por meio do compartilhamento de fotos e vídeos íntimos, fraudes envolvendo o número de documentos e cartões de movimentação bancária e a manipulação indevida do registro de temas de interesse em sites, aplicativos e redes sociais já são comuns.

A criação de uma agência regulatória, a Autoridade Nacional de Proteção de Dados (ANPD), vinculada ao Ministério da Justiça e Segurança Pública, tem como propósito proteger os dados pessoais e regulamentar, implementar e fiscalizar o cumprimento da Lei Geral de Proteção de Dados Pessoais (LGPD) no Brasil. A missão da agência é assegurar que os direitos de liberdade, privacidade e livre desenvolvimento da personalidade dos indivíduos, estabelecidos na LGPD, sejam cumpridos.

Sanções administrativas estão previstas em lei para quem desrespeitar as regras de tratamento de dados pessoais, com multas de até 2% do faturamento anual da organização no Brasil, limitadas a 50 milhões de reais por infração. A ANPD fixa níveis de penalidade segundo a gravidade da falha e envia alertas e orientações antes de aplicar sanções às organizações.

Além das agências governamentais, o tema ganha a atenção de pesquisadores e grupos da sociedade civil que discutem sobre as políticas de uso de dados pessoais. A Coalizão Direitos na Rede (CDR) reúne mais de cinquenta organizações acadêmicas e da sociedade civil em defesa dos direitos digitais e atua de maneira articulada para a proteção dos seguintes princípios (Coalizão Direitos na Rede, 2016):

1. Acesso universal à infraestrutura de telecomunicações e ao serviço de conexão à internet, com vistas a assegurar o caráter universal e a prestação continua e sem limites, com qualidade dos serviços e com respeito à neutralidade da rede.

2. Proteção da privacidade e dos dados pessoais, visando à aprovação de uma lei de proteção de dados pessoais, bem como à manutenção dos direitos estabelecidos no Marco Civil da Internet, entre outras legislações que tratam do tema. Assegurar que ninguém esteja sujeito à vigilância, interceptação de comunicações ou coleta arbitrária e ilegal de dados pessoais, nem mesmo para fins de segurança nacional.

3. Garantia da liberdade de expressão, comunicação e manifestação de pensamento, inclusive com a manutenção das salvaguardas a intermediários estabelecidas no Marco Civil da Internet.

4. Fortalecimento do Comitê Gestor da Internet no Brasil, preservando suas atribuições e seu caráter multissetorial, como garantia da governança multiparticipativa e democrática da internet.

Diante desse cenário, você já se perguntou o que uma empresa faz ou pode fazer com os seus dados na internet?

2. LGPD

A União Europeia elaborou o Regulamento Geral de Proteção de Dados (RGPD), um documento que aborda o tratamento e a proteção de dados pessoais e que passou a vigorar em 2018, mesmo ano em que, no Brasil, foi promulgada a Lei nº 13.709/2018, chamada Lei Geral de Proteção de Dados Pessoais (LGPD). Essa lei, a qual regulamenta os direitos fundamentais de liberdade e de privacidade e a livre formação da personalidade de cada indivíduo, entrou em vigor em setembro de 2020 e estabeleceu normas para a coleta e o tratamento de dados pelas empresas. As multas e penalidades previstas pela lei passaram a ser aplicadas em 2021.

A RGPD inspirou diversos países a elaborarem seus documentos de proteção de dados, inclusive o Brasil. Os documentos apresentam pontos comuns, mas também especificidades relativas a cada país. Barbosa e Borin (2021) apontam os seis princípios encontrados no documento da União Europeia: licitude, lealdade e transparência; minimização dos dados; exatidão; limitação da conservação; integridade e confidencialidade; e responsabilidade. Já na LGPD os autores identificaram um total de dez princípios: finalidade, adequação, necessidade, livre acesso, qualidade dos dados, transparência, segurança, prevenção, não discriminação e responsabilização.

Nos seus 65 artigos, a LGPD é esclarecedora quanto a conceitos jurídicos, consentimentos, finalidade e necessidade do tratamento, responsabilização, transparência, segurança e gestão de falhas, penalidades e fiscalização. A LGPD elenca como principais objetivos (Sebrae, [s. d]):

- assegurar o direito à privacidade e à proteção de dados pessoais dos usuários, por meio de práticas transparentes e seguras, garantindo direitos fundamentais;
- estabelecer regras claras sobre o tratamento de dados pessoais;
- fortalecer a segurança das relações jurídicas e a confiança do titular no tratamento de dados pessoais, garantindo a livre iniciativa, a livre concorrência e a defesa das relações comerciais e de consumo;
- promover a concorrência e a livre atividade econômica, inclusive com a portabilidade de dados.

Mas o que a LGPD entende como dados pessoais?

Segundo o artigo 5°, inciso I, dados pessoais são informações básicas de identificação – como nome, registro geral (RG), cadastro nacional de pessoas físicas (CPF) e endereço residencial – e dados referentes a hábitos de consumo, aparência e aspectos de personalidade. Com base no artigo 12, parágrafo 2, são considerados ainda dados pessoais aqueles utilizados para formação do perfil comportamental da pessoa.

A LGPD conferiu uma proteção ainda maior ao que denominou dados pessoais sensíveis, por estarem relacionados a aspectos íntimos da personalidade de um indivíduo. São eles: origem racial e étnica, convicção religiosa, opinião política, dados referentes à saúde ou à vida sexual e dados genéticos e biométricos, quando vinculados a uma pessoa natural (Brasil, 2018). A LGPD não considera dados pessoais, para efeito da lei, os dados titularizados por pessoas jurídicas.

Ainda fica esclarecido no artigo 5º, inciso X, que o tratamento de dados pessoais é toda operação relacionada a coleta, produção, recepção, classificação, utilização, acesso, reprodução, transmissão, distribuição, processamento, arquivamento, armazenamento, eliminação, avaliação ou controle de informação, modificação, comunicação, transferência, difusão ou extração de dados.

A Conferência das Nações Unidas sobre Comércio e Desenvolvimento (UNCTAD) é o principal órgão do sistema das Nações Unidas para o tratamento integrado entre comércio e desenvolvimento, assim como de assuntos correlacionados às áreas de finanças, tecnologia, investimento e desenvolvimento sustentável. É um fórum intergovernamental permanente e subsidiário à Assembleia Geral das Nações Unidas. Os seus diversos encontros, pesquisas e programas de cooperação técnica visam auxiliar os países em desenvolvimento a uma integração mais positiva na economia mundial (Conselho Administrativo de Defesa Econômica, 2022).

Na figura 1, um mapeamento realizado pela UNCTAD demonstra os diferentes estágios em que se encontram os países ao redor do mundo em relação à legislação de proteção e privacidade de dados.

Figura 1 – Mapeamento dos países em relação à legislação de proteção e privacidade de dados

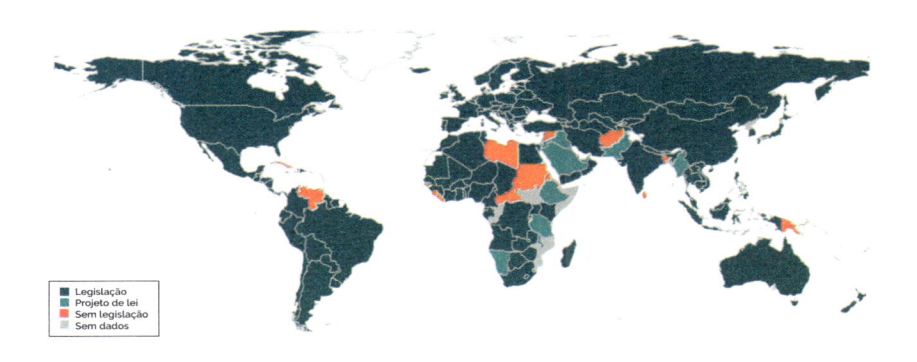

Fonte: adaptado de UNCTAD (2021).

De acordo com os dados da UNCTAD, 137 dos 194 países implementaram legislações para garantir a proteção dos dados e da privacidade. África e Ásia apresentam diferentes níveis de adoção – 61% e 57%, respectivamente.

Em termos mundiais, 71% dos países já apresentam legislação, 9% têm projetos de lei, 15% não apresentam nenhuma organização judicial sobre essa temática e 5% dos países nem sequer têm dados para serem computados nessa pesquisa.

Os termos regulatórios são fundamentais para que saibamos como as organizações e empresas coletam, armazenam e utilizam nossos dados pessoais. Outro aspecto pertinente é saber que o uso dos dados está vetado se não houver o consentimento explicitado do titular e que ele pode solicitar a remoção ou revogação de seu consentimento e de seus dados, assim como a transferência para outro fornecedor de serviços. A finalidade e a necessidade de tratamento de dados devem ser previamente acertadas e informadas ao cidadão.

3. Impacto da LGPD em aplicações de IoT

A discussão sobre a expansão global do sistema IoT, que integra dados digitais ao cotidiano das pessoas, é relevante para determinar o alinhamento com o que foi estabelecido no Plano Nacional da Internet das Coisas (Decreto nº 9.854/2019) e na LGPD.

A LGPD é categórica quanto à preservação da privacidade das pessoas e ao reconhecê-las como titulares de seus dados pessoais. Isso permite que os indivíduos exerçam seus direitos em relação a terceiros que tratam suas informações, inclusive com a imposição de penalidades em caso de descumprimento da lei. O Plano Nacional de Internet das Coisas, por sua vez, define a implementação e o desenvolvimento da IoT com base na livre concorrência e na livre circulação de dados, observadas as diretrizes de segurança da informação e de proteção de dados pessoais. O desafio é prever e evitar vazamentos de dados para o desenvolvimento da IoT em conformidade com a LGPD, para reduzir riscos às organizações, em termos de perda de credibilidade e prejuízos, e, principalmente, riscos ao titular, no que diz respeito à privacidade e proteção de suas informações pessoais.

A IoT pressupõe uma integração entre os mundos físico e digital, segundo os pilares de comunicação, computador e controle. Em outras palavras, objetos IoT possuem capacidade de comunicação e processamento com sensores e atuadores. Comentamos sobre a importância de identificar problemas e buscar soluções tangíveis a partir de dados coletados do usuário para maior assertividade dos resultados durante o planejamento e o desenho de projetos.

Vamos relembrar as etapas de elaboração de projetos de casa inteligente. Os dispositivos instalados estão conectados à internet 24 horas por dia, coletam e processam inúmeros dados. Você saberia responder para onde são encaminhados esses dados? Os operadores da empresa contratada estão treinados para tratá-los de forma segura e privada? Talvez algumas informações não estejam cobertas pela LGPD, mas certamente biometrias, informações de localização ou rotinas e mesmo a pulsação cardíaca medida por alguns dispositivos estão sujeitas a essa lei.

Para evitar o sequestro de dados pessoais, deve-se implantar sistemas de criptografia, criar políticas de segurança e estruturar boas práticas de segurança da informação. Inclusive, recomenda-se que um profissional seja designado como gestor responsável pela proteção dos dados armazenados em aparelhos IoT. Certamente estes são alguns dos desafios associados ao desenvolvimento de sistemas IoT em conformidade com a LGPD encontrados pelas empresas.

A seguir ilustraremos situações que devem ser questionadas e analisadas a fim de que sejam implementados projetos que considerem pontos sensíveis em relação aos dados pessoais do cliente e à maneira como serão geridos pela empresa. Como funcionário ou dono de uma empresa, você deve identificar a base legal para cada uma das atividades e garantir a transparência por meio de avisos de política de privacidade. Já como usuário, antes do aceite, é preciso fazer uma leitura atenta dos termos.

A IoT é diretamente impactada pela LGPD ou pela RGPD, cujos pontos comuns levantam questionamentos pertinentes a respeito:

- da continuidade do desenvolvimento de tecnologias centralizado no uso dos dados pessoais;
- da manutenção do respeito à privacidade e segurança dos usuários durante a navegação ou utilização dos dispositivos; e
- do planejamento de custos nos novos procedimentos.

Em um sistema IoT, a dificuldade certamente está na grande diversidade de fontes de informações (dispositivos inteligentes, sensores/atuadores, dispositivos móveis e *streams*), acessadas de diferentes maneiras e por vários sistemas de comunicação e cenários. Por isso a segurança deve se concentrar na confidencialidade, integridade e disponibilidade das informações durante as etapas de coleta, transmissão e armazenamento dos dados pelos dispositivos IoT.

Para fins de organização e otimização, aplicam-se os conceitos de *privacy by design* e *privacy by default*, formas de se adequar às leis de proteção de dados que devem ser conhecidas por empresas de tecnologia, portais de notícias, lojas on-line, agências, entre outras empresas que fazem coleta de dados.

Privacy by design, ou privacidade desde a concepção, é um conceito adotado na Europa, principalmente em função da RGPD, com o intuito de garantir proativamente a proteção, privacidade e segurança dos dados a cada passo de um projeto, ou seja, em todo o seu ciclo de vida. Desta forma, antecipam-se problemas, e como consequência os riscos são diminuídos. No mundo corporativo, esta prática corresponde ao estudo de análise de risco. A ANPD pode solicitar a elaboração de um relatório de impacto à proteção de dados pessoais (RIPD) para análise de potencial risco às liberdades civis e aos direitos fundamentais dos titulares.

Em contrapartida, o *privacy by default*, ou privacidade por padrão, é um conceito segundo o qual as configurações seguras de privacidade são aplicadas por padrão, sem nenhuma entrada manual do usuário final, e os dados pessoais para utilização, autorizados pelo usuário, são mantidos durante o fornecimento do produto ou serviço. Um exemplo é quando visitante de um site tem seus dados coletados ao ativar voluntariamente os cookies. Os cookies devem estar desativados por padrão, ficando a critério do usuário a ativação e o posterior compartilhamento de dados.

A fim de orientar a construção do design dos sistemas, autores diversos elaboraram perguntas para ampliar o olhar sobre o ciclo de vida do produto/serviço. As perguntas elaboradas não são aleatórias: elas contribuem para cercar as variáveis envolvidas e garantir que o cenário analisado seja o mais completo possível. Na fase de coleta, algumas das perguntas podem ser: quais são os dados obtidos e como e quando foram obtidos? Para onde vão esses dados? Quais as bases legais para sua coleta? Com quem são compartilhados? Quem são parceiros e fornecedores em conformidade, titulares e demais envolvidos no acesso? Na fase de transmissão, outros questionamentos poderiam ser: onde serão transmitidos esses dados? Por quanto tempo? Qual o seu nível de segurança? Como trafegam? A fase de armazenamento pode ter perguntas relacionadas a registros, sistema de exclusão, criptografia, etc.

Para saber mais

5W2H é uma ferramenta de gestão proativa sugerida para a elaboração do plano de análise de risco de sistemas IoT focado na proteção de dados pessoais. No entanto, pode ser usada em qualquer etapa de um projeto. Trata-se de um checklist das atividades preventivas e corretivas a serem elencadas pelos gestores de projetos. Sua nomenclatura deriva do inglês – respostas são elaboradas a partir de questões iniciadas com as letras W e H: *what* (o quê), *why* (por quê), *who* (quem), *when* (quando), *where* (onde), *how long* (quanto tempo) e *how* (como).

Ao analisar as informações apresentadas na coleta, transmissão e armazenamento, elabore perguntas como: quais os dados utilizados? Por quanto tempo ficarão armazenados? Como os dados trafegam no sistema?

Padrões de certificação

Você já se perguntou onde ficam armazenados os dados transmitidos pela internet para registrar um usuário e uma senha? Ou, por exemplo, onde ficam as informações de reconhecimento para acionar algum dispositivo IoT?

Parte das informações pode ficar gravada na memória do próprio dispositivo IoT, porém a maioria delas fica armazenada em bancos de dados instalados em servidores. Com o avanço da internet, tem se tornado mais comum, prático e lucrativo utilizar servidores em nuvem, oferecidos por diversas empresas especializadas, em vez de investir na criação de um servidor próprio.

Neste capítulo, serão abordados temas importantes sobre o uso da nuvem para o controle de dispositivos IoT e ações que possibilitam elevar a segurança das informações transmitidas e armazenadas nesses provedores.

Vale destacar aqui que um profissional de IoT deve estar sempre atento às políticas de privacidade dos aplicativos para dispositivos inteligentes disponíveis no mercado. A leitura atenta dos termos descritos no documento permite identificar quais dados serão acessados e coletados e como serão utilizados. Outro aspecto importante é verificar se a empresa provedora de serviços possui certificados que comprovem a qualidade dos serviços ofertados e a segurança no tratamento dos dados dos clientes.

Lembre-se também de que a segurança também é de responsabilidade do usuário. Assim, é importante manter os protocolos de segurança da rede Wi-Fi atualizados, além de fortalecer, diversificar e proteger senhas de acesso.

1. Segurança de dados armazenados na nuvem

Para estabelecer a segurança dos dados armazenados, primeiro é preciso entender quais serviços são utilizados com os provedores. Basicamente, existem três principais modelos de serviços que são oferecidos: SaaS, PaaS e IaaS (figura 1).

Figura 1 – Modelos de software, plataforma e infraestrutura como serviço

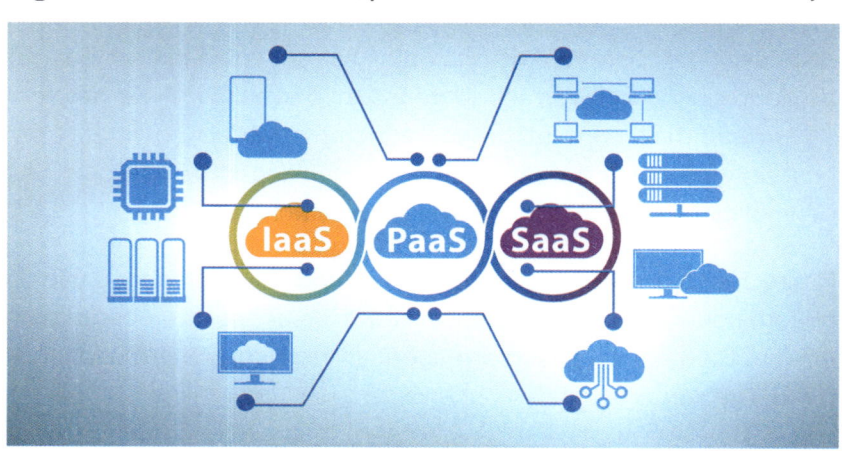

Software como serviço

O software como serviço, ou SaaS (*software as a service*), permite que sejam utilizados aplicativos e softwares que estão implementados nos servidores do provedor, e não na máquina do cliente. Portanto, os usuários finais utilizam uma aplicação em nuvem por meio de um navegador da internet.

A proteção e o gerenciamento de infraestrutura, ferramentas, manutenção e atualização de softwares é de responsabilidade do provedor de serviços. Ao usuário cabe a responsabilidade pelo uso e acesso aos softwares.

Exemplos bastante comuns de SaaS são as caixas de e-mail, calendários, editores de texto e de planilhas on-line, Google Workspace, Microsoft Office 365, entre outros softwares disponibilizados em nuvem por inúmeras empresas.

Plataforma como serviço

A plataforma como serviço, ou PaaS (*platform as a service*), oferece ao usuário uma plataforma de desenvolvimento completo e um ambiente de implantação em nuvem. Esse serviço de plataforma serve para auxiliar as empresas que desejam exemplificar, testar e implementar o código original do seu software.

Os provedores se responsabilizam pelo sistema operacional, tempo de execução, middleware, sistema operacional e pelos principais serviços de computação. Os clientes devem proteger seus aplicativos, dados, acesso, dispositivos do usuário final e redes do usuário final.

IBM Cloud Foundry, Google App Engine, Microsoft Azure App Service, Heroku, Red Hat e AWS Elastic Beanstalk são alguns dos exemplos de provedores que oferecem PaaS.

Infraestrutura como serviço

O modelo de infraestrutura como serviço, ou IaaS (*infrastructure as a service*), oferece recursos para que a empresa crie um data-center virtual e promova gerenciamento e armazenamento de dados, recursos de computação e redes sob demanda. Com isso, as empresas que contratam o serviço se livram de grandes investimentos com hardware, servidores e equipe de manutenção, por exemplo. A empresa também ganha em flexibilidade, uma vez que pode conseguir contratos em que paga apenas pelos serviços de infraestrutura consumidos.

O provedor é responsável por gerenciar a infraestrutura, ou seja, cuida de servidores, rede, virtualização e armazenamento. E as empresas e os usuários que contratam o serviço são responsáveis por gerenciar e proteger o sistema operacional, aplicações e middleware, por exemplo.

Amazon Web Services (AWS), Microsoft Azure, IBM Watson IoT, Oracle IoT, Google Cloud, ThingsBoard, Chirpstack, The Things Stack, The Things Network, Helium, SmartThings e HomeKit são alguns exemplos de plataformas de serviços para IoT (figura 2).

Figura 2 – Responsabilidade de gerenciamento nos modelos IaaS, PaaS e SaaS

Portanto, o fato de usar os recursos da nuvem não isenta o usuário de responsabilidades de segurança, podendo elas serem maiores ou menores, de acordo com o serviço utilizado. Ainda assim, as maiores vulnerabilidades ocorrem do lado dos clientes e estão relacionadas às credenciais de acesso, que não são bem guardadas pelos usuários ou são fracas, e ao processo de transmissão sem fio dos dados, que podem ser atacados e corrompidos. Deste modo, ao seguir corretamente os procedimentos de segurança, um usuário atento colaborará para a segurança do sistema.

2. Protocolo de segurança da rede Wi-Fi

A maior parte dos dispositivos IoT se comunica por rede sem fio Wi-Fi, e por isso é importante destacar os protocolos de segurança disponibilizados para essa rede.

No final da década de 1990, foi lançado o primeiro protocolo de segurança para redes Wi-Fi como parte do padrão IEEE 802.11, com o propósito de oferecer segurança de mesmo porte das redes com fio. Esse protocolo foi denominado wired equivalent privacy – WEP.

O WEP propôs a criptografia dos pacotes de informações transmitidos para evitar sua interceptação e acesso não autorizado, a fim de garantir a confidencialidade dos dados de cada usuário. É baseado no algoritmo de criptografia RC4, abreviação de Rivest Cipher 4, em homenagem ao seu criador Ron Rivest, e utiliza chaves de segurança compartilhadas entre os dispositivos conectados à rede de 40 bits e 104 bits, adicionados a um vetor de inicialização de 24 bits. Usa autenticação do tipo CRC (verificação cíclica de redundância) na tentativa de garantir que apenas aqueles com a chave correta possam acessar e entender os dados. Porém muitas vulnerabilidades foram detectadas nesse protocolo ao longo do tempo, de modo que o WEP se tornou obsoleto e não mais recomendado pela Wi-Fi Alliance.

Para substituir o WEP, foi desenvolvido um protocolo de segurança da rede Wi-Fi mais confiável, denominado WPA (ou acesso protegido ao Wi-Fi). A primeira versão do WPA foi lançada em 2003 e utilizava o protocolo de criptografia TKIP (protocolo de integridade de chave temporal), que faz uso de um vetor de inicialização de 48 bits e de uma chave de 128 bits para criptografar o pacote de dados transmitido entre o hub e o dispositivo. A autenticação que garante a segurança do canal de comunicação utiliza o método de senha predefinida, tecnologia identificada como PSK (chave pré-compartilhada).

Em 2004, o WPA sofreu uma atualização de segurança e passou a usar o protocolo de criptografia AES (padrão de criptografia avançado). Ele opera com vetor de inicialização de 48 bits e utiliza chave de 128 bits por padrão, mas também pode ser configurado para suportar chaves de 192 bits ou 256 bits. Nasceu assim o WPA2, a segunda geração da família de protocolos WPA e a mais utilizada atualmente.

Apesar de bastante seguro, foram descobertas algumas vulnerabilidades no WPA2, o que levou, em 2018, ao lançamento da mais recente geração de protocolo de segurança da rede Wi-Fi. O WPA3 utiliza o protocolo de criptografia AES com chaves de segurança de 256 bits e inova com a SAE (autenticação simultânea de iguais) em substituição ao sistema de senhas compartilhadas. O WPA3 oferece muito mais segurança, principalmente em redes Wi-Fi públicas. No entanto, por ser uma tecnologia recente, muitos equipamentos, como roteadores mais antigos, ainda não a suportam.

O quadro 1 apresenta algumas características dos principais protocolos de segurança da rede Wi-Fi mencionados a fim de facilitar a comparação entre eles.

Quadro 1 – Características dos principais protocolos de segurança da rede Wi-Fi

	WEP	WPA	WPA2	WPA3
Protocolo de criptografia	RC4	TKIP	AES	AES
Método de autenticação	CRC	PSK	PSK	SAE
Chaves de segurança	40 bits ou 104 bits	128 bits	128 bits, 192 bits ou 256 bits	256 bits

(cont.)

	WEP	WPA	WPA2	WPA3
Vetor de inicialização	24 bits	48 bits	48 bits	48 bits
Quantidade de dispositivos compatíveis	Elevada	Elevada	Elevada	Reduzida
Segurança	Baixíssima	Baixa	Alta	Altíssima

Identificando o protocolo de segurança da rede Wi-Fi

Para descobrir o protocolo de segurança utilizado em sua rede Wi-Fi, siga as etapas de acordo com o dispositivo que estiver utilizando.

Windows:

1. Clique no ícone de Wi-Fi na barra de tarefas.
2. Encontre sua rede Wi-Fi na lista e clique em "Propriedades".
3. Na seção "Tipo de segurança", você verá o protocolo utilizado.

MacOS:

1. Clique no ícone de Wi-Fi na barra de menu.
2. Escolha a rede Wi-Fi à qual você está conectado.
3. Clique em "Abrir assistente de rede".
4. Na guia "Informações", em "Segurança", você verá o protocolo utilizado.

Android:

1. Abra as configurações do dispositivo.
2. Vá para "Conexões" ou "Redes e internet", dependendo do dispositivo.
3. Selecione "Wi-Fi".
4. Toque na rede Wi-Fi à qual você está conectado.
5. Na seção "Configurações da rede", você encontrará a opção de segurança; lá, você verá o protocolo utilizado.

iOS (iPhone/iPad):

1. Abra as configurações do dispositivo.
2. Toque em "Wi-Fi".
3. Toque no "i" ("informações") ao lado da rede Wi-Fi à qual está conectado.
4. Na seção "Segurança", você verá o protocolo utilizado.

O nome do protocolo pode sofrer variações e aparecer como WPA2, WPA2-Personal ou WPA2-Enterprise, de acordo com o tipo de dispositivo de rede instalado. Independentemente do complemento, todos os protocolos mencionados nesse exemplo estão utilizando a proteção WAP de segunda geração: WPA2.

Certifique-se de usar o protocolo de segurança mais recente e robusto disponível para garantir a segurança da sua rede Wi-Fi.

Atualizando o protocolo de segurança da rede Wi-Fi

É possível alterar o protocolo de segurança da sua rede Wi-Fi, mas isso dependerá do roteador que você está utilizando. Em geral, é preciso acessar as configurações do roteador por meio de um navegador. Aqui estão os passos gerais que você pode seguir.

1. Conecte-se ao roteador:

   a. Abra um navegador (por exemplo, Chrome, Firefox, Safari).
   b. Digite o endereço IP do roteador na barra de endereços. O endereço IP padrão geralmente é algo como "192.168.1.1" ou "192.168.0.1". Consulte o manual do seu roteador para obter informações específicas.

2. Faça login no roteador:

   a. Insira as credenciais de login. Isso geralmente envolve um nome de usuário e uma senha. Se você não alterou essas informações, elas também devem ser fornecidas no manual do roteador.

3. Navegue até as configurações de segurança:

   a. Procure uma seção chamada "Wireless", "Wi-Fi", "Segurança" ou algo semelhante nas configurações do roteador.

4. Escolha o protocolo de segurança:

   a. Clique no ícone de Wi-Fi na barra de menu.
   b. Nas configurações de segurança, procure uma opção relacionada ao protocolo de segurança Wi-Fi. Você pode ter opções como WEP, WPA, WPA2, WPA3, etc.
   c. Selecione o protocolo desejado. Recomenda-se usar WPA3, se suportado, ou WPA2 com AES para obter uma segurança robusta.

5. Salve as alterações:

a. Após escolher o novo protocolo de segurança, salve e aplique as mudanças. Haverá um botão na parte inferior ou superior da página para fazer isso.

b. Pode ser necessário reiniciar o roteador para que as alterações sejam aplicadas.

6. Reconecte os dispositivos:

a. Realizadas as alterações, é possível que os dispositivos conectados anteriormente à rede Wi-Fi precisem ser reconectados. Certifique-se de atualizar a senha da rede, se necessário, nos dispositivos.

Lembre-se de que fazer alterações nas configurações do roteador pode desconectar temporariamente os dispositivos conectados à rede. Tenha as informações de login do roteador à mão e esteja ciente de que qualquer configuração incorreta pode resultar em problemas de conectividade.

> **Para saber mais**
>
> Caso você não saiba o endereço IP do roteador, siga estes passos para encontrá-lo:
>
> 1. Digite "CMD" na sua barra de pesquisa e selecione "CMD" (ou "Prompt de comando").
> 2. Com o prompt de comando aberto, digite o comando "ipconfig" e pressione "Enter".
> 3. O IP do roteador aparecerá na lista ao lado de "Gateway padrão".

3. Padrões de certificação de segurança

Parte da segurança dos recursos de nuvem são de responsabilidade dos provedores. Porém, como saber se o provedor contratado oferece toda a segurança necessária para proteger as informações?

O primeiro passo é analisar as informações disponibilizadas pelos provedores, que provavelmente estarão no site da empresa prestadora desse serviço, e verificar se elas são verídicas. Realizar pesquisas para constatar a credibilidade do provedor é uma boa estratégia.

Também é valido verificar se o provedor a ser contratado possui certificações de segurança. Existem diversos padrões de certificação fornecidos por entidades especializadas, isto é, declarações que atestam a qualidade e a segurança de diferentes serviços prestados.

A Organização Internacional de Normalização (ISO) é uma organização independente, não governamental e com reconhecimento mundial em certificações. Existem outras certificações de renome, como o PCI DSS, e certificadoras como o Instituto Americano de Contadores Públicos Certificados (AICPA), responsável pela emissão do padrão de conformidade SOC (controle de organização de serviços).

Algumas das principais certificações de qualidade e segurança para provedores de serviço são:

- ISO 22301: padrão internacional de qualidade denominado sistema de gestão da continuidade de negócios (SGCN), que visa estabelecer uma estrutura prática para proteger a empresa contra uma série de ameaças e potenciais interrupções de serviço. Compreende um conjunto de diretrizes e normas para auxiliar as empresas a desenvolverem, implementarem e aprimorarem processos como configuração e controle de datacenters, sistemas de gerenciamento de documentos, recuperação de informação, entre outras ações, de modo a garantir a continuidade dos negócios mesmo em caso de situações adversas, por exemplo, acidentes ambientais, ataques cibernéticos ou outras circunstâncias que possam afetar a empresa.

- ISO 27001: referência internacional para o sistema de gestão e de segurança da informação (SGSI), que objetiva auxiliar a empresa no estabelecimento e na adoção de práticas que aprimorem os procedimentos de proteção de dados para mitigar riscos de invasão e vazamento de informações.

- ISO 9001: refere-se ao sistema de gestão da qualidade (SGQ) de uma organização. Define os requisitos mínimos para que uma empresa implemente um sistema de gestão com controle, monitoramento e melhoria de processos internos para garantir a qualidade dos serviços oferecidos. Essa certificação transmite ao cliente a confiança de que seu provedor poderá fornecer, de forma consistente e repetitiva, bens e serviços de acordo com as especificações contratadas.

- PCI DSS: o padrão de segurança de dados da indústria de pagamento com cartão (PCI DSS) apresenta um conjunto de normas e requisitos de segurança com o intuito de garantir a proteção de dados de cartões de pagamento durante as transações e processos relacionados. O PCI DSS é aplicável a organizações que lidam com informações de cartões de pagamento, como empresas que aceitam, processam, armazenam ou transmitem dados de cartões de crédito e débito. É uma importante certificação para os provedores de IaaS, pois contribui para reduzir o risco de fraude e roubo de dados de cartão.

- SOC 1 Type 2: relatório de controle interno de uma organização cuja função é documentar e avaliar, durante determinado período de monitoramento, os serviços prestados pela empresa que afetam as demonstrações financeiras dos clientes, como os serviços relacionados à folha de pagamento e ao processamento de pagamentos. Seu objetivo é certificar que a instituição teve controle sobre suas atividades, por isso pode ser útil, por exemplo, para auditorias financeiras.

- SOC 2 Type 2: relatório de avaliação dos controles de segurança da informação de uma organização que fornece serviços de tecnologia e processamento de dados. Seus critérios baseiam-se nos princípios dos serviços de confiança (TSP), que incluem confiança para segurança, disponibilidade, integridade de processamento, confidencialidade e privacidade dos sistemas e dados processados pela organização auditada. Comprova, por exemplo, que um data center funcionou de forma segura e confiável durante o período de monitoramento.

A obtenção de um certificado de conformidade não é tarefa simples, pois muitos são os documentos comprobatórios e os procedimentos exigidos pelas certificadoras. Embora as certificações selem o compromisso de uma organização de oferecer serviços de qualidade, o fato de uma empresa não ser certificada não significa, necessariamente, que ela não preste serviços de qualidade ou que não ofereça segurança na proteção dos dados. Ainda assim, a certificação oferece mais credibilidade e garantias ao cliente.

Na prática

As empresas que obtêm certificações de segurança precisam cumprir e comprovar muitos requisitos de qualidade exigidos pela organização certificadora. Por isso, ao obter uma certificação, é importante divulgar o fato no site e nos demais canais de comunicação da empresa, a fim de evidenciar o comprometimento com as normas de segurança e demonstrar confiabilidade para o cliente. Você pode ver um exemplo de certificação de conformidade PCI DSS atribuída à Amazon Web Services no site da própria empresa. No Google Cloud também é possível encontrar diversos certificados fornecidos na página "Gerenciador de relatórios de conformidade".

Sempre que precisar adquirir um novo serviço em nuvem, pesquise na página da empresa provedora de serviços quais certificações de conformidade ela possui.

Referências

10 TIPOS de reconhecimento biométrico mais avançados. [*S. l.: s. n.*], 2019. 1 vídeo (5 min). Publicado pelo canal Top10 Arquivo. Disponível em: https://www.youtube.com/watch?v=bGRWhldJqZY. Acesso em: 11 dez. 2023.

7 CERTIFICAÇÕES que atestam qualidade e segurança de data center. **Optidata**, 2023. Disponível em: https://www.optidata.cloud/blog/7-certificacoes-que-atestam-qualidade-e-seguranca-de-data-center/. Acesso em: 10 jan. 2024.

ADNAN, Abdillahi Hassan *et al.* A comparative study of WLAN security protocols: WPA, WPA2. **Institute of Electrical and Electronics Engineers**, 2015. p. 165-169. Disponível em: https://ieeexplore.ieee.org/stamp/ stamp.jsp?tp=&arnumber=7506822. Acesso em: 10 jan. 2024.

ALEXA, dispositivos Echo e sua privacidade. **Amazon**, 2019. Disponível em: https://www.amazon.com.br/gp/help/customer/display.html?nodeId=GVP69FUJ48X9DK8V. Acesso em: 22 dez. 2023.

ALVES, Davis; PEIXOTO, Mario; ROSA, Thiago. **Internet das Coisas (IoT)**: segurança e privacidade dos dados pessoais. Rio de Janeiro: Alta Books, 2021.

APENAS 9% dos brasileiros nunca usaram assistentes virtuais por voz. **Revista Live Marketing**, 25 nov. 2022. Disponível em: https://revistalivemarketing.com.br/apenas-9-dos-brasileiros-nunca-usaram-assistentes-virtuais-por-voz/. Acesso em: 22 dez. 2023.

AUTORIDADE NACIONAL DE PROTEÇÃO DE DADOS. Qual é o papel da Autoridade Nacional de Proteção de Dados – ANPD? Perguntas frequentes. **Ministério da Justiça e Segurança Pública**, 2024. Disponível em: https://www.gov.br/mdr/pt-br/acesso-a-informacao/perguntas-frequentes/perguntas-e-respostas-frequentes-sobre-lgpd/qual-e-o-papel-da. Acesso em: 12 nov. 2024.

BARBIERI, Cristhy Ellen Freitas. **Vulnerabilidades de dispositivos IoT em smart homes**. 2022. Trabalho de Conclusão de Curso (Tecnologia em Segurança da Informação) – Faculdade de Tecnologia de São Paulo, São Paulo, 2022. Disponível em: https://ric.cps.sp.gov.br/bitstream/123456789/12658/6/20222S_Cristhy%20Ellen%20Freitas%20Babier_OD01387.pdf. Acesso em: 22 dez. 2023.

BARBOSA, Alexandre Luciano; BORIN, Juliana Freitag. Impactos da LGPD em aplicações da Internet das Coisas. **Instituto de Computação**, Universidade Estadual de Campinas, 2021.

BARBOSA, Daniel Cunha. Assistentes virtuais e smart gadgets: entenda os possíveis riscos. **WeLiveSecurity**, 29 abr. 2022. Disponível em: https://www.welivesecurity.com/br/2022/04/29/assistentes-virtuais-e-smart-gadgets-entenda-os-possiveis-riscos/. Acesso em: 22 dez. 2023.

BRAGA, Lucas; MARQUES, Ana. O que é WEP, WPA, WPA2 e WPA3? Veja as diferenças entre as chaves de segurança. **Tecnoblog**, 12 set. 2023. Disponível em: https://tecnoblog.net/responde/o-que-e-wep-wpa-wpa2-wpa3-diferencas-protocolo-seguranca-wi-fi/. Acesso em: 10 jan. 2024.

BRASIL. **Constituição da República Federativa do Brasil de 1988**. Brasília, DF: Presidência da República, 1988. Disponível em: http://www.planalto.gov.br/ccivil_03/Constituicao/Constituiçao.htm. Acesso em: 24 jan. 2017.

BRASIL. **Lei nº 13.709, de 14 de agosto de 2018**. Lei Geral de Proteção de Dados pessoais (LGPD). Brasília, DF: Presidência da República, 2018. Disponível em: https://www.planalto.gov.br/ccivil_03/_ato2015-2018/2018/lei/L13709compilado.htm. Acesso em: 2 jan. 2024.

CAMPOS, Carlos. O que é segurança em IoT? Riscos, exemplos e soluções. **Emnify**, 15 ago. 2023. Disponível em: https://www.emnify.com/pt-br/glossario-iot/seguranca-iot. Acesso em: 6 dez. 2023.

COALIZÃO DIREITOS NA REDE. Declaração por direitos na rede. **Coalizão Direitos na Rede**, 13 jul. 2016. Disponível em: https://direitosnarede.org.br/quem-somos/. Acesso em 26 dez. 2023.

CONSELHO ADMINISTRATIVO DE DEFESA ECONÔMICA. Conferência das Nações Unidas sobre Comércio e Desenvolvimento (UNCTAD). **Ministério da Justiça e Segurança Pública**, 2022. Disponível em: https://www. gov.br/cade/pt-br/assuntos/internacional/cooperacao-multilateral/conferencia-das-nacoes-unidas-sobre-comercio-e-desenvolvimento-unctad-1. Acesso em: 29 jan. 2024.

DAVOLI, Gabriela Brum; BALTHAZAR, Luiza; DUTRA, Nathalia Carvalho. Série IoT: IoT e os impactos à proteção de dados pessoais. **B/Luz**, 24 set. 2020. Disponível em: https://baptistaluz.com.br/espacostartup/iot-proteçâo-de-dados-pessoais/. Acesso em: 2 jan. 2024.

DUARTE, Otto Carlos Muniz Bandeira. Biometria: reconhecimento de íris. Grupo de Teleinformática e Automação. **Universidade Federal do Rio de Janeiro**, 2008. Disponível em: https://www.gta.ufrj.br/grad/08_1/ iris/index.html. Acesso em: 11 dez. 2023.

EISHIMA, Rubens. Uso de assistentes de voz cresceu 47% no Brasil durante pandemia, indica estudo. **Canaltech**, 7 out. 2020. Disponível em: https://canaltech.com.br/inteligencia-artificial/uso-de-assistentes-de-voz-cresceu-47-no-brasil-durante-pandemia-indica-estudo-172657/. Acesso em: 22 dez. 2023.

FECHADURA inteligente ou digital? Conheça as vantagens de cada uma. **BIT**, 2022. Disponível em: https://bit2000.com.br/fechadura-inteligente-ou-digital-conheca-as-vantagens-de-cada-uma/. Acesso em: 11 dez. 2023.

FREITAS, Wesley. Inteligência de código aberto (OSINT) – open source intelligence. **Acaditi-TI**, 2023. Disponível em: https://acaditi.com.br/inteligencia-de-codigo-aberto-osint-open-source-intelligence/. Acesso em 26 dez. 2023.

ILUMEO. **Assistentes virtuais por voz**: adoção da tecnologia, hábitos de uso e oportunidades para marcas e negócios. São Paulo: Ilumeo, 2022. Disponível em: https://ilumeo.com.br/estudos/assistentes-de-voz/. Acesso em: 22 dez. 2023.

INSTALAÇÃO fechadura digital com biometria AGL. [S. l.: s. n.], 2020. 1 vídeo (22 min). Publicado pelo canal AGL Brasil. Disponível em: https://www.youtube.com/watch?v=VUPZkaSGjJM. Acesso em: 11 dez. 2023.

JÚNIOR, Odélio Porto; BRAOIOS, Rafaella Resck. Coleta de dados por IAs para assistentes de voz pessoais. **Tech Compliance**, 2022. Disponível em: https://techcompliance.org/assistentes-de-voz-inteligencia-artificial-2/. Acesso em: 22 dez. 2023.

KIT SMART fechadura Positivo: como instalar e configurar + criação de rotina: funciona com Alexa. [S. l.: s. n.], 2022. 1 vídeo (15 min). Publicado pelo canal Melqui Smart – Casa inteligente na prática. Disponível em: https://www.youtube.com/watch?v=iegZOuudLU4. Acesso em: 11 dez. 2023.

KUMKAR, Vishal *et al*. Vulnerabilities of wireless security protocols (WEP and WPA2). **International Journal of Advanced Research in Computer Engineering & Technology**, v. 1, n. 2, p. 34-38, 2012. Disponível em: https://www.researchgate.net/publication/266005431_Vulnerabilities_of_Wireless_Security_protocols_ WEP_and_WPA2. Acesso em: 10 jan. 2024.

MACHADO, Charles. Assistentes virtuais e a sua privacidade, quais os riscos? **Jusbrasil**, 2022. Disponível em: https://www.jusbrasil.com.br/artigos/assistentes-virtuais-e-a-sua-privacidade-quais-os-riscos/1301081492. Acesso em: 22 dez. 2023.

MINISTÉRIO DA GESTÃO E DA INOVAÇÃO EM SERVIÇOS. Plano Nacional de Internet das Coisas. **Ministério da Gestão e da Inovação em Serviços**, 24 fev. 2023. Disponível em: https://www.gov.br/governodigital/pt-br/estrategias-e-politicas-digitais/plano-nacional-de-internet-das-coisas. Acesso em: 2 jan. 2024.

MORAES, Alexandre de; HAYASHI, Victor Takashi. **Segurança em IoT:** entendendo os riscos e ameaças em IoT. Rio de Janeiro: Alta Books, 2021.

O DILEMA das redes. Direção de Jeff Orlowski. Estados Unidos: Netflix, 2020.

O QUE é a LGPD? **Ministério Público Federal**, 2022. Disponível em: https://www.mpf.mp.br/servicos/lgpd/o-que-e-a-lgpd. Acesso em 26 dez. 2023.

O QUE é a segurança na nuvem? **Elastic**, 2023. Disponível em: https://www.elastic.co/pt/what-is/cloud-security. Acesso em: 10 jan. 2024.

O QUE é segurança da IOT? Segurança dos dispositivos de IoT. **Cloudflare**, 2022. Disponível em: https://www.cloudflare.com/pt-br/learning/security/glossary/iot-security/. Acesso em: 6 dez. 2023.

O QUE é um ataque DDoS? **Akamai,** c2024. Disponível em: https://www.akamai.com/pt/glossary/what-is-ddos. Acesso em: 6 dez. 2023.

OWASP INTERNET of Things (IoT) project. **OWASP Foundation Wiki**, 2019. Disponível em: https://wiki.owasp.org/index.php/OWASP_Internet_of_Things_Project#tab=Main. Acesso em: 22 dez. 2023.

PIVOTTO, Carlos Vinícius Cavalcanti; PIMENTA, Luís Carlos de Souza. **Denial of service**: negação de serviço. [S. l.]: Universidade Federal do Rio de Janeiro, 2006. cap. 1. Disponível em: https://www.gta.ufrj.br/grad/06_1/dos/intro.html. Acesso em: 6 dez. 2023.

PRIVACY TECH. Privacy by design e by default: entenda a diferença. **Privacy Tech**, 14 out. 2019. Disponível em: https://privacytech.com.br/noticias/privacy-by-design-e-by-default-entenda-a-diferenca,322343.jhtml. Acesso em 26 dez. 2023.

QUINTILIANO, Leonardo. Contexto histórico e finalidade da Lei Geral de Proteção de Dados (LGPD). **Jusbrasil**, 2021. Disponível em: https://www.jusbrasil.com.br/artigos/contexto-historico-e-finalidade-da-lei-geral-de-protecao-de-dados-lgpd/1203647706. Acesso em: 26 dez. 2023.

RECONHECIMENTO facial. **Aware**, 2023. Disponível em: https://www.aware.com/pt/reconhecimento-facial/. Acesso em: 11 dez. 2023.

RIVIELLO, Denis. Você sabia que sua casa pode sofrer ataques cibernéticos? **Brasil, País Digital**, 3 out. 2023. Disponível em: https://brasilpaisdigital.com.br/voce-sabia-que-sua-casa-pode-sofrer-ataques-ciberneticos/. Acesso em: 22 dez. 2023.

SEBRAE. 5W2H: o que é, para que serve e por que usar na sua empresa. **Sebrae**, 20 nov. 2023. Disponível em: https://www.sebrae-sc.com.br/blog/5w2h-o-que-e-para-que-serve-e-por-que-usar-na-sua-empresa. Acesso em 26 dez. 2023.

SEBRAE. O que é LGPD? **Sebrae**, 2020. Disponível em: https://sebrae.com.br/sites/PortalSebrae/canais_ adicionais/conheca_lgpd. Acesso em: 2 fev. 2024.

SEGURANÇA em IoT: devemos nos preocupar com a Internet das Coisas? **BugHunt**, 4 jul. 2022. Disponível em: https://blog.bughunt.com.br/seguranca-em-iot/. Acesso em: 6 dez. 2023.

SERPRO. LGPD entra em vigor. **Serpro**, 18 set. 2020. Disponível em: https://www.serpro.gov.br/lgpd/noticias/2020/lgpd-entra-em-vigor. Acesso em: 26 dez. 2023.

SILVA NETO, João Alves da. **Segurança em redes wireless IEEE 802.11 e suas vulnerabilidades**. 2021. Trabalho de Conclusão de Curso (Bacharelado em Ciência da Computação) – Pontifícia Universidade Católica, Goiás, 2021. Disponível em: https://repositorio.pucgoias.edu.br/jspui/handle/123456789/3375. Acesso em: 10 jan. 2024.

TEIXEIRA, Catharina Daher; CLARIM, Mariana de Lacerda. **Estudo das vulnerabilidades de tecnologias sem fio utilizadas em ambientes IoT**. 2017. Relatório (Bacharelado em Engenharia de Redes de Comunicação) – Faculdade de Tecnologia, Universidade de Brasília, Brasília, 2017. Disponível em: https://bdm.unb.br/handle/10483/27803. Acesso em: 22 dez. 2023.

UNCTAD. Proteção de dados, leis e regulamentos ao redor do mundo. **UNCTAD**, 2021. Disponível em: https://unctad.org/page/data-protection-and-privacy-legislation-worldwide. Acesso em: 26 dez. 2023.

UNCTAD. Sobre nós. **UNCTAD**, 2016. Disponível em: https://unctad.org/about. Acesso em 26 dez. 2023.

VERCELLI, Juliana. Alexa torna-se uma preocupação: a check point identifica vulnerabilidades críticas no assistente de voz da Amazon. **SEGS**, 14 ago. 2020. Disponível em: https://www.segs.com.br/info-ti/246814-alexa-torna-se-uma-preocupacao-a-check-point-identifica-vulnerabilidades-criticas-no-assistente-de-voz-da-amazon. Acesso em: 22 dez. 2023.

WI-FI ALLIANCE. Discover Wi-Fi: security. **Wi-Fi Alliance**, [201-?]. Disponível em: https://www.wi-fi.org/discover-wi-fi/security. Acesso em: 10 jan. 2024.

IoT e cidadania digital: tecnologias para acessibilidade

PARTE 05

Tendências da aplicação da IoT no desenvolvimento de tecnologias para acessibilidade

A tecnologia para acessibilidade é atualmente conhecida como tecnologia assistiva (TA). Para muitos, a palavra "assistiva" pode causar estranhamento, pois não existia nos dicionários de língua portuguesa até o final da década de 1990; sua correspondente em língua inglesa tampouco constava nos dicionários estrangeiros. Segundo a explicação dada por Sassaki (2009 *apud* Galvão Filho, 2009, p. 18), "a expressão *assistiva* significa alguma coisa que assiste, ajuda, auxilia e está presente em documentos e iniciativas associadas à acessibilidade de pessoas com deficiência para promoção da inclusão social e digital".

Apresentar os conceitos e aplicações da TA em projetos de IoT é um dos objetivos deste capítulo, que se inicia com uma abordagem para entender a pessoa com deficiência (PcD). Os recursos de tecnologia assistiva e a inovação em produtos podem trazer mais autonomia e facilidade para essas pessoas na realização de diversas tarefas. Para isso, é importante estar em contato com elas e saber de suas reais necessidades, possibilitando que haja, assim, a realização de um trabalho em parceria e eficaz.

Compreender a diversidade da população brasileira e mundial e a importância de empoderar essa população e promover a inclusão social, econômica e política de todos, independentemente de idade, gênero, deficiência, etnia, origem, religião, condição econômica ou outra, é uma das metas dos Objetivos de Desenvolvimento Sustentável da ONU (ODS 17), compromisso assumido pelo país.

1. Entenda o que é tecnologia assistiva

A pesquisa e o desenvolvimento de tecnologias sempre estiveram presentes na história da humanidade. É claro que nem sempre se usou essa terminologia nem se teve consciência desse processo, mas ele ficou evidenciado em peças e objetos encontrados ao longo do tempo, utilizados como recursos ou estratégias para a realização de atividades, ou na busca de soluções para problemas individuais, coletivos ou mundiais, ou ainda na tentativa de mitigar impactos e dificuldades em tarefas e processos diversos de forma criativa, inovadora e eficaz. Nos dias de hoje, além de atender a uma finalidade específica, espera-se que a tecnologia seja sustentável e inclusiva.

O entendimento da tecnologia conhecida como assistiva está na realidade das populações do mundo todo, inclusive no Brasil. O Instituto Brasileiro de Geografia e Estatística (IBGE) no seu último censo, realizado em 2022, estima que a população na faixa de 2 anos de idade ou mais com deficiência é de 18,6 milhões de pessoas, correspondendo a 8,9% da população total desse grupo etário (IBGE, 2023).

A Pesquisa Nacional por Amostras de Domicílios Contínua (PNAD Contínua): Pessoas com Deficiência 2022, do IBGE (2023), considera deficiente todo morador que declarou ter muita dificuldade ou não conseguir realizar de modo algum as atividades incluídas em ao menos um dos quesitos sobre os seguintes domínios funcionais: enxergar, ouvir, andar ou subir degraus, funcionamento dos membros superiores, dificuldades cognitivas (como aprender, lembrar-se das coisas ou se concentrar), autocuidado e comunicação (associada à dificuldade de compreender e ser compreendido).

Os resultados para pessoas com deficiência por faixa etária apresentados no gráfico 1 evidenciam um aumento na proporção de pessoas com deficiência a partir dos 50 anos de idade em relação àquelas sem deficiência, indicando a necessidade de ações que deem suporte e assistividade às demandas desse grupo.

Gráfico 1 – Distribuição da população de 2 anos ou mais de idade (Brasil)

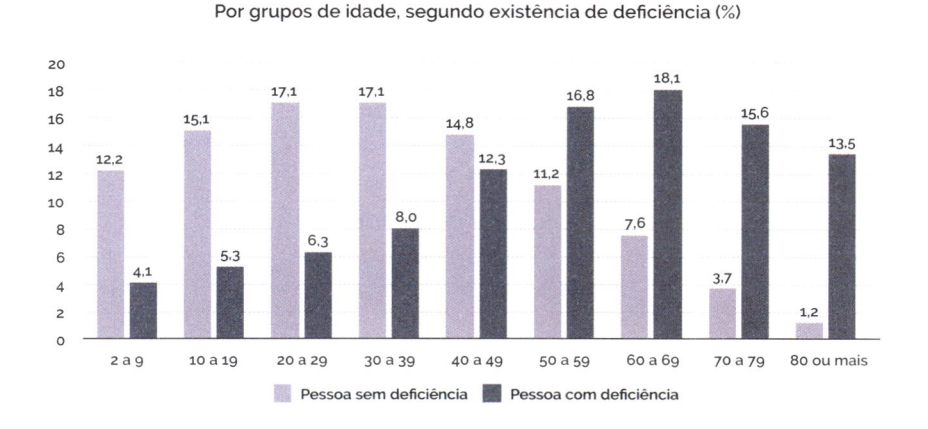

Por grupos de idade, segundo existência de deficiência (%)

Fonte: adaptado de Gomes (2023).

Na legislação nacional, decretos, portarias e leis promulgados ao longo de décadas buscam definir e criar diretrizes e apresentar propostas de políticas governamentais para o acesso equitativo das pessoas com deficiência à comunicação, mobilidade, educação, saúde e mercado de trabalho.

A expressão "ajudas técnicas", apesar de ainda constar em alguns documentos, foi substituída por "tecnologia assistiva" em novembro de 2006, quando o Comitê de Ajudas Técnicas (CAT) da Secretaria de Direitos Humanos da Presidência da República (SDH/PR) conceituou tecnologia assistiva como:

> [...] uma área do conhecimento, de característica interdisciplinar, que engloba produtos, recursos, metodologias, estratégias, práticas e serviços que objetivam promover a funcionalidade, relacionada à atividade e participação de pessoas com deficiência, incapacidades ou mobilidade reduzida, visando sua autonomia, independência, qualidade de vida e inclusão social. (CAT, 2006 *apud* Brasil, 2007)

O Decreto nº 3.298, promulgado em 1999, estabelecia como ajudas técnicas:

> [...] os elementos que permitem compensar uma ou mais limitações funcionais motoras, sensoriais ou mentais da pessoa portadora de deficiência, com o objetivo de permitir-lhe superar as barreiras da comunicação e da mobilidade e de possibilitar sua plena inclusão social. (Brasil, 1999)

A Lei Brasileira de Inclusão da Pessoa com Deficiência (Lei nº 13.146/2015) incorporou os princípios da Convenção Internacional sobre os Direitos das Pessoas com Deficiência, realizada em 2006 pela ONU, estabelecendo o direito à acessibilidade, e, junto com a Lei nº 10.098/2000, que dispõe sobre a acessibilidade nos sistemas de comunicação, define o uso de mecanismos e técnicas alternativas para eliminar barreiras que possam dificultar o acesso à informação e comunicação (Brasil, 2000; 2015).

Diferentemente do que possa ser entendido, essas tecnologias não são de uso exclusivo do público com necessidades e deficiências – qualquer pessoa ou grupo pode fazer uso desses recursos. Deve-se ter a clareza de que são ferramentas que proporcionam ao usuário maior independência na realização de funções cotidianas nos diferentes espaços e nem sempre são digitais. Alguns exemplos de tecnologias assistivas são: uma bengala, um software leitor, rampas, dispositivos para leitura em Libras, cadeiras de rodas, etc.

> **Para pensar**
>
> "Para as pessoas sem deficiência, a tecnologia torna as coisas mais fáceis. Para as pessoas com deficiência, a tecnologia torna as coisas possíveis." (Radabaugh, 1993 *apud* Bersch, 2017)

Segundo Galvão Filho (2009), entende-se como recurso de TA todo e qualquer item, equipamento, componente, produto ou sistema fabricado em série ou sob medida utilizado para aumentar, manter ou melhorar as capacidades funcionais das pessoas com deficiência. E, como serviços de TA, podemos entender os profissionais de diferentes áreas que auxiliam uma pessoa com deficiência a selecionar, comprar, usar e avaliar os recursos.

As tecnologias assistivas apresentam, conforme Bersch (2017), categorias de acordo com os domínios funcionais, e no quadro 1 são apresentados exemplos de cada uma delas.

Quadro 1 – Categorias e exemplos de recursos de tecnologia assistiva digitais e não digitais

Categorias	Exemplos de recursos de tecnologia assistiva
Auxilios para a vida diária e vida prática	Talheres modificados, roupas desenhadas para facilitar o vestir, equipamentos adaptados ou aplicativos que indiquem dados de ambiente e de saúde.
CAA – comunicação aumentativa e alternativa	Pranchas de comunicação, tecnologia de vocalizadores, aplicativos.
Recursos de acessibilidade ao computador	Dispositivos de entrada: mouse, teclados adaptados. Dispositivos apontadores para digitação ou identificação de movimento do corpo. Dispositivos de saída: efeito lupa, impressão em relevo, softwares e aplicativos.
Sistemas de controle de ambiente	Controle de ativação e desligamento remoto de eletrodomésticos, sistemas de segurança. Sistemas inteligentes.
Projetos arquitetônicos para acessibilidade	Adaptações estruturais e de mobiliário reduzindo barreiras físicas.
Órteses e próteses	Peças para substituir partes ausentes do corpo.
Adequação postural	Cadeiras, assentos ou almofadas adaptados às características do corpo.

(cont.)

Categorias	Exemplos de recursos de tecnologia assistiva
Auxilios de mobilidade	Veiculo, equipamento ou estratégia, como muletas, andador, cadeira de rodas.
Auxilios para ampliação da função visual	Lupas, softwares ampliadores de tela, recursos táteis, leitor autônomo.
Auxilios para melhorar a função auditiva	Sistemas de legendas, software de voz e texto fotografado, lingua de sinais.
Mobilidade em veiculos	Acessórios para facilitar embarque e desembarque, adaptação para dirigir somente com as mãos.

Fonte: adaptado de Bersch (2017).

Em todas as categorias há a possibilidade de desenvolvimento de recursos que promovam maior controle e facilidade de comunicação para as pessoas com deficiência. Além disso, o uso da internet associada à inteligência artificial (IA) no desenvolvimento desses recursos aumenta as possibilidades de equidade no acesso de pessoas com deficiência, trazendo maior autonomia à sua rotina diária.

Pensar em acessibilidade digital vai muito além de disponibilizar conectividade. Para as pessoas com deficiência, as dificuldades se iniciam em ações rotineiras, como assistir a um programa na TV ou navegar por sites no computador. De que maneira a acessibilidade digital pode romper as barreiras para permitir essa ação do cotidiano e possibilitar a navegação on-line, por exemplo? A resposta está nos recursos de TA.

Como exemplo da utilização desses recursos, podemos citar o caso da Samsung, que emprega nos aparelhos de TV ajuste de cores para portadores de daltonismo, descrição em áudio, guia de voz, linguagem de sinais ampliada, legendas sem interferência e múltiplas saídas de áudio. Essas funcionalidades atendem ao lema institucional "Acessibilidade para Todos" e renderam, em 2021, homenagens à empresa pelo órgão britânico Royal National Institute of Blind People (Oréfice, 2022).

Esse exemplo mostra que tecnologias e recursos adicionais podem ser criados, adaptados e inovados com o olhar da acessibilidade, melhorando a experiência do usuário. Transpor esses recursos para computadores e tablets utilizados em escolas, empresas e no ambiente doméstico garantirá o acesso do conteúdo da web a todos, promovendo a inclusão digital e social.

Para o governo brasileiro, a acessibilidade digital é a eliminação de barreiras na web por meio de sites e portais navegáveis, "de modo que todas as pessoas possam perceber, entender, navegar e interagir de maneira efetiva com as páginas" (Brasil, 2019).

Os benefícios da acessibilidade digital se traduzem:

- pelo acesso autônomo dos indivíduos, independentemente de suas capacidades físico-motoras e perceptivas;
- pela indexação das páginas acessíveis mais facilmente por mecanismos de busca;
- pelo entendimento e controle da navegação que democratiza o acesso;
- pela promoção da inclusão social e digital por meio de acesso a conteúdos para sua formação educacional e profissional, sem necessidade de deslocamento, por meio de computadores e da internet.

Um estudo realizado pela BigDataCorp em parceria com o Movimento Web Para Todos avaliou 21 milhões de sites brasileiros ativos em maio de 2022 e identificou que apenas 0,46% das páginas analisadas apresentavam recursos de acessibilidade, indicando uma queda de 1% em comparação com os dados de 2021 (Número [...], 2022). Alguns resultados desse estudo mostraram que:

- um grande número de sites é gerado a partir de plataformas, muitas vezes de forma autônoma, desconsiderando cuidados com a acessibilidade;
- houve avanços em relação à acessibilidade nos campos de formulários e botões;
- nos sites do governo, que anualmente vinham apresentando queda nas barreiras de acessibilidade para pessoas com deficiências, foram encontradas falhas a esse respeito (Número [...], 2022).

Segundo as Web Content Accessibility Guidelines (WCAG) 2.2, ou Diretrizes de Acessibilidade para Conteúdo Web, as páginas da web devem seguir parâmetros para que os elementos estejam perceptíveis aos sentidos, sem informações escondidas nem invisíveis, ser interativos, com botões e controles clicáveis e de acesso compreensível, ou operados com adaptações para comando de voz (W3C, 2023).

Para saber mais

Para se aprofundar nos conhecimentos sobre acessibilidade digital, navegue pelas publicações a seguir, de leitura fluida e muito informativas:

- Fascículo 1: Introdução à acessibilidade na web.
- Fascículo 2: Benefícios, legislação e diretrizes de acessibilidade na web.
- Fascículo 3: Conhecendo o público-alvo da acessibilidade na web.
- Fascículo 4: Tornando o conteúdo web acessível.
- Fascículo 5: Mantendo o conteúdo acessível.
- Fascículo 6: Avaliando acessibilidade e resultados.

Essas publicações foram elaboradas pelo World Wide Web Consortium (W3C), um consórcio internacional em que organizações filiadas trabalham juntas, lideradas pelo inventor da web, Tim Berners-Lee, e pelo CEO Jeffrey Jaffe, com o objetivo de desenvolver padrões para a web gratuitos e abertos, garantindo a evolução e crescimento de interfaces interoperáveis.

Essas cartilhas são facilmente encontradas na internet e têm o objetivo de orientar profissionais de gestão, desenvolvimento, auditoria, promotoria, procuradoria e a sociedade em geral sobre a importância de se preocupar com acessibilidade na web e investir nesse tema (W3C [...], 2022).

2. Dados do IBGE sobre os tipos de deficiências que acometem a população brasileira

O IBGE é o principal provedor de dados e informações do país, atendendo às necessidades dos mais diversos segmentos da sociedade civil e de órgãos das esferas governamentais federal, estadual e municipal.

É o IBGE o responsável por realizar a Pesquisa Nacional por Amostra de Domicílios Contínua (PNAD Contínua), que em sua última edição, referente ao terceiro trimestre de 2022, incorporou o módulo "pessoa com deficiência". Os dados anteriores mais recentes eram do Censo Demográfico de 2010 e da Pesquisa Nacional de Saúde (PNS) dos anos de 2013 e 2019, mas não são comparáveis devido a diferenças nas metodologias empregadas.

Com os dados da PNAD 2022, espera-se gerar indicadores para acompanhar as flutuações e a evolução, a médio e longo prazo, das informações necessárias para o estudo do desenvolvimento socioeconômico do país com a formulação e desenvolvimento de políticas públicas com alcance para toda a sociedade, comenta Anna Paula Feminella (2023 *apud* Brasil, 2023), secretária nacional dos Direitos da Pessoa com Deficiência do Ministério dos Direitos Humanos e Cidadania (SNDPD/MDHC).

A PNAD 2022 estima que, dos 18,6 milhões de pessoas de 2 anos ou mais com deficiência, 5,5% possuem um tipo de dificuldade funcional/deficiência e 3,4% das pessoas possuem dois ou mais tipos de deficiência associadas à percepção sobre a dificuldade de ouvir, enxergar, caminhar e subir escadas com ou sem o uso de facilitadores, recursos ou equipamentos (IBGE, 2022). De acordo com o IBGE (2022), entre a população brasileira, os principais tipos de dificuldade são a motora, a visual e a cognitiva, detalhadas na tabela 1.

Tabela 1 – Porcentagem das pessoas de 2 anos ou mais de idade com deficiência, segundo os tipos de dificuldades funcionais

%	Tipo de dificuldade funcional
3,4%	Andar ou subir degraus.
3,1%	Enxergar, mesmo usando óculos ou lentes de contato.
2,6%	Aprender, lembrar-se das coisas ou se concentrar.
2,3%	Levantar uma garrafa com dois litros de água da cintura até a altura dos olhos.
1,4%	Pegar objetos pequenos ou abrir e fechar recipientes.
1,2%	Ouvir, mesmo usando aparelhos auditivos.
1,2%	Realizar cuidados pessoais.
1,1%	Comunicar-se, para compreender e ser compreendido.

Fonte: adaptado de IBGE (2022).

A pesquisa fornece dados sobre as pessoas com deficiência relativos à inserção no mercado de trabalho, educação, saúde e mobilidade e possibilita a comparação com os dados das pessoas sem deficiência.

Pessoas com deficiência estão menos inseridas no mercado de trabalho e nas escolas e, por consequência, têm o acesso à renda mais dificultado. Segundo o IBGE (2022), 26,6% das pessoas com deficiência encontram espaço no mercado de trabalho, e cerca de 55% das pessoas com deficiência que trabalham estão em situação de informalidade. A diferença do rendimento médio real entre pessoas com e sem deficiência chega a 30% (IBGE, 2022). A analista da pesquisa Maíra Bonna Lenzi (2023 *apud* Gomes, 2023) explica que:

> Os questionários vêm acompanhando a evolução e a adaptação de modelos para o entendimento da deficiência, seguindo as recomendações internacionais do Grupo de Washington para Estatísticas sobre as Pessoas com Deficiência, a Classificação Internacional de Funcionalidade, Incapacidade e Saúde, e em consonância com a Convenção de Direitos da Pessoa com Deficiência e a Lei Brasileira de Inclusão da Pessoa com Deficiência. [...] Isso permite que tenhamos um indicador que melhor represente aqueles que de fato vão enfrentar barreiras. Incluir esse tema na PNAD Contínua significa termos informações de educação e mercado de trabalho para essas pessoas e, com isso, poder planejar políticas que promovam qualidade de vida, maior participação na sociedade e equalização de oportunidades entre pessoas com deficiência e os demais (Lenzi, 2023 *apud* Gomes, 2023).

3. Sistemas IoT e as demandas da tecnologia assistiva

A Lei nº 13.146/2015 (Lei Brasileira de Inclusão da Pessoa com Deficiência) traz um olhar diferenciado em relação à deficiência. Se antes esta era entendida como uma condição estática e estritamente biológica, passou a ser compreendida como uma dificuldade ou um conjunto de dificuldades de natureza física, mental, intelectual e sensorial do indivíduo que pode ser agravada ou limitada pela falta de condições de acessibilidade do meio (Brasil, 2015).

O dia 21 de setembro, Dia Nacional de Luta da Pessoa com Deficiência, é também uma oportunidade de trazer para a discussão a temática de como a sociedade e as políticas governamentais podem atuar para que a população brasileira se estruture no atendimento à população com deficiência de maneira equitativa e adaptada. Entretanto, os desafios são contínuos e diários.

A proposta de integração da tecnologia assistiva com sistemas IoT se faz necessária em nível global, regional e principalmente local, pois é no dia a dia, nas tarefas e atividades cotidianas que as necessidades associadas às áreas da saúde, mobilidade, moradia, entretenimento, dentre outras, são prioritárias para promover a autonomia e o acesso à informação e comunicação das PcDs.

Ao desenvolver projetos com IoT, a depender das abordagens e dos objetivos do cliente e da empresa atendida, alguns questionamentos podem ser feitos: o município promove políticas de acessibilidade nas áreas de lazer e cultura para pessoas com deficiência? A estrutura e os equipamentos culturais favorecem o turismo acessível? Há incentivo para inclusão de pessoas com deficiência no mercado de trabalho ou somente em ocupações informais?

O relato do professor de direito Josemar Araújo, que é cego e enfrenta dificuldades em direitos básicos, como ir e vir, ilustra a realidade da pessoa com deficiência no país, em reportagem veiculada pela Agência IBGE Notícias:

> O que a gente está chamando de acessibilidade? É construir ambientes adaptados? Se é construir ambientes adaptados, isso é muito pouco. Porque enquanto as pessoas não tomam consciência do que é acessibilidade, elas acabam usando [esses recursos] para outras coisas. (Araújo, 2017 *apud* Loschi, 2019)

O professor lembra do caso de um bar que usou as rampas de acessibilidade para colocar cadeiras e mesas; ou ainda dos alunos da universidade que estão sempre conversando de pé sobre o piso tátil, que serve de guia para pessoas com deficiência visual;

ou ainda de quando esteve no banco e teve que lidar com o segurança dizendo para ir até a (invisível) "faixa amarela", para que colocasse as coisas no (invisível) "armário ali" e falasse com aquela (invisível) "menina de colete ali", que poderia ajudá-lo, mas acabou lhe pedindo para aguardar, entregando-lhe uma (invisível) senha (Araújo, 2017 *apud* Loschi, 2019).

Outras reflexões sobre os projetos com IoT que visam incluir a pessoa com deficiência são: os recursos de tecnologia assistiva integrados à IoT permitem a participação autônoma da PcD? Sem esse recurso a PcD estaria em desvantagem ou impossibilitada de participar ou de desempenhar a atividade? Esse recurso auxilia na superação da barreira que a deficiência impõe?

Espera-se que esses questionamentos contribuam para o entendimento de que a tecnologia pode transformar o meio e, consequentemente, a forma como as PcDs executam suas tarefas diárias.

Desenvolvimento de sistemas IoT contribuindo para potencializar a acessibilidade de pessoas idosas

A população idosa no Brasil cresce acima da média mundial e tem acessado cada vez mais a internet. Essa população necessita que o ambiente em que vive proporcione oportunidades para que desfrute de sua vida com qualidade e equidade, reduzindo barreiras e aumentando a acessibilidade (Gomes; Britto, 2023).

Neste capítulo discutiremos as iniciativas de tecnologias assistivas desenvolvidas para pessoas idosas associadas à IoT.

1. Ciência do envelhecimento

Ao dedicar um capítulo à acessibilidade de pessoas idosas, quere-
mos reforçar a importância dessa parcela da população brasileira
que está em crescimento a cada ano devido à redução de nasci-
mentos no país e ao aumento da qualidade e da expectativa de
vida da população. Além disso, é indiscutível que se deve garantir
a todas as pessoas, independentemente de suas limitações ou restrições, uma vida de qualidade e com autonomia, por meio do uso
igualitário dos equipamentos culturais e do acesso à comunicação,
à mobilidade urbana e aos territórios.

Como dito no capítulo anterior, para as pessoas que estão com
alguma incapacidade ou limitação em decorrência de um acidente
ou outra situação circunstancial, as tecnologias assistivas são um
facilitador para manter a rotina diária, pois se trata de uma condição temporária, mas, para as pessoas com deficiência (PcDs) ou
idosas, a condição é permanente e irreversível e está sob a interferência de diversos fatores, como escolaridade, condição econômica, situação política e ambiente. O fator ambiental, comparado
com os demais, tem alto grau de tangibilidade e por isso está mais
sujeito a mudanças que contribuam para a redução de barreiras e a
promoção de maior autonomia e bem-estar dessas pessoas.

No artigo 21 do Estatuto da Pessoa Idosa, Lei nº 10.741, temos
previsto que "o Poder Público criará oportunidades de acesso do
idoso à educação, adequando currículos, metodologias e material didático aos programas educacionais a ele destinados" (Brasil,
2003). Conforme o primeiro parágrafo deste artigo: "[...] os cursos
especiais para idosos incluirão conteúdo relativo às técnicas de
comunicação, computação e demais avanços tecnológicos, para
sua integração à vida moderna" (Brasil, 2003).

Por que falar em ciência do envelhecimento? O processo de envelhecimento humano, em termos fisiológicos, é definido pela

redução da capacidade dos órgãos e sistemas em termos senso-riais, funcionais e cognitivos, do tempo de captação e de resposta aos estímulos, de forma permanente. A diminuição da sensibilida-de e da percepção visual e auditiva, além de problemas na articu-lação, podem comprometer a mobilidade, ano a ano, à medida que a idade cronológica avança.

O comportamento de diferentes indivíduos diagnosticados com uma mesma dificuldade ou perda em nível sensorial, cognitivo e/ou funcional deverá ser avaliado de acordo com as condições e a aces-sibilidade do ambiente em que a pessoa vive. Além do ambiente, a condição do indivíduo pode ser influenciada geneticamente ou pelo seu estilo de vida, suas características nutricionais e culturais.

Qualquer que seja a situação, o processo de envelhecimento re-quer que as soluções de acessibilidade sejam constantemente avaliadas, com base no parâmetro de participação plena e efeti-va da população idosa na sociedade, em igualdade de condições com as demais pessoas, e não somente na condição de saúde físi-ca e mental dessa população.

Nem sempre a modernização em nome da praticidade é uma op-ção inclusiva. Por exemplo, o estacionamento rotativo nas ruas da cidade de São Paulo era, até 2016, um serviço disponibilizado por meio de talões de papel, preenchidos manualmente. Foi trocado por um serviço acessado exclusivamente pelo celular. A pessoa que não tivesse memória suficiente no celular e/ou conhecimento das etapas para baixar o aplicativo ficaria à mercê de uma multa, mesmo tendo talões guardados no porta-luvas.

Após a pandemia de covid-19, inegavelmente, os meios de comu-nicação digital expandiram seus espectros de ação, em todos os segmentos da sociedade. Anteriormente à pandemia, sempre ha-via, por exemplo, um cardápio físico para consulta. Atualmente, na maioria dos lugares, para acessar o cardápio, é necessário ter o aplicativo de leitura de QR Code no celular ou um aparelho que já tenha a câmera adaptada a essa tecnologia, além de dominá-lo, e o cardápio aparece em uma versão diminuta, dificultando a consulta, mesmo com o recurso do zoom.

Algumas dificuldades encontradas nos âmbitos físico e digital para o acesso à web são:

- Alterações relacionadas à acuidade visual: é preciso refletir sobre a maneira como as pessoas idosas interagem com as máquinas e com os smartphones, requerendo mais brilho e contraste, além de tamanhos de fontes maiores, opções disponibilizadas pelo WhatsApp, por exemplo.
- Dificuldades relacionadas à coordenação motora: esse tipo de dificuldade pode impactar, por exemplo, o manuseio do mouse, a precisão no posicionamento do cursor, etc.
- Baixo letramento ou analfabetismo funcional: essa barreira pode restringir ou comprometer escolhas no momento da leitura dos comandos escritos.

Você já se imaginou ou precisou acessar a web:

- usando uma tela muito pequena ou com pouco contraste?
- utilizando uma conexão muito lenta, um navegador desatualizado?
- em um ambiente com iluminação inadequada, com muito ruído?

Para quem não apresenta limitação ou restrição funcional, cognitiva ou sensorial, as soluções para essas questões podem ser muito simples, mas mudanças nas formas de prestação de serviços e de disponibilização de informações podem causar insegurança e receios e trazer desafios para a população idosa, principalmente quando não se está familiarizado com a utilização de aplicativos e ferramentas tecnológicas digitais.

Dados da Pesquisa Nacional por Amostra de Domicílios Contínua que investigou o módulo temático sobre tecnologia da informação e comunicação (PNAD Contínua TIC 2021) identificaram avanço no uso da internet pelas pessoas com mais de 60 anos, passando de 44,8% para 57,5% (Nery; Britto, 2022). Isso significa que mudanças estão acontecendo. Pessoas idosas estão cada vez mais conectadas e criando maneiras de suprir necessidades de comunicação, aumentar as oportunidades de convívio social, engajar-se em estudos e cursos on-line e familiarizar-se com o manuseio de dispositivos e recursos tecnológicos diversos (Nery; Britto, 2022).

Apesar de terem realidades distintas, as questões relacionadas ao envelhecimento do indivíduo e ao envelhecimento populacional podem ter desafios e problemas solucionados ou atenuados pelo desenvolvimento de sistemas IoT, proporcionando maior inclusão e equidade.

2. Dados do IBGE e projeções sobre a população idosa brasileira

A agência de notícias do IBGE destaca que no Censo Demográfico 2022 foram registradas cerca de 22 milhões de pessoas com 65 anos de idade ou mais, ou seja, um contingente que representa 10,9% da população brasileira. Houve uma alta de 57,4% em relação ao ano de 2010, quando havia aproximadamente 14 milhões de pessoas idosas (Gomes; Brito, 2023).

Para uma análise da tendência do crescimento populacional do país, o IBGE registrou os dados da população de crianças com até 14 anos de idade, constatando um recuo de 12,6% nessa faixa etária, que decaiu de um total de 46 milhões em 2010 para 40 milhões em 2022 (Gomes; Brito, 2023).

A pirâmide etária apresentada no gráfico 1 deixa claros esses números. Há uma mudança no formato da pirâmide: ela se alarga no meio, representando o aumento do número de pessoas na fase adulta, e começa a se estreitar na base, representando a parcela jovem da população brasileira. O índice de envelhecimento é calculado pela razão entre o grupo de pessoas de 65 anos ou mais e a população de 0 a 14 anos. Portanto, quanto maior o valor do indicador, mais envelhecida é a população. No Brasil, esse índice chegou a 55,2% em 2022, indicando que há 55,2 pessoas com 65 anos ou mais para cada 100 crianças de 0 a 14 anos. Em 2010, o índice de envelhecimento era menor, 30,7%, tendo subido 24,5 pontos percentuais.

Gráfico 1 – População residente no Brasil (%) segundo sexo e grupos de idade

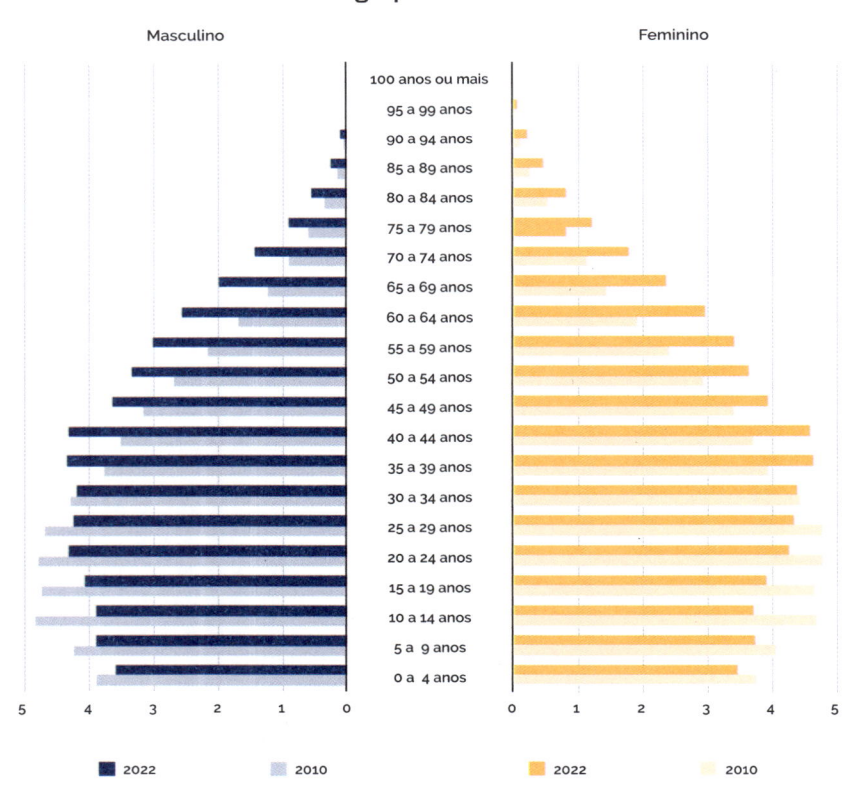

Fonte: adaptado de Gomes e Brito (2023).

Segundo Izabel Marri (2023 *apud* Gomes; Britto, 2023), gerente de estudos e análises da dinâmica demográfica do IBGE, o aumento da população de 65 anos ou mais em conjunto com a diminuição da parcela da população de até 14 anos de idade, no mesmo período, evidencia o franco envelhecimento da população brasileira.

> **Para saber mais**
>
> Foram coletados os dados de pessoas de 65 anos ou mais para fins de comparação com dados internacionais e com outras pesquisas que utilizam essa faixa etária, pois o Estatuto da Pessoa Idosa, Lei nº 10.741, de 1º de outubro de 2003, define: "Art. 1º É instituído o Estatuto da Pessoa Idosa, destinado a regular os direitos assegurados às pessoas com idade igual ou superior a 60 (sessenta) anos" (Brasil, 2003).

A revista *Carta Capital* divulga os dados do censo do IBGE de 2022, informando que a população de brasileiros idosos por faixas etárias é de:

- 65 a 69 anos de idade: 7,9 milhões;
- 80 anos ou mais: 4,6 milhões; e
- mais de 100 anos: 37.814 pessoas (Silva, 2023).

Adriana Beringuy (2024), coordenadora da PNAD Contínua, comenta, acerca dos dados sobre a educação em 2022, que o contingente de analfabetos encontra-se em queda nas gerações mais novas, o que representa um maior acesso de crianças à educação; já entre as pessoas idosas, quanto mais velho o grupo populacional, maior é a proporção de analfabetos – estima-se que esse número esteja em torno de 5,2 milhões.

Apesar de esses dados parecerem desanimadores, o IBGE também levantou dados sobre a conectividade entre os idosos, e de 2008 para 2013 houve um aumento: de 5,7% das pessoas acima dos 60 anos navegando pela internet, passou-se a 12,6% (Cruz, 2015).

Uma pesquisa realizada em 2015 por outra instituição, a AVG Technologies, entrevistou adultos com mais de 50 anos sobre o uso do celular e das redes sociais: 86% disseram que o celular é o dispositivo mais usado, 76% usavam o Facebook, e 9% não utilizavam nenhum serviço de comunicação. Foi consensual a opinião dos entrevistados sobre como eram vistos pelas empresas de tecnologia: sentiam-se tratados como analfabetos digitais (Tena, 2016).

Diante dessa realidade, faz-se necessário conhecer e perceber as peculiaridades e necessidades do público idoso para que as iniciativas de projetos com uso da IoT promovam maior engajamento e eficácia em relação aos resultados. Espera-se que atendam aos usuários que se deparam com muitas barreiras digitais, podendo ser pessoas idosas ou de outras faixas etárias, em situação de vulnerabilidade temporária ou permanente.

3. Bem-estar da pessoa idosa e IoT atrelada à tecnologia assistiva

Conhecer melhor o público com que trabalhamos, suas dificuldades e características de comportamento e atitudes na sua rotina diária levam a escolhas mais assertivas nas propostas dentro dos projetos com IoT. Segundo Vieira (2016 *apud* Tena, 2016), as pessoas idosas têm dificuldade de memorizar o passo a passo para acessar softwares e aplicativos e precisam de sequências bem definidas. Outra característica está no receio de errar – elas são cautelosas. Uma pesquisa revelou que 24% das pessoas idosas declararam ter medo de utilizar novas tecnologias e 40% comentaram ter receio de danificar o aparelho, mas os benefícios decorrentes do uso dos dispositivos se refletem na maior interação e aproximação da família e amigos (Raymundo *apud* Tena, 2016). Essas pessoas também acabam se animando a assistir a filmes, fazer cursos on-line e, em alguns casos, a retomar o aprendizado, o que gera impacto na atualização cultural e no ganho de autoestima (Tena, 2016).

Elencaremos a seguir algumas situações-problema domésticas que podem ser recorrentes na rotina de pessoas idosas. Certamente serão disparadoras de ideias para soluções com uso de automação e dispositivos inteligentes conectados à internet:

- Esquecer a chama do fogão acesa após a utilização para aquecer a água ou preparar comida.
- Deixar a TV ligada a noite inteira, ao pegar no sono.
- Risco de quedas em qualquer parte da residência.
- Risco de quedas no banheiro devido ao piso molhado.
- Necessidade de fazer caminhadas para se exercitar e tomar sol.
- Esquecer de tomar os medicamentos ou ter dificuldade de lembrar se já os tomou.

Em que tipo de recurso de tecnologia assistiva associada à IoT você pensaria para solucionar as situações descritas? Lembramos que câmeras podem ser invasivas e não atendem bem às situações, pois dificilmente alguém ficará monitorando o tempo todo.

Bengalas, óculos, aparelhos auditivos, dosadores de medicamentos, dispositivos vestíveis e sapatos são alguns objetos de uso constante que poderiam ser boas opções para acoplar os dispositivos inteligentes conectados à internet. Já sensores de movimento,

detectores de queda, sensores de alerta, sensores de luminosidade, temperatura e umidade, sistemas de segurança, navegação e
orientação de alerta sobre obstáculos, calendários e agendas, dispositivos com GPS, robôs sociais, dentre outras possibilidades, são
exemplos de ferramentas que podem ser conectadas aos recursos
de tecnologia assistiva. Uma vez conectadas à internet, encami-
nharão os dados para uma central ou usuário remoto para acesso
imediato ou tomada de decisão.

Automação acessível e criação de cenários com IoT para PcDs e pessoas idosas

O Brasil, segundo o Censo Demográfico realizado em 2022, chegou a 32.113.490 pessoas com 60 anos ou mais, o que corresponde a 15,6% da população (Gomes; Britto, 2023). E, de acordo com a PNAD Contínua de 2022, cerca de 18,6 milhões de pessoas, ou seja, 8,9% da população brasileira com 2 anos ou mais de idade possuem algum tipo de deficiência. Desse grupo, 47,2% eram da faixa etária igual ou superior a 60 anos de idade (Gomes, 2023). Ainda segundo dados da PNAD Contínua (Gomes, 2023), a dificuldade de locomoção é um dos grandes problemas apontados pela população brasileira, em especial com o avanço da idade.

Esses dados reforçam a necessidade de pensar e projetar soluções para auxiliar as pessoas com deficiência (PcDs) e as pessoas idosas. A criação de sistemas de TA com uso de IoT que possam contribuir para a acessibilidade deve levar em consideração as especificidades de cada cidadão. Quem é a pessoa com deficiência e quais as barreiras de acesso que essa pessoa enfrenta com os dispositivos considerados inteligentes? Quais são as dificuldades enfrentadas e qual tipo de tecnologia assistiva as pessoas podem utilizar para conquistar mais autonomia no ambiente em que vivem ou trabalham? A realização de entrevistas com o público para o qual se destina a solução com IoT é fundamental para o sucesso do produto, uma vez que só a pessoa idosa ou a pessoa com deficiência física ou motora pode pontuar suas dificuldades e necessidades.

Outro fator importante a ser considerado é a possibilidade e a condição de alcance, percepção e entendimento para a utilização dos dispositivos IoT em igualdade de oportunidades, com segurança e autonomia. Será que os aplicativos são de fácil operação, permitem a leitura e a compreensão de suas funções? É válido investir na utilização de tablets no lugar de smartphones para operar os dispositivos IoT, uma vez que a tela é maior e pode facilitar a operação? Os assistentes virtuais estão localizados em lugares estratégicos para que sejam capazes de atender aos comandos do usuário e responder de forma audível para o público em questão? Reflexões sobre esses aspectos são muito importantes e valiosas para a implementação de dispositivos IoT para essa população.

Cabe destacar que a IoT e toda a tecnologia que a envolve nem sempre é familiar aos usuários, em especial às pessoas idosas. Isso significa que os projetos precisam ser simples e de fácil manipulação. Um treinamento específico para operar os dispositivos, por vezes até mais prolongado, pode ser necessário e, em muitos casos, determinante para a adoção da tecnologia proposta.

Neste capítulo serão abordadas aplicações que utilizam a IoT como possível solução de TA para tornar os ambientes mais acessíveis para esses grupos de pessoas.

1. Uso de dispositivos inteligentes para segurança e melhoria da qualidade de vida de PcDs e pessoas idosas

O fato de existirem muitas soluções IoT pode gerar ansiedade e alguma dúvida sobre o que automatizar primeiro. Por isso é importante entrevistar o usuário para determinar as suas principais necessidades e verificar os recursos financeiros disponíveis para a implementação dos projetos. Tabular essas informações facilita demasiadamente a adoção de estratégias de implantação assertivas.

Ainda que sejam necessárias personalizações para uma integração de sucesso dos dispositivos IoT, é possível destacar algumas soluções como ponto de partida para a melhoria da qualidade de vida e a manutenção da segurança das pessoas idosas e PcDs. Para facilitar a visualização dos projetos possíveis, uma alternativa é estabelecer grupos ou etapas de automação, como exemplificado a seguir.

Eletrodomésticos inteligentes

Diversos equipamentos podem ser automatizados para facilitar a execução das tarefas domésticas cotidianas de pessoas idosas e pessoas com dificuldade de locomoção. Inclusive, muitos dos dispositivos que se encontram à venda no mercado podem ser utilizados com essa finalidade, desde que sejam adaptados para isso. Um exemplo é o aspirador-robô (figura 1), que auxilia na limpeza do ambiente aspirando a sujeira do piso ou até mesmo passando um pano seco ou úmido com algum produto de limpeza ou lustração. O papel do usuário será principalmente o de esvaziar o compartimento de lixo quando estiver cheio.

Existem diversos modelos, com preços e funções variadas. Eles podem ser controlados por aplicativo instalado em smartphone e por assistentes virtuais, quando compatíveis. Isso permite que sejam acionados por comando de voz, facilitando bastante a operação por pessoas que tenham dificuldade de operar o aplicativo. Outra praticidade da maioria dos aspiradores-robôs é que podem ser programados para executar a limpeza em áreas e horários específicos, fazendo com que o usuário não se preocupe em ter que lembrar de ligar o dispositivo.

Geralmente, os aspiradores inteligentes possuem uma base de recarregamento, para onde se direcionam automaticamente ao fim da tarefa ou quando existe a necessidade de carregamento da bateria. Eles possuem sensores que ajudam a desviar de obstáculos e, em alguns casos, até podem evitar quedas, ao se aproximar, por exemplo, da beirada de um degrau. No entanto, para facilitar o trabalho do robô e evitar que ele se enrosque enquanto limpa, é importante manter o piso com o mínimo de obstáculos e realizar testes para verificar se ele consegue transitar facilmente entre diferentes superfícies, por exemplo, ao subir e descer de tapetes.

Alguns aspiradores permitem personalização de funcionamento, como definição da potência de sucção, velocidade de movimentação, iluminação, som, entre outras funções. No entanto, cabe avaliar quantas funções personalizadas serão úteis para o usuário em comparação com sua familiaridade com o dispositivo.

Figura 1 – Aspirador-robô

Lavadoras e secadoras de roupas, fornos elétricos, fritadeiras, panelas para cozimento, smart TVs, aparelhos de ar-condicionado, ventiladores e muitos outros eletrodomésticos inteligentes podem ser utilizados com vistas a contribuir para a acessibilidade de pessoas com deficiência física e pessoas idosas.

Para saber mais

O aspirador-robô existe desde 2002. Isso mesmo, há mais de vinte anos!

Iluminação e sensores IoT

Iluminação controlada

Além de facilitar o acender e apagar das luzes a distância, por voz ou por toque em aplicativos de smartphone ou por meio de hubs, as lâmpadas inteligentes podem ser programadas com assistentes virtuais para que sejam ligadas ou desligadas em horários específicos, oferecendo mais segurança e conforto ao usuário. Também podem ser programadas para serem acionadas em conjunto com outro dispositivo, por exemplo, ao abrir uma porta, ao disparar um alarme ou tocar um despertador. É importante que os nomes dados às lâmpadas inteligentes de cada ambiente sejam simples e fáceis de serem pronunciados e lembrados pelo usuário. Além das lâmpadas, as instalações podem ser complementadas por interruptores inteligentes.

Atuadores e sensores

Muito pode ser feito com esses dispositivos IoT para melhorar o conforto e auxiliar nas tarefas cotidianas de pessoas idosas e PcDs. Por exemplo, é possível instalar atuadores em cortinas para automatizá-las e, por meio de sensores de luminosidade, controlar sua abertura e fechamento de acordo com a claridade da janela, ou então instalar sensores de proximidade para facilitar o seu acionamento. Também podem ser instalados sensores de temperatura integrados a ventiladores, umidificadores ou aparelhos de ar-condicionado. Fechaduras eletrônicas com abertura por comando de voz ou por toques em telas de smartphones e tablets, entre diversos outros dispositivos que podem ser controlados a distância de acordo com a necessidade do usuário, são outras ferramentas que podem ajudar essas pessoas.

Organização pessoal

Agendas e lembretes

É possível utilizar assistentes virtuais para criar agendas e lembretes. É muito comum, por exemplo, que pessoas idosas se confundam ou se esqueçam de tomar seus remédios na hora marcada. Para isso, é possível criar lembretes ou procurar por skills específicas para o uso de medicamentos disponíveis nas lojas de aplicativos para smartphones e que podem ser integradas com os assistentes virtuais. De modo geral, os aplicativos permitem que sejam inseridos diversos medicamentos, com o nome do paciente, especificações de dosagem, frequência de uso e horários em que devem ser tomados. Também é possível registrar os medicamentos que foram tomados e sintomas, caso haja. Em alguns casos, ainda é possível compartilhar as informações com médicos e cuidadores especializados. Além de lembretes de medicamentos, muitos outros podem ser criados utilizando o serviço de agenda vinculado a assistentes virtuais.

Programação de tarefas

Diversas rotinas de tarefas podem ser programadas utilizando assistentes virtuais, por exemplo, acionar um dispositivo IoT em determinado horário, como a irrigação automática de uma planta, ou ligar e desligar um equipamento de som ou TV no horário de determinado programa.

Cuidados com a saúde

Dispositivos vestíveis

Equipamentos como relógios inteligentes (smartwatches) ou roupas fitness com diversos sensores embutidos podem ser úteis para monitorar parâmetros relacionados à saúde, como pressão arterial, batimentos cardíacos, nível de saturação da oxigenação sanguínea, temperatura corporal, entre outras funções vitais. O monitoramento de algumas informações pode auxiliar o usuário a cumprir metas de atividade física, como a quantidade de passos dados em determinado período ou a quantidade de calorias consumidas. Os dados coletados também podem ser armazenados com o objetivo de complementar informações de acompanhamento médico. Em casos de emergência, uma mensagem ou algum outro tipo de alerta pode ser emitido para cuidadores de plantão ou serviços de emergência médica. No entanto, é crucial levar em consideração as questões relacionadas à confidencialidade das informações de saúde do paciente ao utilizar soluções com IoT para monitoramento da saúde.

Sistemas de segurança

Alarmes

Sensores que detectam a abertura de portas e janelas e transmitem essa informação para o usuário são úteis de diversas maneiras. Podem alertar sobre a invasão tanto de um ladrão como de um animal; podem informar se alguma porta ou janela foi esquecida destravada; podem, ainda, encaminhar a informação para alguma outra pessoa fora da residência, desde que esteja cadastrada no sistema. Outros tipos de alarme podem contribuir para a segurança do usuário, como sensores que detectam vazamento de gás (muitas vezes decorrente do esquecimento de uma boca de fogão ligada sem chama, caso comum em casas de pessoas idosas) ou sensores de temperatura e umidade, que podem ser utilizados para acionar lembretes ao usuário sobre a necessidade de se hidratar.

Câmeras de vigilância

Esse tipo de câmera pode ser instalado em diversos cômodos da residência e facilitar a visualização de ambientes sem a necessidade de se deslocar até eles. As câmeras com IoT podem ser conectadas a dispositivos móveis, como smartphones e tablets, assim como a TVs na residência. Existem câmeras que podem ser controladas e direcionadas por aplicativos e outras que possuem microfone e alto-falante, possibilitando a comunicação entre a pessoa que se encontra próxima da câmera e a pessoa que está visualizando a cena pelo aplicativo. Existe a possibilidade de transmitir as imagens via internet, o que pode ser interessante nos casos em que seja necessário acompanhamento frequente de uma pessoa idosa ou com deficiência por parte de um familiar ou de uma equipe médica. Apesar de todas as vantagens que as câmeras de vigilância podem trazer, é importante sempre levar em consideração os direitos de privacidade do usuário.

2. Escolha de dispositivos que promovem autonomia, inclusão e independência de pessoas idosas e com deficiência

A escolha dos dispositivos IoT deve ser realizada de modo a causar impactos positivos na vida das pessoas idosas e com deficiência, tendo em vista os aspectos relacionados à autonomia, inclusão social e independência.

Nem sempre o dispositivo que atende eficientemente às necessidades de um indivíduo funcionará para outro. Projetos personalizados são essenciais. Deve-se levar em consideração a familiaridade do usuário com a tecnologia em questão, verificar as dificuldades que ele pode apresentar na manipulação dos dispositivos e, inclusive, o seu grau de letramento, que pode influenciar na compreensão do funcionamento dos equipamentos ou das instruções que são repassadas pelos ou para os assistentes virtuais. Por vezes, a simples troca de um aplicativo por outro, com ícones no lugar de textos, ou com uma diagramação mais amigável e acessível, é suficiente para que uma pessoa passe a utilizar os equipamentos.

Quanto menos o usuário depender de outras pessoas para manipular ou configurar os dispositivos, maior a chance de utilizar dispositivos IoT. Alguns equipamentos oferecem muitas funcionalidades e, por isso, costumam trabalhar com aplicativos mais complexos. Então, cabe avaliar junto ao usuário se não é o caso de escolher um dispositivo mais simples, que atenda às necessidades e seja mais fácil de operar.

Outro aspecto de grande importância é considerar o recurso financeiro disponível no momento de elaborar o projeto de um ambiente inteligente. Claro que economizar é sempre bom, mas é preciso colocar todos os fatores mencionados até aqui na balança para verificar quantos dispositivos IoT podem ser implementados para que cumpram de forma eficiente os objetivos para os quais foram adquiridos. Existem casos em que é mais interessante adquirir uma quantidade maior de dispositivos, mas que possuam funções menos complexas, e outros em que é melhor investir em uma quantidade menor de dispositivos, mas que ofereçam diferentes modos de operação e configurações mais detalhadas. Isso dependerá das necessidades do usuário e da facilidade que ele tem para operar os dispositivos.

Tenha sempre em mente que um dispositivo IoT deve auxiliar nas tarefas cotidianas do usuário, e não aumentar a complexidade ou tomar mais tempo na execução de suas atividades rotineiras.

Automação acessível e criação de cenários com IoT para pessoas com deficiência visual ou auditiva

Em continuidade ao tema de TA, abordaremos neste capítulo possíveis soluções IoT para auxiliar pessoas com deficiência visual ou auditiva.

De acordo com os dados da Pesquisa Nacional de Saúde de 2019 (PNS 2019), 6,9 milhões de pessoas com 2 anos ou mais de idade, ou seja, 3,4% da população brasileira, tinham deficiência visual; e 2,3 milhões (1,1%) tinham deficiência auditiva (PNS..., 2021). Enquadram--se nesses perfis pessoas com perda total ou parcial da visão ou audição. Outro dado importante é que alguns indivíduos já nascem com alguma deficiência visual ou auditiva, mas, para a maioria, essas deficiências são desenvolvidas com o avançar da idade.

Nesse sentido, é importante perceber o potencial da IoT como uma ferramenta que pode não só proporcionar conforto, mas também exercer grande contribuição para a inclusão social.

1. Instalação de dispositivos IoT para melhorar a acessibilidade

A modernização dos smartphones, a ampliação da área de cobertura e a melhoria da qualidade de sinal das redes Wi-Fi, junto ao aumento das discussões sobre inclusão social, têm contribuído imensamente para a criação de soluções para auxiliar pessoas com deficiência.

É possível encontrar vários aplicativos e recursos em smartphones que permitem auxiliar deficientes visuais, como controle do contraste e do brilho da tela e do tamanho da fonte para pessoas com baixa visão; ou, até mesmo, a substituição das interações visuais por descrições narradas e controles por comandos de voz. Para os deficientes auditivos, podemos citar como exemplos legendas, tradução em língua de sinais e alertas por vibração, além de aparelhos auditivos com conexão com dispositivos IoT e smartphones (figura 1). A distribuição de sensores pelo ambiente também é uma alternativa que pode auxiliar na transmissão de informações relevantes ao usuário com deficiência sobre o que está acontecendo ao seu redor, permitindo que, quando necessário, ele tome providências conscientes e assertivas com autonomia.

Figura 1 – Aparelho auditivo com conectividade

O avanço contínuo da IA também chega com a promessa de trazer grandes benefícios (até mesmo inimagináveis) para o desenvolvimento de projetos de tecnologia acessível. A IA integrada a assistentes virtuais pode registrar os hábitos do usuário e personalizar as interações com os dispositivos IoT, melhorando constantemente a qualidade de vida do usuário.

Para entender melhor a contribuição da IA para os sistemas IoT, vamos tomar como exemplo um interfone com câmera, que permite o reconhecimento facial de quem está batendo à porta e emite um aviso ao residente sobre quem chegou (figura 2). Um sistema como esse pode ser muito útil para uma pessoa com deficiência visual que depende apenas do reconhecimento da voz de quem chegou à sua casa, pois ajudaria a confirmar a identidade da pessoa por meio de um reconhecimento visual automatizado. Obviamente, para não infringir a LGPD, as pessoas precisam autorizar seu cadastro em um sistema que armazenará suas informações de identidade em um banco de dados.

Em um sistema IoT não integrado a um assistente virtual, a imagem da pessoa é captada pela câmera e enviada para o banco de dados na nuvem, onde será analisada e comparada com as outras imagens armazenadas durante o processo de computação em nuvem, por meio de algoritmos predefinidos. Então, uma resposta é emitida ao usuário a partir de um dispositivo de saída, como uma caixa de som de um hub IoT, um smartphone ou outro dispositivo IoT definido pelo usuário.

Já quando integrada aos sistemas IoT, a inteligência artificial pode auxiliar nas etapas de processamento e interação com o usuário. Os dados coletados podem ser analisados de forma mais avançada, permitindo a detecção de padrões e a identificação de anomalias, entre outras ações que visam aumentar a precisão das informações. Assim, nesse exemplo do interfone com reconhecimento facial, a identificação da pessoa que bate à porta pode ser bem-sucedida mesmo em condições adversas, como em dias de chuva, com diferentes luminosidades ou ângulos de câmera, uso de boné, adornos, maquiagem, mudanças nas características faciais ocasionadas pelo envelhecimento, entre outras.

Utilizando os processos de aprendizagem de máquina, a IA interage com os dados armazenados, podendo incluir novas informações, otimizar o cruzamento de dados, aprimorar e acrescentar novos algoritmos de computação em nuvem. Isso pode incluir a tomada de decisões automáticas, como o controle independente de dispositivos IoT, ajuste de configurações, notificações de alerta, entre outras ações. Com a IA também há uma melhora constante da interação com o usuário, compreendendo melhor a linguagem natural e personalizando as respostas de acordo com as características de cada pessoa (figura 3).

Figura 3 – Inteligência artificial e dispositivos IoT

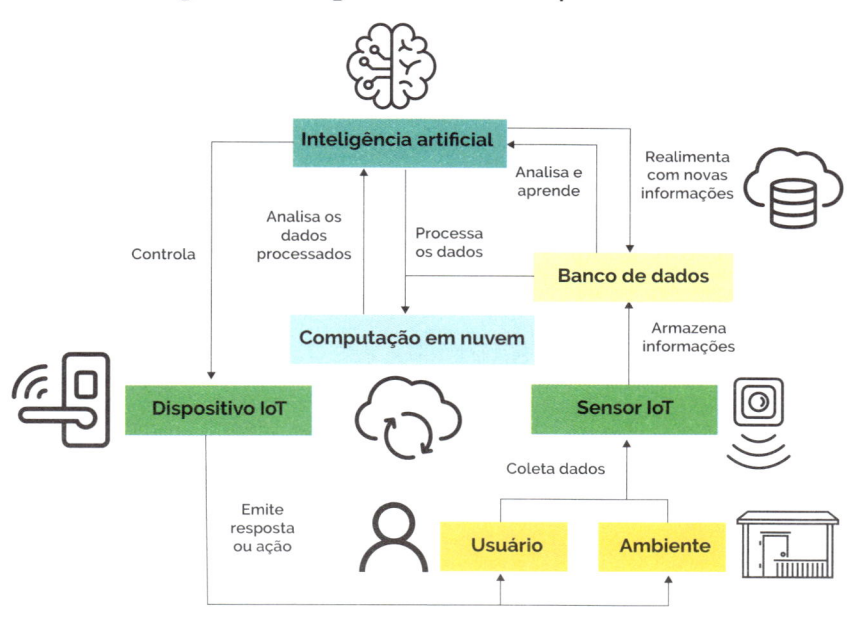

Outra possibilidade de uso da inteligência artificial é a identificação do usuário pelo sistema IoT. Para melhor compreensão, imagine agora outro exemplo, em que uma pessoa com deficiência auditiva precisa interagir com um assistente virtual ou controlar algum dispositivo IoT. O sistema, ao ser acionado, teria a capacidade de identificar quem é o usuário por algum tipo de reconhecimento biométrico e, automaticamente, reprogramar seu método de resposta para que seja visual, por meio de legendas em hubs com tela ou smartphones, ou até mesmo aumentar a intensidade sonora em caso de pessoas com perda auditiva parcial. Outra ideia seria implementar um processo de tradução simultânea das informações para a língua brasileira de sinais, a Libras.

Alertas e avisos também podem ser emitidos por meio de sinais luminosos em painéis e lâmpadas inteligentes ou por vibração em acessórios vestíveis, como nos smartwatches. Muitas soluções diferenciadas utilizando dispositivos IoT podem ser idealizadas, mesmo que ainda não estejam disponíveis no mercado. Explorar as possibilidades de integração da IA com esses sistemas é um novo caminho para trazer soluções inovadoras no auxílio às pessoas com deficiência.

2. Escolha de dispositivos que promovem autonomia, inclusão e independência de pessoas com deficiência visual ou auditiva

Vários fatores devem ser levados em consideração no momento de projetar uma solução com IoT para deficientes visuais ou auditivos, como dificuldades apresentadas, necessidades requisitadas, familiaridade ou facilidade de adaptação do usuário aos dispositivos, recursos financeiros disponíveis, funcionalidade do equipamento, disposição no ambiente, integração entre os dispositivos e demais questões técnicas.

Para facilitar esse processo de identificação do usuário e personalização do projeto de IoT, sugere-se que seja realizada uma entrevista com o cliente e a construção de um formulário com informações úteis que possam auxiliar na escolha dos equipamentos e sua distribuição no ambiente.

Para exemplificar a situação, imagine que você precisa auxiliar uma pessoa com deficiência auditiva severa, porém oralizada, que apresenta dificuldades na hora de acordar por não escutar o despertador sonoro. Que possibilidade de solução IoT poderia ser oferecida para essa pessoa? Os detalhes dessa situação e das soluções propostas foram registrados no quadro 1.

Quadro 1 – Exemplo de formulário de entrevista para identificação das necessidades de uma pessoa com deficiência

Identificação do usuário/cliente	Mulher de 65 anos que reside sozinha.
Dificuldades relatadas e observadas	Teve perda auditiva gradativa a partir dos 40 anos de idade e, atualmente, possui deficiência auditiva severa. Durante o dia utiliza aparelho auditivo que a auxilia parcialmente, porém tem dificuldades de ouvir telefone, campainha ou alarme tocando, em especial quando retira o aparelho para dormir.
Necessidades específicas que foram requisitadas	Deseja um sistema que a ajude a acordar em horários determinados, em especial na parte da manhã, pois tem sono pesado.
Familiaridade/ facilidade de manuseio dos dispositivos	Utiliza smartphone constantemente, tem facilidade em manipular o dispositivo. Utiliza recursos de streaming no celular e na smart TV, além de redes sociais e aplicativos de mensagens. Configura as legendas da TV e dos aplicativos com tamanho médio, pois, por conta da idade, já não consegue enxergar bem de perto e ler letras pequenas.

(cont.)

Recursos financeiros	Tem disponibilidade para investir em dispositivos IoT que ajudem a melhorar a acessibilidade da residência.
Características do ambiente	Um sobrado. No piso térreo existe uma garagem na parte da frente; ao entrar na casa existe uma sala com uma escada que leva para o piso superior; na sequência, um lavabo e uma cozinha com saída para um quintal aberto com edícula na parte do fundo, onde está localizada a lavanderia. No piso superior existe uma suite principal com janela de frente para a rua, um corredor que conecta para outro cômodo utilizado como escritório, um banheiro e mais um quarto de hóspedes voltado para o quintal na parte de trás da casa.
Conectividade	Tem internet de alta velocidade instalada com o ponto principal em um roteador Wi-Fi fornecido pelo provedor de serviços instalado no escritório da casa. O sinal de internet apresenta falhas para atingir a cozinha e não chega na garagem, no quintal e na edícula da casa.
Soluções possíveis	Utilizar um smartwatch integrado com a Amazon Alexa, que possibilite ajustar o alarme por vibração do relógio e controlar dispositivos inteligentes. Complementarmente a isso, instalar uma persiana inteligente na janela que se recolha quando tocar o alarme, permitindo que entre a luminosidade natural no quarto na parte da manhã. Todos esses dispositivos podem ser controlados por voz ou por toque através da tela smartwatch ou do smartphone. Para melhorar a qualidade do sinal nos outros ambientes da casa, instalar roteadores mesh.

(cont.)

Principais dispositivos necessários	Hub Amazon Echo Dot com Alexa. Smartwatch com sistema vibratório e integração com a Amazon Alexa. Sistema de cortina/persiana inteligente integrada com a Amazon Alexa. Roteador mesh.

Outra ação que pode auxiliar na escolha de um equipamento de IoT que auxilie pessoas com deficiências é criar uma planilha com informações relevantes sobre dispositivos e aplicativos, destacando seus principais diferenciais e também suas fragilidades. O quadro 2 apresenta um exemplo de planilha com informações sobre alguns dispositivos.

É importante destacar que esse é apenas um exemplo de organização e que os itens acrescentados na planilha devem ser alterados de acordo com as necessidades do especialista que está desenvolvendo o projeto.

Quadro 2 – Exemplo de planilha com informações sobre dispositivos IoT para acessibilidade

Nome do dispositivo	Tópico	Descrição
Seeing AI	Breve descrição	Aplicativo de smartphone que oferece recursos como leitura de textos, identificação de objetos e reconhecimento de rostos, projetado para ajudar pessoas com deficiência visual
	Soluções possíveis	Auxilia com a descrição de objetos e pessoas
	Tipo de deficiência	Visual
	Fabricante	Microsoft
	Custo	Gratuito
	Link de acesso	App Store: https://apps.apple.com/br/app/seeing-ai/id999062298 Google Play: https://play.google.com/store/apps/details?id=com.microsoft.seeingai&hl=pt_BR&gl=US

Conhecendo os processos de design de cocriação

O desenvolvimento de projetos requer pesquisa e conhecimento de diversas ferramentas e envolve ações como projetar, desenhar, organizar, criar, planejar, entre outras.

Estratégias que envolvem o trabalho colaborativo, imersivo e com a escuta de pessoas de fora da empresa, consumidores, usuários, investidores, etc. têm sido uma tendência para obter pontos de vista diversos e agregar valor e conhecimento ao produto ou serviço entregue. Esse processo é conhecido como cocriação. O processo de pesquisa e desenvolvimento de um produto ou serviço pode seguir uma estrutura baseada no design.

Design é uma palavra que permeia várias áreas do conhecimento. É mais uma palavra do idioma inglês que adotamos para a nossa cultura, e a pergunta que é feita regularmente é: por que não usar a tradução correspondente em português, "desenho"? Segundo Pinheiro e Alt (2011), o design tem como atributo tornar as coisas mais atraentes, dando forma e beleza, envolvendo alto grau de criatividade canalizada para atender à concepção, ao propósito e à funcionalidade da proposição (figura 1). Quando nos referimos ao processo do desenho, não está subentendido em sua definição esse conjunto de características e processos do design. Trata-se de um sistema, um modo de pensar – não é possível pegar o design com as mãos. Ambrose e Harris (2011) identificam no processo de design sete etapas: definição, pesquisa, ideação, prototipagem, seleção, implementação e aprendizagem.

O objetivo deste capítulo é apresentar os conceitos e os seguintes tipos de design: universal, de interação e centrado no usuário, com suas características e variações para a criação de projetos de tecnologia assistiva associada aos sistemas IoT.

Figura 1 – Imagens que ilustram designs desenvolvidos para ajudar a romper as barreiras encontradas pelas pessoas com deficiência no dia a dia

Design de ambiente acessível   Design industrial   Acessibilidade eletrônica

1. Design universal

A expressão "design universal" foi criada quando o norte-americano Ronald Mace, usuário de cadeira de rodas, juntamente com um grupo de arquitetos, designers de produto, engenheiros e pesquisadores de design ambiental, iniciaram um movimento para mudar a concepção de projetos urbanos, inicialmente na arquitetura, mas que acabou se difundindo para as áreas da engenharia, desenvolvimento de produtos, meio ambiente e comunicação. O principal objetivo do grupo era desenvolver projetos para integrar melhor objetos e serviços para todos, independentemente da idade, habilidades ou circunstâncias. É possível afirmar que o mundo digital também incluiu o conceito de design como ferramenta e processo para a criação de interfaces, na elaboração de projetos e na atenção dada ao usuário.

Ronald Mace fundou o Universal Design Institute (UDI) e divulga sete princípios definidos para o design universal atrelados a questões econômicas, de engenharia, culturais, de gênero, ambientais e de acessibilidade digital. Dessa maneira, espera poder integrar recursos para atender às necessidades do maior número possível de pessoas (UDI, 2019).

Conheça agora os sete princípios:

- Princípio 1 – igualitário, equitativo: espaços e objetos projetados para pessoas com habilidades diversas. Dentre suas diretrizes estão disponibilizar os mesmos meios de utilização para todos os usuários – idênticos sempre que possível; equivalentes quando não, inclusive para as disposições relativas à privacidade, segurança e proteção – e tornar o design atraente para todos os usuários (UDI, 2019). Como exemplo podemos citar os recursos de closed caption e transcrições, que são cruciais para o acompanhamento do conteúdo pelo usuário. A startup mineira TiX Tecnologia Assistiva desenvolveu o mouse de cabeça sem fios, que permite o uso de celulares, tablets e computadores apenas com movimentos de cabeça e piscadelas. Esse recurso é adotado pela Associação de Assistência à Criança Deficiente (AACD), instituição que realiza reabilitação de pessoas com deficiência física (AACD, 2022).

- Princípio 2 – flexibilidade de uso: objetiva que produtos ou espaços ofereçam opções de métodos de uso e preferências, facilitando a exatidão e precisão, bem como a adaptabilidade ao ritmo do usuário, acomodando acesso e uso por destros e canhotos (UDI, 2019). As opções de configurações e preferências de sites, aplicativos e softwares são maneiras comuns de esses produtos serem flexíveis.

- Princípio 3 – simples e intuitivo: objetiva a facilidade de entendimento, independentemente da experiência, do conhecimento e das habilidades linguísticas ou do nível de concentração atual. Dentre suas diretrizes estão eliminar complexidades desnecessárias; organizar informações de acordo com a importância; e fornecer sugestões e feedback eficazes durante e após a conclusão da tarefa (UDI, 2019). Como exemplos desses recursos podemos citar desde o formato de mouse até o tamanho do cursor, que pode alterar sua forma para sinalizar ações executadas.

- Princípio 4 – informação de fácil percepção: objetiva que as informações necessárias sejam transmitidas de forma eficaz e compatível com o usuário, independentemente do ambiente, das condições ou das habilidades sensoriais do usuário. Recomenda-se o uso de linguagens diferentes: pictórica, verbal, tátil, etc. para apresentação e comunicação das informações, além de contraste adequado entre a informação essencial e o seu entorno, maximizando a legibilidade (UDI, 2019). Veja o exemplo da urna eletrônica na figura 2.

Figura 2 – Modelo de urna eletrônica, com teclado escrito
em português e em braille

- Princípio 5 – tolerância ao erro: minimização dos perigos e consequências adversas de acidentes ou ações não intencionais. Dentre suas diretrizes estão destacar os elementos mais utilizados, deixando-os mais acessíveis, e eliminar, isolar ou proteger os perigosos, fornecendo avisos de alerta (UDI, 2019). Fechar inadvertidamente um aplicativo pode ser comum, e a solicitação de confirmação da ação pode ser considerada uma medida de tolerância ao erro.

- Princípio 6 – baixo esforço físico: redução da fadiga. Permite que o usuário mantenha uma posição corporal neutra, use forças operacionais razoáveis e minimize ações repetitivas (UDI, 2019). Veja um exemplo na figura 3.

Figura 3 – Aparato acoplado à maçaneta que facilita e reduz o esforço de pessoas com dificuldades de abrir portas com maçaneta redonda

- Princípio 7 – tamanho e espaço para acesso e uso: objetiva que o design promova o alcance, a manipulação e o uso, independentemente de tamanho corporal, postura ou mobilidade do usuário. Trata-se de fornecer uma linha de visão clara para elementos e componentes importantes para qualquer usuário, estando sentado ou em pé, além de espaço adequado para o uso de dispositivos auxiliares ou assistência pessoal (UDI, 2019). Veja um exemplo na figura 4.

Figura 4 – Hall de elevador dimensionado e equipado com recursos de tecnologia assistiva: barras de apoio e portas amplas

Com base nesses princípios, é possível concluir que o design universal estabelece diretrizes que garantam a todos e todas o direito de ir e vir e de participar da vida em sociedade de forma equitativa e acessível. É, antes de mais nada, uma ferramenta inclusiva que busca promover a acessibilidade com todos os recursos que possam estar vinculados a ela, como a cultura maker, que se baseia na ideia de que todos possam criar e transformar com as próprias mãos sistemas digitais e sistemas IoT, permeados por criatividade e inovação.

2. Design de interação

Ao aprofundar suas pesquisas, você vai se deparar com duas palavras que podem causar algum estranhamento: iteração e interação. Os dois termos existem, mas têm significados distintos. Ambos são utilizados no ambiente da tecnologia, pesquisa e desenvolvimento de projetos.

A iteração está relacionada à ideia de revisitar, melhorar, refinar um design, produto, projeto ou serviço com base no feedback e em novas informações. Os benefícios notórios dessa prática são a redução dos riscos e o ganho na eficiência de administrar situações-problema de maneira flexível e dinâmica, tendo como consequência o constante aprimoramento durante o processo, até o momento da entrega.

A interação, por sua vez, refere-se à ação realizada pelo usuário com uma situação ou produto. Trata-se de um processo de trocas e relacionamento entre as partes. Quando nos referimos ao design de interação, estamos considerando como o usuário vai enviar, responder e receber as informações contidas no aplicativo ou sistema.

Na prática, a experiência do usuário, também conhecida como UX (*user experience*), tem como foco tornar a interação mais atrativa e descomplicada. Toma como base os tópicos detalhados no quadro 1.

Quadro 1 – Experiência do usuário e recursos de tecnologia assistiva

	Tópico	Exemplos de recurso de tecnologia assistiva
1	Estética	A roupagem, a aparência (*look and feel*), causando um impacto, positivo ou negativo.
2	Legibilidade	Facilidade de leitura, tipos de linguagem, fontes usadas, cores, contrastes.
3	Usabilidade	Formas de navegação e exploração das telas – site, app, sistema, etc.
4	Funcionalidade	Propósito definido para gerar experiência do usuário, desenvolvimento e resultado do projeto.

Um processo de design de interação pode ser aprimorado sempre que processos de iteração forem executados, promovendo um resultado com refinamento, como uma pedra bruta sendo lapidada. O resultado será de ganho evidente ao usuário. Entretanto, nesse tipo de design, a estrutura e todas as características costumam ser definidas pelo desenvolvedor. Por esse motivo, trataremos, no próximo tópico, da importância de considerar o usuário e posicioná-lo no processo de desenvolvimento de um produto, de serviços e de aplicativos da web.

3. Design centrado no usuário

Iniciamos este tópico reconhecendo a competência dos desenvolvedores e gestores de projetos, mas é importante destacar e trazer o foco para os cuidados e as necessidades dos usuários. Equivocadamente, a definição de como o usuário deve executar as tarefas foi estabelecida pelo ponto de vista do desenvolvedor. Mas será que não existe uma inversão quando se procede dessa forma? O serviço ou produto desenvolvido deve se adequar ao usuário, estar centrado nele e em como ele prefere executar a tarefa. Essa preferência é determinada pela experiência, pela habilidade e pelo contexto de uso.

Para assegurar um padrão internacional, foi criado o processo de design centrado no usuário para sistemas interativos (ISO 9241-210:2019). Trata-se de uma abordagem multidisciplinar para o desenvolvimento de sistemas interativos que se concentra especificamente em tornar os sistemas utilizáveis. Incorpora fatores humanos e conhecimentos e técnicas de ergonomia à concepção de sistemas interativos levando em conta capacidades, habilidades, limitações e necessidades humanas (ISO, 2019).

O design centrado no usuário pode ser aplicado a uma variedade de produtos, incluindo websites, aplicativos, hardwares e produtos físicos, para ter um ganho em termos de usabilidade e acessibilidade, aumentando a satisfação do usuário e consequente fidelização. Para aplicação desse design é fundamental compreender as necessidades dos usuários, definir os requisitos, como funcionalidade e características, criar modelos de solução físicos ou digitais, processo conhecido como prototipação, realizar testes com os usuários, refinamento, implementação e avaliação. Essas etapas, na verdade, referem-se a qualquer design de projeto.

Portanto, as questões que devemos ter em mente ao pensar no cliente/usuário são: como eles se sentem ao utilizar o produto desenvolvido? O produto satisfaz suas necessidades e desejos? Os recursos inseridos atendem às suas demandas?

Atualmente a tecnologia dispõe de um diverso leque de possibilidades e, no caso de ainda haver a necessidade de desenvolver um artefato ou uma peça, você pode lançar mão dos conhecimentos da cultura maker e de suas ferramentas para potencializar e materializar as ideias inovadoras decorrentes dos projetos desenvolvidos.

Para saber mais

A área da psicologia contribui para o entendimento do comportamento dos usuários em algumas situações, baseada em duas leis (Santos, 2018):

- Lei de Fitts: considera que é mais rápido apontar para alvos maiores e mais próximos a você do que para pequenos alvos afastados de você. É mais fácil clicar em botões interativos grandes, especialmente em dispositivos móveis operados a dedo, do que em botões menores.
- Lei de Hick: quanto maior o número de opções, maior o tempo para a tomada de decisão com a qual se vai interagir, devido à necessidade de analisar, interpretar e decidir pelas informações apresentadas.

Na abordagem do design centrado no usuário, é possível identificar uma maior satisfação do usuário na experiência ao tornar os produtos mais úteis e funcionais, um princípio que pode parecer óbvio, mas nem sempre é aplicado. Os desdobramentos dessa ação se refletem em escolhas mais assertivas, acarretando menor número de incorreções e ajustes e, consequentemente, uma redução de custos, com maior número de interessados.

Produtos, recursos, metodologias, práticas e serviços de IoT atendendo às demandas do setor da educação

A IoT pode beneficiar diversas áreas da educação ao ser aplicada nos campos de gestão escolar e desenvolvimento profissional de professores e como instrumento de aprendizagem para estudantes.

Neste capítulo abordaremos o potencial da IoT como ferramenta para auxiliar no processo de aprendizagem e de gestão escolar, com a criação do programa Busca Ativa Escolar (BAE). Também discutiremos como as ferramentas digitais podem tornar ainda mais eficiente a reintegração de crianças e jovens nas escolas.

Mostraremos exemplos de sistemas inteligentes utilizados com a finalidade de tornar mais amigáveis os espaços da escola e situações do cotidiano, ilustrando o uso dos recursos de tecnologia assistiva em atividades pedagógicas visando a uma aprendizagem mais personalizada e com impactos significativos para cada um dos envolvidos.

1. Programa Busca Ativa Escolar (BAE): uma solução tecnológica

O Fundo das Nações Unidas para a Infância (Unicef) estabeleceu parcerias com a União Nacional dos Dirigentes Municipais de Educação (Undime), o Colegiado Nacional dos Gestores Municipais de Assistência Social (Congemas) e o Conselho Nacional de Secretarias Municipais de Saúde (Conasems) para ajudar os municípios a combaterem a exclusão escolar por meio do estudo das causas que levam crianças e adolescentes a estarem fora da sala de aula, a fim de que eles voltem aos estudos (Unicef, 2019). Esses esforços resultaram na BAE.

Os danos aos processos de aprendizagem e às relações sociais dos estudantes foram expressivos com a pandemia de covid-19. Os estudos e relatos realizados pela ONG Todos pela Educação, baseados na Pesquisa Nacional por Amostra de Domicílios (PNAD) do segundo trimestre de 2021, apresentam as seguintes informações:

> O fechamento prolongado das escolas fez crescer o percentual de alunos desassistidos na Educação Básica: houve aumento de 171,1% no número de crianças e jovens de 6 a 14 anos fora da escola no 2º trimestre de 2021 em relação ao mesmo período de 2019.

> Entre jovens de 15 a 17 anos, permaneceu a tendência de queda no percentual de alunos que estão fora da escola e que não concluiram o Ensino Médio, chegando a 4,4% no 2º trimestre/2021. No entanto, houve aumento no número de jovens de 15 a 17 anos que estavam frequentando etapas educacionais anteriores (Ensino Fundamental regular, EJA do fundamental, ou Alfabetização de jovens e adultos): de 1,6 milhão em 2020 para, aproximadamente, 1,9 milhão em 2021. (Todos pela Educação, 2021)

A BAE é uma metodologia social e uma plataforma gratuita que permite ao poder público identificar crianças e adolescentes que estejam fora da escola. Funciona coletando e armazenando dados para apoiar as ações de planejamento, desenvolvimento, criação e implementação de politicas públicas. Caracteriza-se pela abordagem integrada e intersetorial, conectando os gestores das escolas, da saúde e da assistência social, pois entende-se que os fatores impeditivos para o acesso de crianças e jovens à educação demanda uma resposta integrada dos serviços e agentes públicos principalmente dessas áreas. Barreiras socioeconômicas, além das desigualdades de gênero, tornam desafiadora a equidade no acesso à educação no país.

O mapeamento não se restringe aos casos de evasão já consolidados. A diversidade dos dados permite realizar uma projeção de casos de abandono escolar passíveis de acontecer, antevendo a evasão, com base na análise de perfis socioeconômicos e no cruzamento de dados de cadastros de outros programas em nível federal das famílias dos estudantes.

Outro aspecto a ser comentado é que, após o sucesso na busca e reintegração do estudante à escola, diagnósticos sobre as causas da evasão são levantados, para o desenvolvimento de ações visando à permanência da criança e do adolescente no ambiente escolar.

Dados do Unicef indicam que, até 2023, 3.500 municípios e 22 estados brasileiros haviam aderido ao BAE e que mais de 193 mil crianças e adolescentes haviam sido levados de volta para a escola no período entre 2018 e 2023 (Unicef, 2023).

Um dos dados encontrados na plataforma da BAE, e utilizado como parâmetro, é a frequência, presença ou ausência do estudante às aulas. Esse dado é incluído por meio de dispositivos móveis (como celulares e tablets) ou fixos (como computadores de mesa), havendo casos em que a versão impressa é utilizada devido à ausência de recursos de comunicação.

Embora a tarefa de registrar a frequência seja simples, essas informações não chegam de imediato à secretaria da escola. Nas séries iniciais do ensino fundamental, temos uma professora de sala que responde pela turma, e nas séries finais e do ensino médio são muitos professores, um para cada disciplina de cada turma. Diante desse cenário, de que maneira a IoT pode contribuir para uma coleta mais eficiente da frequência dos estudantes nas aulas? E de que maneira os dados podem ser disponibilizados para análise dos gestores e da equipe do BAE?

Para pensar

Antes de continuar a leitura, que tal fazer uma pausa para refletir sobre a pergunta do parágrafo anterior? Qual o problema apontado em relação à disponibilização dos dados de frequência?

Com base no seu conhecimento sobre projetos e busca por soluções usando a IoT, que ideias você acha que poderiam solucionar o problema identificado?

Uma solução possível seria a instalação de receptores e transmissores de sinais nas salas de aula, indicando a presença do estudante, mais especificamente de seu smartphone, finalizando com o envio automático à secretaria. Afinal, qual jovem ficaria ausente da aula desacompanhado de seu celular? Vale lembrar que essa solução não atenderia, contudo, às turmas de crianças que ainda não portam celulares.

Depois de coletados, os dados seriam encaminhados via internet para uma central para serem acessados pelos agentes públicos, que atuariam com base nas informações disponibilizadas. A possibilidade de mapear municípios e regiões e integrar características socioeconômicas levantadas *in loco*, cruzando com cadastros de dados federais, tornaria as informações, em termos qualitativos e quantitativos, de grande valia para o conhecimento da realidade do estudante.

Outras possibilidades envolvem o uso do recurso da leitura biométrica ou por código de barras.

É importante frisar que as soluções idealizadas devem ser sempre analisadas e acompanhadas para checagem de sua eficácia. A proposta é que a tecnologia possa contribuir para facilitar e agilizar o envio de dados, evitando aumentar o trabalho de profissionais, no caso, os professores.

Apresentamos aqui algumas possibilidades para ajudar a solucionar o problema, mas certamente existem outras, e esta é a riqueza da troca e conversa com seus colegas, dos trabalhos em equipe e do conhecimento adquirido e aplicado a situações reais: muitas ideias e sugestões.

2. Salas de aula inteligentes

As possibilidades de inserção da IoT nas escolas são muitas, passando por processos de gestão de sala de aula a recursos para aprendizagem.

As lousas digitais podem oferecer soluções interessantes quando conectadas à internet e integradas aos dispositivos IoT e aos equipamentos dos estudantes. Por serem sensíveis ao toque, a interação é mais fácil, sendo possível utilizar recursos on-line, acrescentar informações aos conteúdos que são transmitidos e compartilhar as informações com os dispositivos eletrônicos dos estudantes. Algumas lousas digitais vão além da simples tela sensível ao toque e incorporam sensores adicionais, como câmeras, softwares para reconhecimento de gestos e microfones, ampliando as opções de interação do usuário, como a utilização de recursos de realidade aumentada. Se integradas aos dispositivos inteligentes, como sensores de umidade, temperatura, luminosidade, entre outros, podem compartilhar em tempo real informações do microclima de pontos diversos da escola.

Além dos recursos de gestão, como informação personalizada do desempenho de cada estudante, otimização dos recursos energéticos e redução dos custos, é possível a criação de um ambiente de aprendizagem altamente conectado e interativo. Imagine que incrível uma sala de aula onde seja possível controlar a temperatura, a umidade e a luminosidade, emitir sons e exalar odores para aumentar a imersão ao trabalhar um tema de geografia referente a uma determinada região do planeta, por exemplo.

As atividades desenvolvidas em laboratórios didáticos também são muito importantes para a aprendizagem do estudante. Porém, em muitos casos, a escola não dispõe de determinados equipamentos em seu laboratório, impedindo que atividades experimentais sejam realizadas. Agora imagine poder realizar experimentos sem a necessidade de se deslocar até o laboratório. Sim, isso é possível, graças aos laboratórios remotos (figura 1).

Figura 1 – Laboratório remoto

Geralmente instalados em instituições de pesquisa e de ensino superior, como em universidades públicas, os laboratórios remotos possibilitam a realização de experimentos reais que são monitorados 24 horas por dia e podem ser acessados e controlados fisicamente a distância, geralmente por meio da internet. Por uma plataforma on-line é possível interagir com os instrumentos microcontrolados presentes no laboratório, ajustar suas configurações, realizar medições e coletar dados que permitam a continuidade da atividade em sala de aula. O acompanhamento da execução do experimento e a observação dos resultados acontece em tempo real, por meio de transmissão em vídeo e áudio, com tabelas, gráficos ou outros formatos de saída digital.

É possível acessar laboratórios remotos de diversas partes do mundo, e eles são especialmente valiosos por permitirem acesso a equipamentos caros, raros, perigosos ou situados em locais muito específicos.

Para saber mais

O RExLab – Laboratório de Experimentação Remota, localizado na Universidade Federal de Santa Catarina, disponibiliza diversos equipamentos didáticos reais que podem ser operados a distância, por meio da internet, para a realização de experimentos didáticos. Conheça mais sobre a plataforma e acesse os experimentos na página oficial da instituição (RExLab, 2013).

Pesquise na sua cidade e região se existem instituições de pesquisa que fazem parcerias com escolas e incentivam os estudos práticos e experimentais.

3. Aprendizado personalizado

O processo de aprendizagem das pessoas é diverso e individual. Personalizar o aprendizado pressupõe dispor de recursos materiais e humanos para potencializar e otimizar os estudos, e as ações para o sucesso dessa empreitada requerem o empenho das partes envolvidas: estudantes, professores e gestores.

Nesse sentido, a tecnologia é uma ferramenta pedagógica imprescindível para propostas inclusivas e flexíveis para a promoção da acessibilidade. Dispositivos IoT incrementados com inteligência artificial possuem grande potencial para oferecer um aprendizado personalizado, com foco nas necessidades de cada estudante.

Não se trata de substituir professores por máquinas de ensino, mas sim de oferecer uma ferramenta que auxilie o professor em tarefas por vezes repetitivas e cansativas, como correções de atividades, proporcionando outras análises sobre o desenvolvimento do estudante, uma vez que o cruzamento dos dados das atividades realizadas pode apontar erros sistemáticos ou dificuldades específicas e também destacar e potencializar suas habilidades.

A inteligência artificial, quando bem aplicada, pode auxiliar os professores na elaboração de atividades diferenciadas, com níveis de complexidade diversificados ou mapeamento do perfil de estudo de cada aluno. A partir da análise de acesso das plataformas educacionais e de formas de interação, por exemplo, pode-se reconhecer padrões de aprendizado para disponibilização de apoio, como tutoriais virtuais, mentorias e orientações vocacionais.

O propósito do aprendizado personalizado está em criar oportunidades tangíveis para promover o aprendizado centrado no estudante. Essa abordagem está diretamente relacionada ao design centrado no usuário, visto no capítulo anterior. Nesse design, o serviço ou produto desenvolvido deve se adequar ao usuário, suas necessidades, preferências de utilização associadas à experiência, habilidades e contexto de uso.

De que maneira é possível potencializar habilidades e competências dos estudantes no seu processo de aprendizagem no ambiente escolar, incluindo-os nas atividades pedagógicas e no compartilhamento do conteúdo?

Vamos apresentar aqui duas situações com a utilização de recursos de tecnologia assistiva, cabendo a você extrapolar e vislumbrar outras e novas integrações de sistemas. Tomamos a liberdade de incluir outras tecnologias que podem ser integradas aos sistemas IoT, mas que não fazem parte do escopo deste livro.

O cenário é de uma escola verticalizada, com salas e corredores amplos, elevadores e uma área verde no terraço com espécies nativas da Mata Atlântica, além de uma horta com plantas medicinais. Os espaços para transitar nesse terraço, entre os canteiros, são estreitos, sendo necessário para isso que as pessoas estejam dispostas em fila.

Como, então, promover o aprendizado personalizado para uma turma composta de pessoas usuárias de cadeiras de rodas no caso de determinada aula prever um estudo de observação nos canteiros do terraço? Seguem algumas ideias, considerando o problema de restrição de acesso dessas pessoas devido ao espaço insuficiente entre os canteiros.

Ideia 1

Situação: estudante em cadeira de rodas, sem movimento nos membros inferiores e superiores.

- Recurso: óculos de realidade virtual.
- Conteúdo: mapeamento; filmagem da área dos canteiros do terraço.
- Benefício: a visão 360° permite que usuários com limitação de movimento possam conhecer a área. A posição parada favorece a tecnologia do recurso.

Ideia 2

Situação: estudante em cadeira de rodas, sem movimento dos membros inferiores, e com baixa visão.

- Recurso: fones de ouvido comuns e mapa tátil do terraço.
- Conteúdo: gravação binaural de sons do local, acionada por botões no mapa.
- Benefício: simula a audição real, identificando a direção da origem dos sons.

Em ambos os casos, a IoT se integra à atividade nas comunicações, registros e contribuições para a viabilização dos trabalhos em grupo, realizados *in loco*, possibilitando a participação e integração da pessoa com deficiência em uma condição de leitura do ambiente real.

As propostas de aprendizado personalizado utilizando dispositivos IoT e IA são bem recentes, sendo um novo campo de mercado que tem muito a ser explorado e que oferece muitas oportunidades para o desenvolvimento de projetos. O caso da startup Letrus é um exemplo disso. Fundada em 2017, tem o objetivo de contribuir para a melhoria das habilidades de escrita de estudantes, oferecendo correções e feedbacks imediatos das redações produzidas por eles. Usando uma experiência de aprendizagem personalizada com auxílio de IA e revisada por professores, a Letrus teve seu projeto reconhecido ao receber o prêmio Unesco Rei Hamad Bin Isa-Al Khalifa, de 2019 (Unesco, 2023).

4. Impactos positivos da IoT nos processos de aprendizagem

Os impactos positivos da IoT em uma escola vão muito além dos recursos, equipamentos e soluções prontas já disponíveis no mercado para apoiar a aprendizagem. Estamos falando também de uma tecnologia que precisa ser ensinada e aprendida na escola. Isso pode ser bem aplicado a partir de projetos intra e interdisciplinares envolvendo a tecnologia IoT no desenvolvimento de soluções para problemas reais, sejam eles da escola, da comunidade, de uma cidade distante ou de uma situação global.

Um projeto de realidade virtual lançado na cidade do Rio de Janeiro pela TV Escola criou um aplicativo que roda junto ao celular e a óculos de realidade virtual, passando por cinco pontos turísticos da cidade. Dessa forma, a experiência de um passeio virtual se efetiva, com a apresentação de imagens reais e áudios explicativos com o histórico dos locais, aspectos geográficos e arquitetônicos e conteúdo para interagir com o currículo escolar (Brasil, 2018).

Existem muitos programas governamentais e de iniciativa privada que apoiam o desenvolvimento científico dos estudantes da educação básica. Por meio desses programas, é possível transformar ideias criativas em protótipos e projetos que venham a solucionar algum problema real da sociedade. Um exemplo, dentre milhares, é o caso de um grupo composto por três estudantes do 7º ano do ensino fundamental da cidade de Manaus (AM) que construiu um sistema eletrônico usando o microcontrolador Arduino para monitorar a temperatura e a umidade do ar em tempo real, com o objetivo de tornar mais atrativos os conteúdos teóricos referentes aos assuntos climáticos abordados nas aulas de geografia (Auzier, 2023). A reportagem[1] sobre esse projeto, que foi apoiado pelo Programa Ciência na Escola, está no site da Fundação de Amparo à Pesquisa do Estado do Amazonas (Fapeam), agência que fomenta o programa.

Outra história interessante é a do estudante Emanuel Araújo, de 11 anos de idade, que projetou um irrigador automatizado com o Arduino para a horta de sua escola, localizada em Porto Grande (AP), a partir da água coletada dos aparelhos de ar-condicionado (Aleixo, 2023). O projeto conta com um vídeo explicativo[2] e foi veiculado na mídia[3] (Reaproveitamento [...], 2023; Aleixo, 2023), tendo sido apresentado na Feira de Ciências e Engenharia do Amapá (Feceap) e na Mostra Internacional de Ciência e Tecnologia (Mostratec).

Existem muitos outros eventos de divulgação científica no Brasil que ajudam a divulgar os trabalhos desenvolvidos por estudantes da educação básica. A Feira Brasileira de Ciências e Engenharia (Febrace) é um exemplo. Com projetos diversos, ideias criativas e muita tecnologia envolvida, divulga gratuitamente os anais com o resumo de todos os trabalhos que já passaram por lá e pode servir de inspiração para a criação de muitos projetos na escola.

---

1 Link para a reportagem: https://www.fapeam.am.gov.br/projeto-do-programa--ciencia-na-escola-constroi-aparelho-para-monitorar-temperatura-e-umidade--do-ar-em-tempo-real/. Acesso em: 22 ago. 2024.
2 Link para o vídeo explicativo: https://www.youtube.com/watch?v=0V4pKsYGjX8. Acesso em: 22 ago. 2024.
3 Link para a reportagem: https://g1.globo.com/ap/amapa/noticia/2023/09/21/projeto-escolar-reutiliza-agua-de-centrais-de-ar-para-irrigar-hortas-no-interior--do-amapa.ghtml. Acesso em: 22 ago. 2024.

Referências

AACD. AACD investe em "mouse de cabeça" para atender pacientes com limitações em membros superiores. **AACD**, 27 set. 2022. Disponível em: https://aacd.org.br/noticias/aacd-investe-em-mouse-de-cabeca-para-pacientes-com-limitacoes--em-membros-superiores Acesso em: 2 abr. 2024.

ACESSIBILIDADE digital: importância e como adaptar os conteúdos. **Meio & Mensagem**, 7 fev. 2023. Disponível em: https://www.meioemensagem.com.br/proxxima/pxx-noticias/acessibilidade-digital. Acesso em: 8 jan. 2024.

ALEIXO, Rafael. Projeto escolar reutiliza água de centrais de ar para irrigar hortas no interior do Amapá. **G1 Amapá**, Macapá, 1 set. 2023. Disponível em: https://g1.globo.com/ap/amapa/noticia/03/09/1/projeto-escolar-reutiliza-agua-de-centrais-de-ar-para-irrigar-hortas-no-interior-do-amapa.ghtml. Acesso em: 1 fev. 2024.

AMBROSE, Gavin; HARRIS, Paul. **Design thinking**. Porto Alegre: Bookman, 2011.

ARRUDA, Felipe. Áudio binaural: efeito 3D em fones de ouvido estéreo. **Tec Mundo**, 18 jul. 2011. Disponível em: https://www.tecmundo.com.br/fone-de-ouvido/11683-audio-binaural-efeito-3d-em-fones-de-ouvido-estereo.htm. Acesso em: 13 fev. 2024.

AUZIER, Tiago. **Projeto do Programa Ciência na Escola constrói aparelho para monitorar temperatura e umidade do ar em tempo real**. Manaus: Fapeam, 6 jan. 2023. Disponível em: https://www.fapeam.am.gov. br/projeto-do-programa-ciencia-na-escola-constroi-aparelho-para-monitorar-temperatura-e-umidade-do-ar-em-tempo-real/. Acesso em: 1 fev. 2024.

BERINGUY, Adriana. Áudio: Adriana Beringuy, coordenadora de pesquisas por amostras de domicílios (PNAD Contínua Educação 2023). **Agência IBGE Notícias**, 22 mar. 2024. Disponível em: https://nada.ibge.gov.br/agencia-detalhe-de-midia.html?view=mediaibge&catid=2103&id=7103. Acesso em: 1 abr. 2024.

BERSCH, Rita. **Introdução à tecnologia assistiva**. Porto Alegre: Assistiva Tecnologia e Educação, 2017. Disponível em: https://www.assistiva.com.br/Introducao_Tecnologia_Assistiva.pdf. Acesso em: 8 jan. 2024.

BRASIL. Comitê de Ajudas Técnicas da Secretaria de Direitos Humanos da Presidência da República (SDH/PR). **Ata da VII Reunião do comitê de ajudas técnicas – CAT**. Brasília, DF, 2007. Disponível em: https://www.assistiva.com.br/Ata_VII_Reuni%C3%A3o_do_Comite_de_Ajudas_T%C3%A9cnicas.pdf. Acesso em: 19 nov. 2024.

BRASIL. **Decreto nº 3.298, de 20 de dezembro de 1999**. Regulamenta a Lei nº 7.853, de 24 de outubro de 1989, dispõe sobre a Politica Nacional para a Integração da Pessoa Portadora de Deficiência, consolida as normas de proteção, e dá outras providências. Brasília, DF: Presidência da República, 1999. Disponível em: https://www.planalto.gov.br/ccivil_03/decreto/d3298.htm. Acesso em: 6 mar. 2024.

BRASIL. **Lei nº 10.098, de 19 de dezembro de 2000**. Estabelece normas gerais e critérios básicos para a promoção da acessibilidade das pessoas portadoras de deficiência ou com mobilidade reduzida, e dá outras providências. Brasília, DF: Presidência da República, 2000. Disponível em: https://www.planalto.gov.br/ccivil_03/leis/l10098.htm. Acesso em: 7 mar. 2024.

BRASIL. **Lei nº 10.741, de 1º de outubro de 2003**. Estatuto da Pessoa Idosa. Brasília, DF: Presidência da República, 2003. Disponível em: https://www.planalto.gov.br/ccivil_03/leis/2003/l10.741.htm. Acesso em: 23 jan. 2024.

BRASIL. **Lei nº 13.146, de 6 de julho de 2015**. Lei Brasileira de Inclusão da Pessoa com Deficiência. Brasília, DF: Câmara dos Deputados, 2015. Disponível em: https://www.cnmp.mp.br/portal/images/lei_brasileira_inclusao__pessoa__deficiencia.pdf. Acesso em: 8 jan. 2024. (Série Legislação).

BRASIL. Ministério da Educação. **Emissora participa de festival de jogos virtuais independentes**. Brasília, DF: Ministério da Educação, 2018. Disponível em: http://portal.mec.gov.br/component/tags/tag/realidade-virtual. Acesso em: 13 fev. 2024.

BRASIL. Ministério da Gestão e da Inovação em Serviços Públicos. Governo Digital. **Acessibilidade digital**. Brasília, DF: Ministério da Gestão e da Inovação em Serviços Públicos, 2019. Disponível em: https://www.gov.br/governodigital/pt-br/acessibilidade-e-usuario/acessibilidade-digital Acesso em: 12 nov. 2024.

BRASIL. Ministério dos Direitos Humanos e da Cidadania. **Brasil tem 18,6 milhões de pessoas com deficiência, indica pesquisa divulgada pelo IBGE e MDHC**. Brasília, DF: Ministério dos Direitos Humanos e da Cidadania, 2023. Disponível em: https://www.gov.br/mdh/pt-br/assuntos/noticias/2023/julho/brasil-tem-18-6-milhoes-de-pessoas-com-deficiencia-indica-pesquisa-divulgada-pelo-ibge-e-mdhc. Acesso em: 8 jan. 2024.

CAFÉ, Luiz. Como a IoT pode ajudar a transformar a educação. **Dio**, 30 mai. 2023. Disponível em: https://www.dio.me/articles/como-a-iot-pode-ajudar-a-transformar-a-educacao. Acesso em: 1 fev. 2024.

COMO a realidade virtual pode ser utilizada na educação? **Educa + Brasil**, 1 dez. 2021. Disponível em: https://www.educamaisbrasil.com.br/educacao/escolas/como-a-realidade-virtual-pode-ser-utilizada-na-educacao. Acesso em: 13 fev. 2024.

COMO funciona a zona azul digital em São Paulo? **ZUL+**, 18 set. 2021. Disponível em: https://www.zuldigital.com.br/blog/zona-azul-digital-sao-paulo/. Acesso em: 23 jan. 2024.

CONCEITOS: design centrado no usuário. Recife: **Centro de Informática da Universidade Federal de Pernambuco** (UFPE), [2006?]. Disponível em: https://www.cin.ufpe.br/~rls2/processo_tg/Metodologia%20S&B/tasks/resources/co_ucd.htm. Acesso em: 24 jan. 2024.

CRUZ, Márcia Maria. Pesquisa do IBGE revela que sexagenários brasileiros estão cada vez mais conectados. **Estado de Minas Gerais**, 30 abr. 2015. Disponível em: https://www.em.com.br/app/noticia/gerais/2015/04/30/interna_gerais,642598/pesquisa-do-ibge-revela-que-sexagenarios-brasileiros-estao-cada-vez-ma.shtml. Acesso em: 1 abr. 2024.

DAMACENO, Suzeli. **Os 7 princípios do desenho universal aplicados na comunicação**. [S. l.], 19 fev. 2021. Linkedin: linkedin.com/in/suzelidamaceno. Disponível em: https://www.linkedin.com/pulse/os-7-princ%C3%ADpios-do-desenho-universal-aplicados-na-rodrigues-damaceno/. Acesso em: 24 jan. 2024.

DE MARCHI, Ana C. B.; PORTELLA, Marilene R. Tecnologia a serviço do envelhecimento. **Revista Ciência Hoje**, CH 364, abr. 2020. Disponível em: https://cienciahoje.org.br/artigo/tecnologia-a-servico-do-envelhecimento/. Acesso em: 23 jan. 2024.

DESIGN centrado no usuário: como desenvolver produtos digitais otimizados. **Objective**, 24 mai. 2023. Disponível em: https://www.objective.com.br/insights/design-centrado-no-usuario/. Acesso em: 24 jan. 2024.

FERREIRA, Felipe. Como está sendo aplicada a Internet das Coisas na educação? **Prosec**, 30 abr. 2019. Disponível em: https://www.proesc.com/blog/como-esta-sendo-aplicada-a-internet-das-coisas-na-educacao/. Acesso em: 1 fev. 2024.

FERREIRA, Vanessa de Abreu Carvalho. **Aprendendo a ser velho e deficiente visual**. Rio de Janeiro: Instituto Benjamin Constant, 2022. Disponível em: https://www.gov.br/ibc/pt-br/pesquisa-e-tecnologia/publicacoes-do-ibc-1/livros_pdf/anexos/copy9_of_Aprendendo_ser_velho__3.pdf. Acesso em: 28 jan. 2024.

FREITAS, Helder W. **O idoso e as tecnologias da informação e da comunicação**: discussões nas teses e dissertações de 2012 a 2022. Trabalho de Conclusão de Curso (Bacharelado em Ciência da Informação) – Departamento de Ciência da Informação da Universidade Federal de Pernambuco (DCI/UFPE). Recife, 2023. Disponível em: https://repositorio.ufpe.br/bitstream/123456789/51351/4/TCC%20Helder%20Wanderley%20de%20Freitas.pdf. Acesso em: 23 jan. 2024.

GALVÃO FILHO, T. A. A tecnologia assistiva: de que se trata? *In*: MACHADO, G. J. C.; SOBRAL, M. N. (orgs.). **Conexões**: educação, comunicação, inclusão e interculturalidade. Porto Alegre: Redes Editora, p. 207- 235, 2009.

GOMES, Irene. PNAD Contínua: pessoas com deficiência têm menor acesso à educação, ao trabalho e à renda. **Agência IBGE Notícias**, 24 ago. 2023. Disponível em: https://agenciadenoticias.ibge.gov.br/agencia-noticias/2012-agencia-de-noticias/noticias/37317-pessoas-com-deficiencia-tem-menor-acesso-a-educacao-ao-trabalho-e-a-renda. Acesso em: 8 jan. 2024.

GOMES, Irene; BRITTO, Vinícius. Censo 2022: número de pessoas com 65 anos ou mais de idade cresceu 57,4% em 12 anos. **Agência IBGE Notícias**, 1 nov. 2023. Disponível em: https://agenciadenoticias.ibge.gov.br/agencia-noticias/2012-agencia-de-noticias/noticias/38186-censo-2022-numero-de-pessoas-com-65-anos-ou-mais-de-idade-cresceu-57-4-em-12-anos#:~:text=J%C3%A1%20a%20popula%C3%A7%C3%A3o%20idosa%20de,sexo%2C%20do%20Censo%20Demogr%C3%A1fico%202022. Acesso em: 20 jan. 2024.

GOMES, Irene; FERREIRA, Igor. Em 2022, analfabetismo cai, mas continua mais alto entre idosos, pretos e pardos e no Nordeste. **Agência IBGE Notícias**, 7 jun. 2023. Disponível em: https://agenciadenoticias.ibge.gov.br/agencia-noticias/2012-agencia-de-noticias/noticias/37089-em-2022-analfabetismo-cai-mas-continua-mais-alto-entre-idosos-pretos-e-pardos-e-no-nordeste. Acesso em: 23 jan. 2024.

INSTITUTO BRASILEIRO DE GEOGRAFIA E ESTATÍSTICA (IBGE). **Pesquisa nacional por amostras de domicílios contínua (PNAD Contínua)**: pessoas com deficiência 2022. Rio de Janeiro: IBGE, 7 jul. 2023. Disponível em: https://agenciadenoticias.ibge.gov.br/media/com_mediaibge/arquivos/0a9afaed04d79830f73a16136dba23b9.pdf. Acesso em: 8 jan. 2024.

INSTITUTO DE PESQUISA ECONÔMICA APLICADA (IPEA). **Objetivos de desenvolvimento sustentável**: 17 – parcerias e meios de implementação. Brasília, DF: Ipea, 2015. Disponível em: https://www.ipea.gov.br/ods/ods17.html. Acesso em: 6 mar. 2024.

INSTITUTO UNIBANCO. Busca ativa: intersetorialidade para combater a evasão escolar. **Observatório de Educação Ensino Médio e Gestão – Instituto Unibanco**, 2023. Disponível em: https://observatoriodeeducacao.institutounibanco.org.br/em-debate/conteudo-multimidia/detalhe/busca-ativa-intersetorialidade-para-combater-a-evasao-escolar. Acesso em: 1 fev. 2024.

INTERNATIONAL ORGANIZATION FOR STANDARDIZATION (ISO). **ISO 9241-201:2019**: ergonomics of human-system interaction. Part 210: human centred design for interactive systems. 2019. Disponível em: https://www.iso.org/standard/77520.html. Acesso em: 24 jan. 2024.

ITTNER, Mateus H. **Utilização de reconhecimento facial para auxílio de deficientes visuais**. 2020. Trabalho de Conclusão de Curso (Graduação em Sistemas de Informação) – Departamento de Tecnologia da Informação da Universidade Federal de Santa Maria (UFSM), Santa Maria, 2020. Disponível em: https://repositorio.ufsm.br/handle/1/22649. Acesso em: 28 jan. 2024.

LABOURIAU, Felipe. Design universal, acessível e inclusivo são a mesma coisa? **Alura**, 29 out. 2021. Disponível em: https://www.alura.com.br/artigos/design-universal-acessivel-inclusivo-sao-a-mesma-coisa. Acesso em: 24 jan. 2024.

LEIS federais sobre acessibilidade na web: entenda a história das leis e como a LBI mudou a internet. **Web para todos**, 2017. Disponível em: https://mwpt.com.br/acessibilidade-digital/leis-federais-sobre-acessibilidade-na-web/. Acesso em: 8 jan. 2024.

LOPES, Roseli de Deus *et al.* **Internet das Coisas para jovens do Ensino Médio v.1**: espaços e cultura maker na escola. São Paulo: Edição dos Autores, 2021. (Coleção Maker Space IoT). Disponível em: https://febrace.org.br/wp-content/uploads/01/08/IoT-EM_Vol1-Maker-Space.pdf. Acesso em: 1º fev. 2024.

LOPES, Roseli de Deus *et al.* **Internet das Coisas para jovens do Ensino Médio v. 2**: entendendo a Internet das Coisas. São Paulo: Edição dos Autores, 2021. (Coleção Maker Space IoT). Disponível em: https://febrace.org.br/wp-content/uploads/2021/08/IoT-EM_Vol2-Internet-das-Coisas.pdf. Acesso em: 1º fev. 2024.

LOPES, Roseli de Deus *et al.* **Internet das Coisas para jovens do Ensino Médio v. 3**: aprendizagem por problemas e projetos. São Paulo: Edição dos Autores, 2021. (Coleção Maker Space IoT). Disponível em: https://febrace.org.br/wp-content/uploads/01/09/IoT-EM_Vol3-Aprendizagem-por-problemas-e-projetos.pdf. Acesso em: 1º fev. 2024.

LOPES, Roseli de Deus *et al.* **Internet das Coisas para jovens do Ensino Médio v. 4**: ambiente maker escolar em ação. São Paulo: EPUSP – Escola Politécnica, 2023. (Coleção Maker Space IoT). Disponível em: https://febrace.org.br/wp-content/uploads/03/05/IoT-EM_Vol4-30mai.pdf. Acesso em: 1º fev. 2024.

LOSCHI, Marília. Pessoas com deficiência: adaptando espaços e atitudes. **Agência IBGE Notícias**, 17 maio 2019. Disponível em: https://agenciadenoticias.ibge.gov.br/agencia-noticias/2012-agencia-de-noticias/noticias/16794-pessoas-com-deficiencia-adaptando-espacos-e-atitudes. Acesso em: 8 jan. 2024.

LUDOSPRO. O que é aprendizagem personalizada? 5 vantagens do ensino. **Ludos Pro**, 7 maio 2021. Disponível em: https://www.ludospro.com.br/blog/aprendizagem-personalizada. Acesso em: 1º fev. 2024.

MARTINS, Julia. Compreendendo o processo iterativo com exemplos. **Asana**, 6 dez. 2022. Disponível em: https://asana.com/pt/resources/iterative-process. Acesso em: 24 jan. 2024.

NAGEL, Luciano. Óculos com IA ajudam crianças cegas a ler: 'incrível esse troço'. **Tilt – Uol**, Porto Alegre, 25 jun. 2023 (atualizada em 26 jun. 2023). Seção Inteligência Artificial. Disponível em: https://www.uol.com.br/tilt/noticias/redacao/2023/06/25/criancas-com-deficiencia-visual-usam-oculos-que-transforma-textos-em-audio.htm. Acesso em: 28 jan. 2024.

NERY, Carmen; BRITTO, Vinícius. PNAD TIC: internet já é acessível em 90,0% dos domicílios do país em 2021. **Agência IBGE Notícias**, 16 set. 2022. Disponível em: https://agenciadenoticias.ibge.gov.br/agencia-noticias/2012-agencia-de-noticias/noticias/34954-internet-ja-e-acessivel-em-90-0-dos-domicilios-do-pais-em-2021. Acesso em: 23 jan. 2024.

NÚMERO de sites brasileiros aprovados em todos os testes de acessibilidade tem queda em relação ao ano passado e é ainda menor que 1%. **Web para todos**, 13 jun. 2022. Disponível em: https://mwpt.com.br/numero-de-sites-brasileiros-aprovados-em-todos-os-testes-de-acessibilidade-tem-queda-em-relacao-ao-ano-passado-e-e-ainda-menor-que-1/. Acesso em: 8 jan. 2024.

ORÉFICE, Giovana. Tecnologia como aliada da acessibilidade para PCDs. **Meio & Mensagem**, 17 out. 2022. Disponível em: https://www.meioemensagem.com.br/proxxima/tecnologia-e-acessibilidade. Acesso em: 7 mar. 2024.

PAGNAN, Andreia S. *et al*. Design centrado no usuário e seus princípios éticos norteadores no ensino do design. **Estudos em Design Revista Online**, Rio de Janeiro, v. 27, n. 1, p. 131-17, 2019. Disponível em: https://estudosemdesign.emnuvens.com.br/design/article/download/680/368. Acesso em: 24 jan. 2024.

PESQUISA NACIONAL DE SAÚDE (PNS). Painel de Indicadores de Saúde. **Pesquisa Nacional de Saúde – PNS**, 2019. Disponível em: https://www.pns.icict.fiocruz.br/painel-de-indicadores-mobile-desktop/. Acesso em: 28 jan. 2024.

PINHEIRO, Tennyson; ALT, Luis. **Design thinking Brasil**: empatia, colaboração e experimentação para pessoas, negócios e sociedade. Rio de Janeiro: Elsevier, 2011.

PNS 2019: país tem 17,3 milhões de pessoas com algum tipo de deficiência. Editoria: Estatísticas Sociais. **Agência IBGE Notícias**, 6 out. 2021. Disponível em: https://agenciadenoticias.ibge.gov.br/agencia-sala-de-imprensa/2013-agencia-de-noticias/releases/31445-pns-2019-pais-tem-17-3-milhoes-de-pessoas-com-algum-tipo-de-deficiencia. Acesso em: 28 jan. 2024.

POUCOS movimentos, muita liberdade: chegou o Colibri! [S. l.: s. n.], 11 nov. 2021. 1 video (1 min). Publicado pelo canal Colibri Interfaces. Disponível em: https://www.youtube.com/watch?v=znPx8wMvNco&list=PLTwi4ZKjWsffx7jajDQ21KVuvZXyrcAsX&t=11s. Acesso em: 30 jan. 2024.

REAPROVEITAMENTO da água das centrais de ar para irrigação de horta automatizada com arduíno. [S. l.: s. n.], 2023. 1 video (3 min). Publicado pelo canal FECEAP CAAHS. Disponível em: https://www.youtube.com/watch?v=0V4pKsYGjX8. Acesso em: 20 mar. 2024.

REXLAB. **RexLab**, 2013. Laboratório de experimentação remota. Disponível em: https://rexlab.ufsc.br/. Acesso em: 20 mar. 2023.

SANTOS, Thaysa. Usabilidade: Lei de Hick, Fitts e Consistência. **Medium**, 1 set. 2018. Disponível em: https://medium.com/@thaysasantos/usabilidade-lei-de-hick-fitts-e-consist%C3%AAncia-ace948fba147. Acesso em: 24 jan. 2024.

SCHULZ, G. S. *et al.* Olho mágico para pessoas com deficiência visual: projeto de interfaces integrando tecnologias assistivas. **Revista Multidisciplinar em Saúde**, [s. l.], v. 4, n. 4, p. 71–79, 2023. DOI: 10.51161/integrar/ rems/4224. Disponível em: https://editoraintegrar.com.br/publish/index.php/rems/article/view/4224. Acesso em: 28 jan. 2024.

SEBRAE. **Automação residencial acessível para idosos e deficientes físicos**. 2023. Disponível em: https://sebrae.com.br/sites/PortalSebrae/artigos/automacao--residencial-acessivel-para-idosos-e-deficientes-fisicos,3ddebb90f4da5810VgnVCM1000001b00320aRCRD. Acesso em: 22 ago. 2024.

SESSO, Bruno. **Design centrado no usuário no desenvolvimento de software**. 2018. Monografia (Bacharelado em Ciência da Computação) – Instituto de Matemática e Estatística da Universidade de São Paulo (IME/ USP), 2018. Disponível em: https://bccdev.ime.usp.br/tccs/2018/bruse/Monografia.pdf. Acesso em: 24 jan. 2024.

SILVA, Camila da. Brasil tem 22,2 milhões de idosos, aponta Censo do IBGE. **Carta Capital**, 27 jan. 2023. Disponível em: https://www.cartacapital.com.br/sociedade/brasil-tem-222-milhoes-de-idosos-aponta-censo-do-ibge/. Acesso em: 23 jan. 2024.

SILVA, Thiago Henrique. **Tecnologia assistiva e uso de Internet das Coisas para auxílio a deficientes visuais**. 2021. Trabalho de Conclusão de Curso (Graduação em Ciência da Computação) – Universidade Federal de Uberlândia (UFU), Uberlândia, 2021. Disponível em: https://repositorio.ufu.br/handle/123456789/33282. Acesso em: 28 jan. 2024.

SOUZA, D. J. *et al.* Como a Internet das Coisas pode ajudar pessoas com deficiências físicas. **Revista Eletrônica Anima Terra**, Faculdade de Tecnologia de Mogi das Cruzes (FATEC/MC), Mogi das Cruzes, n. 17, ano viii, p. 97-111. Disponível em: https://www.fatecmogidascruzes.com.br/pdf/animaTerra/edicao17/artigo8.pdf. Acesso em: 28 jan. 2024.

SPELTA, Lêda; LOBATO, Fernanda. Coordenação geral de Reinaldo Ferraz. Cartilha de acessibilidade na web do W3C Brasil. Fascículo III – Conhecendo o público-alvo da acessibilidade na Web. Produzida pelo W3C escritório Brasil em parceria com o Ministério Público do Estado de São Paulo. **W3C Brasil**, 2015. Disponível em: https://ceweb.br/guias/cartilha-de-acessibilidade-na-web-fasciculo-iii/#prefacio. Acesso em: 20 jan. 2024.

TENA. Idosos e a tecnologia: benefícios e dificuldades. **Tena**, 10 dez. 2016. Disponível em: https://www.tena.com.br/cuidadores/idosos-e-a-tecnologia-beneficios-e-dificuldades/. Acesso em: 23 jan. 2024.

TODOS PELA EDUCAÇÃO. **PNAD**: levantamento do Todos mostra primeiros impactos da pandemia nas taxas de atendimento escolar. São Paulo: Todos pela Educação, 2 dez. 2021. Disponível em: https://todospelaeducacao.org.br/noticias/pnad-levantamento-do-todos-mostra-primeiros-impactos-da-pandemia-nas-taxas-de-atendimento-escolar/. Acesso em: 1º fev. 2024.

UNESCO. **Programa brasileiro recebe Prêmio da Unesco por usar IA para melhorar habilidades de escrita**. Brasília, DF: Unesco, 5 jan. 2023. Disponível em: https://www.unesco.org/pt/articles/programa-brasileiro-recebe-premio-da-unesco-por-usar-ia-para-melhorar-habilidades-de-escrita?hub=66903. Acesso em: 1º fev. 2024.

UNIÃO NACIONAL DOS DIRIGENTES MUNICIPAIS DE EDUCAÇÃO (UNDIME). **Combate à evasão escolar**: como fazer a busca ativa em 2022. São Paulo: Undime, 13 jan. 2022. Disponível em: https://undime.org.br/noticia/13-01-0-1-40-combate-a-evasao-como-fazer-a-busca-ativa-em-0. Acesso em: 1º fev. 2024.

UNICEF. **Busca Ativa Escolar**. São Paulo: Unicef, 2019. Disponível em: https://www.unicef.org/brazil/busca-ativa-escolar. Acesso em: 12 nov. 2024.

UNIVERSAL DESIGN INSTITUTE (UDI). UNIVERSAL design principles. **Universal Design Institute,** 2019. Disponível em: https://www.udinstitute.org/principles. Acesso em: 24 jan. 2024.

VIBRYT BRASIL. Design de interação: o que é e como funciona na prática. **Medium,** 30 jul. 2019. Disponível em: https://medium.com/peexell/design-de-intera%C3%A7%-C3%A3o-o-que-%C3%A9-e-como-funciona-na-pr%C3%A1tica-830dba6c49c4. Acesso em: 24 jan. 2024.

VIVO. IoT nas escolas: entenda o retorno presencial com a tecnologia. **Vivo Meu Ne-gócio**, 3 dez. 2022. Disponível em: https://vivomeunegocio.com.br/educacao/gerenciar/iot-nas-escolas/amp/. Acesso em: 1º fev. 2024.

UNICEF. Em seis anos, Busca Ativa Escolar levou mais de 193 mil crianças e adolescentes de volta para a escola. **Unicef**, 7 ago. 2023. Disponível em: https://www.unicef.org/brazil/comunicados-de-imprensa/em-seis-anos-busca-ativa-escolar-levou-mais-de-193-mil-criancas-e-adolescentes-de-volta-para-escola. Acesso em: 12 nov. 2024.

W3C Capítulo São Paulo. Web para todos: cartilhas de acessibilidade na web. **W3C**, 4 out. 2022. Disponível em: https://w3c.br/web-para-todos/cartilhas-de-acessibilidade--na-web/. Acesso em: 3 abr. 2024.

W3C. Web content accessibility guidelines (WCAG) 2.2. **W3C Recommendation**, 5 out. 2023. Disponível em: https://www.w3.org/TR/WCAG22/. Acesso em 3 abr. 2024.

WANG, Na; WANG, Kai. Internet financial risk management in the context of big data and artificial intelligence. **Mathematical Problems in Engineering**, v. 2022, ID 6219489, p. 6, 2022. Disponível em: https://www.hindawi.com/journals/mpe/2022/6219489/. Acesso em: 28 jan. 2024.

Sobre os autores

Elio Molisani é professor do departamento de física da Universidade Federal do Amazonas (UFAM) e cocriador do laboratório de pesquisa UFAMakers. Doutor em ciências pelo Programa de Engenharia Elétrica da Escola Politécnica da Universidade de São Paulo (Poli--USP), mestre em ensino de física pela Universidade Federal do Rio Grande do Sul (UFRGS) e licenciado em física pela Universidade de São Paulo (USP).

Incentiva a implantação de ambientes maker escolares e divulga propostas de aprendizagem com práticas "mão na massa" e abordagem STEAM direcionadas para o desenvolvimento de projetos de relevância social.

Sócio-fundador da GEDUTEC, empresa especializada na prestação de serviços em tecnologia educacional e práticas de ensino inovadoras, desenvolve constantemente pesquisas na área de ensino de ciências, automação com Arduino e BBC Micro:bit, programação para crianças e jovens com softwares iconográficos, como o Scratch, projetos de Internet das Coisas (IoT) para jovens, aprendizagem criativa e aprendizagem baseada em problemas e projetos.

Autor de diversos artigos e livros sobre educação e tecnologia, já atuou em escolas da rede pública e privada, ministrando aulas de física e robótica, prestando serviços de assessoria, elaborando currículos e oferecendo cursos de formação para professores, com o intuito de contribuir para a melhoria da qualidade da educação básica e superior, na educação formal e informal.

Para saber mais sobre o autor, acesse o link para o currículo Lattes: http://lattes.cnpq.br/1822417154431870.

Marcia Sacay é licenciada em biologia pela Universidade Estadual Paulista (Unesp), mestre em história da ciência pela Pontifícia Universidade Católica (PUC-SP), especialista em gestão e tecnologias ambientais pela Escola Politécnica da Universidade de São Paulo (Poli-USP) e professora de ciências naturais da rede de ensino em São Paulo.

Desenvolve projetos com estudantes na área da tecnologia desde 2015, utilizando Arduino e BBC Micro:bit, estabelecendo uma interface física para a solução de problemas do cotidiano e promovendo oficinas e cursos para o desenvolvimento do pensamento computacional e científico com criatividade, utilizando as ferramentas da ciência da engenharia.

É parecerista da Feira Brasileira de Ciências e Engenharia (Febrace) e do concurso Samsung Solve for Tomorrow. Ganhadora da medalha de ouro do Prêmio Sebrae-SP de Educação Empreendedora. Fundadora e consultora pedagógica da plataforma educacional Imaginação em Movimento, que oferece propostas pedagógicas flexíveis, interdisciplinares e inovadoras.

Assessora a criação de espaços colaborativos de aprendizagem e a organização de projetos e cursos de formação de professores alinhados com a cultura maker, IoT e o uso de ferramentas digitais atrelados aos objetivos de desenvolvimento sustentável e à economia circular. Trilha caminhos para uma aprendizagem baseada em investigação, problemas e prototipagens, tendo estabelecido parcerias com secretarias de educação, com a Unicef, a PEA Unesco, instituições de ensino e organizações da sociedade civil no Brasil e na África.

É autora de publicações e artigos relacionados a robótica, empreendedorismo, criação e inventividades, eletrônica criativa, práticas para aprendizagem híbrida, design de projetos, aprendizagem baseada em problemas, dentre outros temas relacionados.

Para saber mais sobre a autora, acesse o link para o currículo Lattes: http://lattes.cnpq.br/2358190199425543.